培養孩子的內在力

不愁未來沒有一席之地

擁有八種軟實力，孩子才具備了跑第一的能力！

自主選擇、善用時間、勇於質疑……

方佳蓉，陳雪梅 編著

- 孩子一生氣就吵吵吵，爸媽只好以暴制暴？
- 家長說的話永遠有理，課本教的就是真理？
- 刷牙十分鐘、吃飯一小時，到底是在拖什麼？
- 被老師罵一句就不肯上學，哪來的蛋殼心理？

不知足、沒自信、習慣拖延、毫無主見……
整天只想著打造小天才，小心最後養出一個大麻煩！

崧燁文化

目 錄

目錄 ——————————

第五章　創新力 ── 孩子超越自我的能力

第六章　語言表達力 ── 展示自我的能力

目錄 ————————————————————

第七章　交際能力 —— 讓孩子遊刃有餘

第八章　意志力 —— 成功者的基本特質

目錄

前言

「軟實力」是相對於「硬實力」而言，軟和硬是一種比喻，是對實力的一種比喻性描述。「硬實力」的「硬」是指客觀的、可以有影響的力量。例如，一個人的健康狀況、智力程度、長相優劣、家庭背景、專業技能、知識水準等，即這個人的「硬實力」。有人曾說過：「大部分的學生一生都在學習，他並不知道，在走向社會時，他需要另外一種能力 —— 軟實力。軟實力是學業成績、傳統教育要求之外的東西，是綜合素養。包括表達能力、溝通能力、理解能力、人際關係能力等。」一個人要想獲得成功，除了必須具備一定的「硬實力」之外，「軟實力」也是不可忽視的，因為軟實力是一個人獲得成功的保證。

以下這個故事就是一個很好的證明：

曉菲是一名品學兼優的畢業生，在大學期間，她不但專業知識學得好，專業技能突出，而且還考了一大堆的證照，一個人應該具備的硬實力她似乎一應俱全。在大家看來，這樣的人應該是公司和企業競相爭搶的對象。

可事實卻出人意料，曉菲在找工作的過程中屢屢碰壁，那些她青睞的大公司竟不約而同地拒絕了她，他們給出的理由是：沒有實戰經驗、應變能力差、缺乏與人溝通的能力和技巧、不懂得與人合作……這讓曉菲很受打擊，她沒有想到自己大學期間考的證書竟如同廢紙。

軟實力真的這麼重要嗎？曉菲痛下決心要改變自己。她把自己的目標降低，先進了一家小公司，從基層做起。為了訓練自己的溝通能力，曉菲一改自己過去「兩耳不聞窗外事，一心只讀聖賢書」的姿態，在工作的過程中，她更重視如何與人溝通，如何協助他人把工作做好。工作中遇到問

前言

題時，她總是先想想，改變一種方式是否能有所長進……

一年的時間沒有白白浪費。當曉菲出去應徵時，重新遞交履歷，曾經拒絕她的公司都紛紛向她伸出了「橄欖枝」。由此可見，有彈性，能經得起挫折，能在了解自身不足的情況下調整自己、完善自己……這樣的人才能有更大的發展潛力。

我們可以預測到曉菲的美好未來：如此扎實的專業成績，加上如此優秀的軟實力，人生還有什麼能難住她呢？用曉菲的話說，以前她只注重硬實力，而忽略軟實力，用一條腿走路，所以，她是殘廢的。現在，她既有硬實力又有軟實力，兩條腿健全，所以，她具備了跑第一的能力。

對於孩子來說，智力水準、知識技能的培養固然重要，但軟實力的培養更加重要。一個人即便擁有再高的智力和專業技能，如果他缺乏責任感、意志力薄弱、抗挫折能力差、不善於與人合作，不懂得創新，那麼，他是不可能在激烈的社會競爭中嶄露頭角的。只有那種有責任感、積極主動、人際關係好、善於團隊合作、勇於創新的孩子才能經得起社會的考驗和生活的挑戰，並在未來的競爭中脫穎而出。

正因為如此，我們不但要重視培養孩子的「硬實力」，更要重視培養孩子的「軟實力」。只要「軟實力」和「硬實力」同樣健全，這個世界就沒上有他們過不去的坎。

本書共八章，介紹了孩子一生必須具備的8種軟實力，即「愛」的能力、自我管理能力（包括判斷能力）、主動執行力、交際能力、語言表達力、學習力、創新力、意志力8個方面。這8種「軟實力」缺一不可，相輔相成。孩子一旦學會自如地運用自身的「軟實力」，就不愁無法在未來的社會中占有一席之地。

書中詳細地介紹了家庭教育對培養孩子軟實力的重要意義。讓家長們

在了解「軟實力」的同時，更好地完善自身的教育，從而幫助孩子健康成長，並為孩子以後的成功打下扎實的基礎。

　　本書內容系統而全面，案例詳實，故事生動有趣，針對性、實用性強，是一本培養孩子「軟實力」的方法指南。希望本書能幫助家長更好地培育孩子，使孩子未來的人生大放異彩。

編者

前言

第一章
「愛」是一種能力

　　愛是一種本能，是生命最初發向世界的邀請函；是絲毫不計較得失的無私與慷慨；是情感的源泉，是生命的能量。有愛的孩子心中才有陽光，有愛的心靈不陰暗，有愛的人生沒有彷徨，有愛相伴的日子，孩子的一生遠離悲哀，充滿了希望。讓孩子學會愛，學會珍惜，學會感恩是每一個家長一生最重要的任務之一。

　　如何才能讓孩子擁有豐富的情感和廣博的愛呢？家長應如何讓孩子感受愛，體驗愛，懂得愛呢？本章將為您闡述一個關於「愛」的精彩命題。

第一章 「愛」是一種能力

▌「愛」和幸福、快樂同在

　　一切良好的習慣和品德行為，都是以良好的情感為動力的。教孩子有感情、懂得愛，比教其他知識更重要。因為「愛」是孩子親和社會的前提和基礎，是培植孩子強大心靈的滋養品。有愛的孩子，才有責任感，使命感，有健康和諧的身心；有愛的孩子，才懂得感恩、憐憫、珍惜，也才懂得包容、體諒和同情；只要心中有愛，孩子就會遠離孤單、寂寞，擁有快樂、幸福的人生。因此，家長應教孩子從小學會愛。因為：

有「愛」才有快樂

　　從前，有個國王，在他年老的時候，王后才為他生下一個兒子，所以，國王非常寵愛他的兒子。這個王子過著衣來伸手，飯來張口的日子，想要什麼東西，國王都會滿足他！按理說，王子應該感到非常幸福。可是，王子卻從來沒有開心地笑過，他常常愁眉緊鎖，一副心事重重的樣子。於是，國王在皇宮外貼出告示，懸賞能讓王子快樂的人。

　　有一天，一個魔術師走進王宮，對國王說，他能讓王子快樂起來，國王興奮地說：「如果你能辦成這件事，宮裡的金銀財寶你隨便拿。」

　　魔術師帶著王子進了一間密室，他用一種白色的東西在一張紙上寫了一些東西，然後交給王子，並囑咐王子點亮蠟燭，看紙上會出現什麼。說完，魔術師就走了。

　　王子遵照魔術師的吩咐燃起了蠟燭。在燭光的映照下，年輕的王子看見那些白色的字跡化作美麗的綠色字：「每天為別人做一件善事。」

　　王子看著這些字，似乎明白了什麼。從此，他每天都做一件好事。當他看到別人在他的幫助下變得開心起來後，他也開始變得樂觀開朗起來！

一個心中無愛的人，即便尊貴如王子，也感受不到快樂的意義和生命的價值。反之，如果一個人心中有愛、有他人，惦記著別人的需求，並願意為身邊的每一個人做自己力所能及的事情……那麼，他自然而然就能發現自己的快樂所在：原來奉獻是快樂的，被需要是快樂的，讓自己的價值得到體現也是快樂的。這樣的人是不會寂寞，沒有時間徬徨的。因此，如果你希望你的孩子擁有快樂的人生，那麼，請培植孩子豐富的愛心吧！

有愛的人永遠是生活的「強者」

五歲的漢克和爸爸、媽媽、哥哥一起到森林工作。突然下起雨來，可是他們只帶了一塊雨布。

爸爸將雨布給了媽媽，媽媽給了哥哥，哥哥又給了漢克。

漢克問道：「為什麼爸爸給了媽媽，媽媽給了哥哥，哥哥又給了我呢？」

爸爸回答道：「因為爸爸比媽媽強大，媽媽比哥哥強大，哥哥又比你強大呀。我們都會保護比較弱小的人。」

漢克左右看了看，將雨布撐開擋在了一朵風雨中飄搖的嬌弱的小花上面。

責任可以讓一個人把事情做完整，愛可以讓一個人把事情做得更好。一個有愛的人，他的心中充滿了責任感和使命感，因為這種與生俱在的責任感與使命感，使他們的人生因此變得完滿。真正的強者不一定多有力，或者多有錢，而是他們心中懷有多少愛，對別人施以多少幫助。因此，如果你希望自己的孩子遠離脆弱，珍愛生命，那麼，請把「愛」別人的權力還給孩子，讓孩子因為懂得如何去愛而使生命變得更加有意義。

第一章　「愛」是一種能力

有「愛」才能堅強，才會珍惜

　　電影中，孫臏因為被情同手足的師兄龐涓加害，對人性充滿了厭倦與懷疑，一心求死。當他跳入浴池準備自溺時，一場地震竟讓他倖免於難。求死不成的孫臏在齊將田忌之女 ── 田夕的幫助下，親眼目睹了那些受災的苦難大眾，對苦難者的同情與憐憫，重新喚起了他求生的欲望。

　　他知道與自己卑微的「心苦」相比，百姓們的生活遠比自己的生活苦上百倍千倍，可即便再苦，也還是要「忍受」，要堅強地「活」。而這些恰恰鼓舞了孫臏的鬥志，讓他有足夠的勇氣與師兄龐涓鬥智鬥勇。

　　心中無愛的人，想到的永遠只是自己，自己的一點點苦難都會被無限放大，因此鬱鬱寡歡，因此自暴自棄。這樣的生命是黯淡而貧瘠的。唯有心中有「愛」，才能為「愛」奮起，為「愛」努力，才會更加珍惜生命。

愛他人，才能讓他人愛自己

　　有一位孤獨的老人，無兒無女，又體弱多病。他決定搬到養老院安度晚年。老人宣布出售他漂亮的住宅。購買者聞訊蜂擁而至。住宅底價 8 萬英鎊，但人們很快就將它炒到了 10 萬英鎊。價錢還在不斷攀升。老人深陷在沙發裡，滿目憂鬱，是的，要不是身體的原因，他是不會賣掉這棟陪他度過大半生的住宅的。

　　一個衣著樸素的年輕人來到老人眼前，彎下腰，低聲說：「先生，我也很想買這棟住宅，可我只有 1 萬英鎊。可是，如果您把住宅賣給我，我保證會讓您繼續生活在這裡，和我一起喝茶、讀報、散步，每天都快快樂樂的 ── 相信我，我會用整顆心來照顧您！」

　　老人頷首微笑，最終以 1 萬英鎊的價錢把住宅賣給了年輕人。

　　正所謂「仁愛成大事」，付出「愛」的人一定能得到「愛」的回報；

心中有愛的人也才有可能得到機遇的垂青。反之，一個狹隘、冷漠、沒有愛心的人在社會交往中常常會四處碰壁。

「愛」還能帶來成功與財富

在一個寒冷的冬夜，一個貧窮的農婦走出家門，她看到有三位白髮蒼蒼的老人坐在她家門前，她根本就不認識他們。農婦想：多麼可憐的老人呀，這麼冷的夜晚還在門外待著，一定非常冷吧！

她走上前對他們說：「你們一定很冷吧，到屋裡跟我們一起烤烤火吧，這樣就能暖和一些！」

「我們不能一起進屋的。」老人們說。

「那是為什麼？」農婦感到疑惑。

老人們並沒有回答她的問題。一位老人指著同伴說：「他叫財富，他叫成功，我是愛。你現在進去和你的家人商量商量，看看需要我們哪一個？」婦人進屋和家人商量後決定把「愛」請進屋裡。「愛」老人起身朝房子走去，另外兩位老人也跟在後面，農婦驚訝地說：「你們不是說不能一起進屋嗎？現在為什麼一起進來了呢？」老人們回答：「因為哪裡有愛，哪裡就有財富和成功。」關愛別人、憐憫弱者是為人之本，是善良者的靈魂。一個隨時關注他人的需求、感受和利益，無私地關心、幫助他人的人，往往也能得到他人的幫助，成功與財富的青睞，往往能為自己帶來好運。

總之，愛是陽光，愛是雨露，愛是孩子心靈的滋養品，愛是孩子成長與發展不可缺少的動力。懂得愛的孩子，他的內心永遠不會貧瘠。而「愛的教育」更是全面提升孩子的思想境界和道德修養的一個很重要的組成部分。作為家長，要想使自己的孩子在成長的路上受到「成功」與「幸運」的青睞，獲得一個快樂的人生，那麼，就應該從小培養孩子的愛心。

第一章 「愛」是一種能力

▎家長應給孩子正確的「愛」

高爾基（Maxim Gorky）說：「愛孩子，這是連母雞都會的事情。」然而，給孩子「真愛」，卻不是誰都懂得做的。在現實生活中，我們常常看到這種現象：很多家長對孩子的愛唯恐不及，把孩子捧在掌心，過度溺愛，孩子要什麼就給什麼，什麼都替孩子想到、做到，就差沒把天上的星星摘下來給孩子了。

沒有分寸感的溺愛給孩子帶來的不是幸福，而是比缺乏「愛」還可怕的不幸。在溺愛中長大的孩子往往缺乏健全的人格基礎。

他們自私自利，什麼都想著自己，從來不顧及別人的感受，一旦他們的需求得不到滿足，他們就會任性地大吵大鬧，以此達到自己的目的。

他們因為被寵愛、被包辦慣了，變得懶惰、無能，不能吃苦，毫無生存能力。

他們因為習慣了被愛，被承認，所以，不能接受別人的批評，受不得挫折，一旦遇到挫折，就感覺天塌下來似的。

他們無情，不懂得關心別人，只知道無度地索取別人對他們的關愛。

可以說，沒有原則的愛，是對愛的一種褻瀆和傷害，它不僅不能讓孩子健康成長，而且還會「毀人不倦」。真正懂得愛孩子的家長是用心、用情、用理智在愛，他們懂愛，懂得如何愛才是正確的，積極的。不論他們在任何時候都會一如既往地關心孩子的成長，關心孩子的健康。不論他們是得意還是失意，是躊躇滿志還是焦頭爛額，是成功還是失敗，都能堅持對孩子的愛。讓孩子感受到家長在關心他、支持他，是他的堅固後盾……一個懂愛的家長，不僅能讓孩子感到快樂、安全，更能用自己的愛去培養和引導孩子愛別人的天性！從而讓孩子變得更加勇敢、堅強、富有責任

感！總之，正確的愛才能讓孩子快樂、幸福、身心健康。

那麼，家長應如何給孩子正確的愛呢？

✧ **「真愛」是恰如其分的「愛」**：家長不能專制地把自己的愛一股腦地
傾瀉給孩子，這樣做是無視孩子是獨立個體的表現，不僅不會引導孩
子體會愛，反而還會適得其反。

在生活中，孩子會有很多需求，當他們有一種特別強烈的合理需求而
自己又不能實現時，家長要及時地給予幫助。這樣孩子才能逐漸地體
會到愛的含義。

✧ **「真愛」是一種尊重，尊重孩子，尊重孩子的成長規律**：義大利教育
家蒙特梭利（Maria Montessori）說得好：「每個人的成長都有一個程
序，他在某個年齡階段該領悟什麼樣的問題，其實是固定的，你沒辦
法強求，過分人為地加以干涉只會毀了他。」

所以說，既然孩子的成長有自然的發展規律，那就要順著它的「長
勢」讓孩子自由地發展。像農作物必然要經過一定的時間才能成熟一
樣，揠苗助長只會適得其反。它不能超越，只能等待，用時間等待孩
子的成長。在孩子成長的過程中給予必要的尊重。例如，尊重孩子的
行為，尊重孩子的想法，尊重孩子的發言權等。

✧ **「真愛」是信任**：信任孩子，即相信孩子能做到，不要武斷地否定
他，嘲笑他。例如，當孩子對家長暢談理想時，家長不要因為孩子
的「異想天開」就武斷地否定他，嘲笑他的幼稚無知。這對孩子的自
尊心是一種很大的傷害。正確的做法應該是，家長認真地傾聽孩子的
「理想」，必要的時候，家長可以提出自己的意見供孩子參考，鼓勵
孩子為理想而奮鬥。

第一章 「愛」是一種能力

✧ **「真愛」是鼓勵和欣賞**：大教育家蘇霍姆林斯基（Vasyl Sukhomlyn-sky）說：「每個人的心靈深處都有一種根深蒂固的需求，這就是希望自己可以得到別人的讚賞與喜愛，而在兒童的精神世界裡，這種需求特別強烈。」因為這些需求，孩子在意每一個人對自己的看法，他們的最大願望就是得到他人的關心、讚美與喜愛。當他們獲得的肯定與賞識的訊息越多，他們對自己的信心就越足，就越容易感覺自己是個成功者。這種積極的心態，能激發孩子的求知欲與上進心，使其表現得更加出色。因此，愛你的孩子，請欣賞與鼓勵他（她），這是每個家長義不容辭的責任。

✧ **「真愛」需要溝通和交流**：家長要多和孩子溝通，了解孩子的思想動態，並把自己的想法告訴孩子，讓孩子知道自己是愛他的。當然，與孩子溝通時不要正襟危坐，那樣雙方都會感到一種無形的壓力。為了避免尷尬，家長可以在和孩子玩遊戲或是看電視的過程中交換雙方的觀點。

✧ **「真愛」是接受孩子的不足**：個體的差異，先天的稟賦，後天的教育等都會造成孩子之間的千差萬別。就像人的手指頭有長有短一樣，孩子也是各有千秋。美國哈佛大學霍華德·加德納（Howard Earl Gard-ner）教授指出，人有八種智慧：語言文字智慧、數學邏輯智慧、視覺空間智慧、身體運動智慧、音樂旋律智慧、人際關係智慧、自我認知智慧、內省智慧。這個理論告訴我們，不同的孩子有不同的智力結構和長處。這就是為什麼有的孩子在交際上如魚得水卻不擅長寫作；有的孩子內向害羞但寫起文章卻妙筆生花；有的孩子唱歌會跑調但數學卻很好，有的孩子不喜歡畫畫卻喜歡體育運動。因此，如果家長真的愛孩子，就應該接受孩子的不足，承認孩子的各種才能。

✧ **「真愛」是正確對待孩子的錯**：在孩子的成長過程中，錯誤是不可避免的。孩子犯了錯，家長不能不管，關鍵是怎樣去引導。其實，並不是每個錯都需要粗暴干涉或嚴加懲罰，民主地對待往往更容易解決問題。用這樣的口氣或許更加合適：「寶貝，我覺得你今天好像變了個人，怎麼回事？」也可以這樣評價：「這不像是你做的事情！」如果是一些嚴重的錯，帶一定的嚴屬性是必要的，可以加重語氣：「你的這種行為真令我失望，希望你不要再犯這種錯。」我們要讓孩子深刻反省自己的錯誤，然後再指出他犯錯的原因並幫他找到解決的方法，給他一個獨立思考並改正的機會。

總之，真正愛孩子的家長會以寬恕的心態看待孩子成長長河中的觸礁現象，以信任的眼光欣賞孩子的與眾不同。相信孩子能行！用欣賞的、信任的、鼓勵的、愛的眼光等待孩子的成長。

學會向孩子「索愛」

身為家長，如果僅僅滿足於給孩子大量的愛，而沒有教會孩子去愛別人，沒有給予孩子愛自己的機會，那麼，這種愛則是單一的，是缺乏情感的交流與互動的，最終只會讓孩子習慣於別人的給予而不付出，習慣於索取而不懂得給予。這種狀況對孩子的成長同樣是不利的。愛是一種能力，學會愛能讓孩子更加堅強和善良，變得更快樂和自信。因此，家長不但要讓孩子懂得體會愛，還要適時地向孩子「索愛」，這能讓孩子有機會表達自己的關愛，從而生出自身的，愛的能力。

那麼，家長如何向孩子索取關愛呢？

第一章　「愛」是一種能力

家長可以適當地示弱

如果家長總是在孩子面前表現得無所不能，那孩子成長的動力在哪裡？如果家長總是不斷地照顧孩子，那麼，孩子關心體貼別人的機會又在哪裡？因此，要想讓孩子懂得關愛別人，家長有時不妨在孩子面前示弱，多問：「孩子，媽媽需要你，你能幫媽媽嗎？」讓孩子有機會來關心你，有能力來照顧你，這樣，在不知不覺中，孩子也就學會了如何去關心和體貼他人。

請求孩子幫助你

上樓時，你拎著東西，孩子卻要你抱，這時你是不是通常會抱起孩子，如果你覺得這樣做是理所當然，孩子也會覺得這一切理所當然。下次上樓，孩子喊累時你也可以歪著身子說：「媽媽也有點累了。寶貝，你能拉著媽媽上樓嗎？」而這時候，孩子多半會拉著你，你就故意走在後面，讓孩子拉著你往上走，一邊走一邊說：「寶貝真不錯，能拉著媽媽上樓，真是媽媽的好寶貝。」孩子聽到這樣的就會越來越起勁，再也不要你抱著上樓了。這樣你不僅自己輕鬆了，還培養了孩子愛的能力。

又比如，你下班回到家很累，你可以對迎上來的孩子說：「媽媽好累啊，你幫媽媽拿拖鞋，再倒一杯水，好嗎？」孩子因為被需要而快樂，他（她）聽了你的請求會忙不迭地給你拿拖鞋，再跌跌撞撞地給你倒水，你可以端過來喝一口，說：「寶貝都會給我倒水了，媽媽真高興啊。」

經常讓孩子幫你做一些他力所能及的事情，能培養孩子對家長的關愛之心與責任感。對孩子以後的成長是很有好處的。

給孩子機會安慰你

即便情緒不好，很多家長也總是在孩子面前控制情緒，強顏歡笑，而內心卻很壓抑，實際上孩子是很敏感的，你壓抑的情緒他會有所察覺，進而變得不快樂。

因此，如果你碰到不高興的事，可以跟孩子說：「媽媽現在有點不高興，你安慰安慰媽媽，好嗎？」孩子就會很懂事地迎上來，你可以把頭靠在他身上，過一會，再說：「媽媽現在感覺好多了，謝謝寶貝。」孩子會因為能夠安慰你而感到高興，而且，靠在孩子身上，你還可以體驗到一種身體的交流，這樣一種相互依賴的關係能讓孩子體會到一種成長，一種想要從內心保護媽媽的欲望。

鼓勵孩子用行為表達關愛之情

在平時的生活裡，家長要教孩子學會用自己的行為來表示對他人的關心。比如，家長可以這樣說：

「爸爸下班回來了，工作了一天特別辛苦，趕快幫他拿雙拖鞋。」

「今天媽媽幫你準備你最愛吃的飯菜，趕快去謝謝她。」

「奶奶每天都幫你收拾房間，今天你是不是應該幫奶奶收拾一下？」

「老師每天給同學們上課、批改作業多辛苦，你幫過老師的忙嗎？」

這些鼓勵和指導性的話可以幫助孩子表達自己或喜歡或感謝的心情。當然，除了這些話之外，家長更要以身作則，如給下班的愛人倒杯水、陪長輩聊天等。

利用節日的氛圍啟發孩子表達愛

節日是一個很好的教孩子學會表達愛的時機，家長可以利用各種各樣的節日，比如，親人的生日、父親節、母親節、婦女節等讓孩子向家長表

達自己的愛。例如，爸爸過生日時，媽媽可以指導孩子親手做一件小禮物送給爸爸，也可以讓孩子寫一段或者說一句感謝爸爸的話，告訴孩子，這樣能讓爸爸感到很快樂、很溫暖，爸爸會感到自己被關心、被愛。同樣，媽媽過生日或者過節日時，爸爸也可以這樣去引導、教育孩子。無論透過什麼方式，只要讓孩子真切地表達出來就達到預期的目的了。

教孩子學會用言語表達對親人的愛

透過語言表達愛是我們最不擅長的一種方式，我們很難將「喜歡」和「愛」掛在嘴邊。但是透過語言表達愛是最直觀的一種方式，效果也最明顯。家長在實際生活中，不妨也和孩子「甜言蜜語」一番，讓彼此感受到對方對自己濃濃的愛意。

如果家長能夠透過點點滴滴引導和鼓勵孩子，那麼，表達愛就會成為一種習慣，孩子會慢慢用自己的語言和行為去實施愛意，去表達自己的關心與體貼。而讓孩子學會愛和付出，同樣能培養孩子理解他人的「心」。

培養孩子的博愛之心

「愛」是廣博的，大愛無疆，真正的愛不僅僅局限於愛自己，愛自己的親人，還包括關愛他人、同情他人，熱愛生命，愛護大自然等。心中有大愛的人，他的人生永遠充滿了光明與自信；反之，如果一個人不懂得愛別人，自私自利，那麼，他最終只會在冷漠與黑暗中迷失自己。

有這樣一則神話故事：

有兩支火把，奉火神之命到世界各地去考察。兩支火把中，有一支沒有點燃，另一支則是點燃的，發出很亮的光芒。過了不久，兩支火把都回來了，而且都向火神提交了它們的考察報告。

培養孩子的博愛之心

第一支火把說，整個世界都陷在濃郁的黑暗中，它覺得眼前世界的情況很壞，甚至壞到了極點。

第二支火把的報告卻恰恰相反，它說它無論走到哪裡，總可以找到一點光明，所以，它認為這個世界是十分有希望的。

聽了這兩個不同的報告，那個派它們出去考察的火神於是對第一支火把說：「也許我們應該好好地問一問自己，有多少黑暗是我們自己造成的？」

一個人對世界的看法，說到底是對自己的形象定位。當我們像那支沒點燃的火把，吝嗇自己的光明時，我們自然會覺得眼前的世界陷在濃郁的黑暗裡，自然看不到希望所在；當我們像那支點亮的火把，燃燒著我們自己時，我們的眼前自然會有不滅的光明，希望就在那光明裡升騰。所以我們說，只有善於付出，懂得關愛的人，才能看到光明。對於孩子來說，培養孩子的博愛之心，就是要給予他們人生的最初光明。

那麼，家長應如何培養孩子的「博愛」之心呢？專家建議，培養孩子的愛心，家長需要從以下幾個方面著手：

◇ **從小培養愛心教育**：嬰幼兒期是人各種心理特質形成的關鍵時期，愛心的形成也是在這個時期。因此，培養孩子的愛心，要從孩子很小的時候開始。在嬰兒時期，家長要經常愛撫孩子，對孩子微笑，讓孩子感受到家長對他的愛，這是孩子萌生愛心的起點。隨著孩子一天天長大，家長要把自己看作是孩子的夥伴，陪孩子遊戲、聊天、學習，讓孩子感受到家庭的溫暖，感受到被愛的幸福，以便為孩子長大後奉獻愛心打下基礎。

◇ **保護好孩子的愛心**：有時候，家長由於工作忙或其他原因，對孩子表現出來的愛心視而不見，或對其訓斥一番，會把孩子的愛心扼殺在萌

芽之中。比如，有個小女孩為剛下班的媽媽倒了一杯茶，媽媽卻著急地說：「去去去，快去寫作業，誰要你倒茶？」再如，有個小孩蹲在地上幫一隻受傷的小雞包紮，小孩的媽媽生氣地說：「誰讓你摸牠了，小雞多髒呀！」孩子的愛心就這樣被家長剝奪了。事實上，在很多情況下，家長並不知道自己的行為會在不經意間傷害或剝奪孩子的愛心。

實際上，家長不但要保護好孩子的愛心，還應該強化孩子的「熱心」行為。當孩子扶起倒在地上的自行車，當孩子給上坡的三輪車助了一把力，當孩子把自己的新書捐給貧困地區的夥伴，當孩子為正在口渴的奶奶送上一杯茶……當孩子做出這些「熱心」行為的時候，家長要及時地給予孩子表揚、鼓勵。這樣，在強化孩子「熱心」行為的同時，就抑制了「冷漠」心態的生長。

✧ **鼓勵孩子關心幫助他人**：在能夠幫助別人的情況下，而別人又有事相求的時候，家長可以教孩子如何幫助別人解決困難，也可以帶孩子參加一些募捐活動，當然要在經濟條件許可的範圍內進行。孩子會透過實際活動和家長的思想啟發去認識問題，逐漸養成良好的助人為樂的美德。

✧ **家長要富有愛心**：家長是孩子的第一任老師，舉手投足，都會給孩子留下深刻的印象，要讓孩子有愛心，家長就要做出有愛心的行動。比如，要孩子愛家長，家長就要愛自己的父母，為孩子做好表率。孩子的心是潔白無瑕的，從小在孩子的心裡種下愛的種子，孩子日後必將成為愛家長，愛他人，愛社會的人。

有一對知識分子夫婦，他們深深地懂得家長的言行在孩子成長中所起的重要作用。所以，他們總是以身作則，並以此引導孩子。

他們孝順長輩，在家裡，總是給長輩倒茶、盛飯、搬凳子；逢年過

節，給長輩買東西、送禮物，這對夫婦總會讓孩子知道，還常常請孩子建議該送長輩什麼禮物。每逢公司旅遊或辦活動，如果能帶家屬的，他們總是帶上孩子和長輩，既讓孩子與長輩開闊了眼界，更重要的是，孩子能夠從中體會到家長對長輩的關心。

他們關心孩子，對孩子說話總是溫和、體貼，還常常與孩子進行情感的交流，給孩子適當的鼓勵和表揚，讓孩子直接感受到父母對自己的愛。

夫妻之間也是互相關心，在餐桌上，總是不忘給愛人夾一筷對方愛吃的菜；每逢出差，在給孩子買禮物的同時，總不忘給愛人也買一份；吃東西的時候，他們總會提醒孩子給爸爸或媽媽留一份。他們還注意使用愛的語言，比如，「你辛苦了，先歇一會！」「別著急，我來幫你！」「謝謝你為我所做的一切！」等。這樣，孩子在家長的引導下，也學會了去愛他人。

✧ **培養孩子的移情能力**：所謂移情能力，是指能設身處地地為他人著想、感受他人情感的能力。比如，當看到別人生病疼痛時，要讓孩子結合自己的疼痛經驗而能感受到並體諒他人的痛苦，進而為他人提供力所能及的物質或精神上的幫助。

✧ **利用電視等，對孩子進行愛心教育**：多給孩子講一些有關愛的故事，多讓他們看和愛有關的短片，以此激發他們的愛心。例如，災難過後，湧現了許多愛心人士，他們捐錢、捐物，甚至獻出他們寶貴的生命來救助災區的人們。正是大家的共同努力，才使得災區居民度過難關，重新建立美麗的家園。這類故事和短片對孩子都有很大的教育意義。此外，家長還可透過動畫片培養孩子的「愛心」。讓孩子在看動畫片的過程中，受到愛心教育。

第一章　「愛」是一種能力

✧ **帶領孩子多參加一些公益活動**：光說不練是不行的，要想培養孩子的愛心，還要讓孩子多參加一些活動，讓孩子親身體驗愛心帶來的快樂。不要一味地讓孩子參加一些五花八門的輔導班，還應抽出一些時間陪孩子去養老院、聾啞學校等地方，給老人和孩子帶去禮物，陪他們聊天，幫他們做一些清潔工作，或是給他們唱歌等。這些活動對培養孩子的愛心都大有裨益。

✧ **透過讓孩子自己照顧寵物或者種植植物來表達自己的愛心**：家長可以透過讓孩子自己照顧寵物或者種植植物來表達自己的愛心，孩子從這樣的行為中可以學會最基本的責任心，從而成為善解人意的孩子。

有條件的家長可以在家中餵養一些小雞、小鴨、小貓、小狗等，讓孩子養成愛惜小生命的品德，有利於培養孩子的愛心。人們發現，幼年時期飼養過小動物的孩子，感情比較細膩，心地比較善良。相反，從小沒有接觸過小動物的孩子，感情比較冷漠，與同學發生矛盾衝突時表現為衝動易怒、出口傷人、行為粗魯，並且會欺負弱小的同學。

所以，只要孩子願意養小動物和植物，家長應盡可能允許他們去養。在家中養一些小狗、小貓、金魚等小動物，或者種植一些花花草草，讓孩子去照顧，這樣往往會培養孩子的愛心。

古語說：「愛人者，人恆愛之；敬仁著，人恆敬之。」愛是相互的，只有對他人付出愛，才會得到別人的愛。作為家長，如果在孩子小的時候就給予孩子正確的愛心教育和培養，孩子長大以後，自然就懂得用自己的愛心來贏得他人乃至全社會的愛。這樣的孩子，將會生活得更幸福、美滿。

▍讓孩子從小學會同情

同情心，是一種非常寶貴的情感，它是許多高尚道德情感的基礎。它是一種對他人的不幸和困難產生共鳴及對其行動的關心、支持和幫助的情感。它的產生依賴於孩子的自我意識、社會認知能力的發展，如對他人的需求、情緒、情感的認知與理解。

同情心作為道德情感的一種，它在維持和協調和諧的人際關係，形成團體凝聚力中起著重要的作用。缺乏同情心的孩子只關心自己，只顧自己的快樂，而無視別人的痛苦，甚至會把自己的快樂建立在別人的痛苦之上，這種孩子是很可怕的。有同情心的孩子往往比較會關愛他人，因此，家長要在生活中培養孩子的同情心。

那麼，家長應如何培養孩子的同情心呢？專家認為，要培養孩子的同情心，家長可以從以下幾個方面入手：

注意細節，時刻不忘薰陶孩子

孩子成長於什麼樣的家庭環境，對於孩子性格的形成有直接的影響。如果家長不注意自己的言談舉止，將會給孩子造成不可預知的壞影響。愛心的缺失可能會讓孩子不懂得如何表達與接受愛，也可能讓孩子變成自私自利的人。

因此，激發孩子的同情心，家長對周圍人應表現出真摯的同情，並幫助自己身邊正遭受痛苦和不幸的人。家長還應以自己的善良感染和薰陶孩子，在孩子的心中播撒善良的種子。要積極支持孩子的「獻愛心」活動，為了培養孩子的愛心，學校、社會要經常舉行為慈善機構、為身邊不幸的同齡人獻愛心的活動，家長應支持和參加。

第一章 「愛」是一種能力

盡可能創造條件，給孩子們情感體驗的多種機會

同情心是一種內在的情感，只有當它在持續的實踐活動中才可能逐漸地持久、穩定。換句話說，我們必須給孩子提供將同情心內化的實踐機會，並且不斷強化。比如，嘗試讓孩子做些力所能及的簡單勞動，體會家長工作的艱辛；嘗試和一些落後地區的孩子建立長期的「手把手」活動，切實感受他們求學生活的艱辛，滋長同情關愛之心；安排孩子參加一些健康團體組織的活動、聚會等，如社區中心組織的義務勞動、學校團隊組織的看望照顧養老院老人以及認養動物園小動物等，讓孩子有機會接觸家人以外的陌生人，並且在與同輩和長輩的交往相處中，學習及鍛鍊諸如關懷禮讓、互相體諒及尊重等素養，而更為重要的是，能讓孩子真正體驗到助人為樂之本，從而以同情關愛之心待人。

讓孩子在故事中受到「同情心」的薰陶

有一個家長介紹自己如何教育孩子的故事：

我曾經讀過布奇的《故事裡的小木偶》給孩子聽。這個故事淺顯易懂，生動有趣。透過閱讀布奇和莫莫去幫小木偶找它摔斷的腿的故事，讓孩子站在他人的立場上理解他人的情感。看見同伴們摔跤了或者生病了，他們會表示同情，會做出安慰、幫助等關心他人的行為。這種能力會幫助孩子與他人建立良好的關係，以便在將來更好地適應社會。

做個有同情心的家長

孩子會從家長的關心與呵護中形成一種免於恐懼與危險的依附，這種安全感使得他認為世界是個安全的地方。如此一來，孩子便有機會從家長的同情中，學會同情別人。

　　阿鵬的媽媽偶然發現同學阿南家庭條件不好，很多孩子還欺負他，歧視他。怎樣幫助這個孩子？怎樣使自己的孩子在一個和諧友愛的環境中成長？考慮到這些，阿鵬的媽媽便找班導師商量。老師說：「這個孩子現在最大的困難就是沒有朋友，我看阿鵬很有愛心，那麼，就從您的孩子開始吧！」

　　回家後，阿鵬的媽媽對阿鵬說：「你們班有一個人現在很痛苦，因為他沒有朋友，但是他很可愛，你願意和他玩嗎？」阿鵬表示很願意，於是就主動和阿南一起玩，一起做作業。慢慢地，有更多的同學和阿南一起玩，從此，再也沒有同學欺負阿南了。當阿南對阿鵬說感謝的時候，阿鵬心裡非常高興。

　　由此可知，孩子的愛心是需要家長引導的。家長時時澆灌孩子心裡的愛心之芽，就使孩子主動為他人奉獻愛心。

　　幫助弱小是最典型的愛心體現。羅曼・羅蘭（Romain Rolland）說過：「要散布陽光到別人心裡，先得自己心裡有陽光。」家長的陽光就是一顆熱愛孩子的心，有了愛心才會多讚揚、多激勵、少訓斥，就能用家長的愛去喚醒孩子的愛。

同理心教育，讓孩子學會同情

　　家長可以經常讓孩子把自己痛苦狀態時的感受與別人在同樣情境下的體驗加以對比，體會別人的心情，這樣可以讓孩子學會理解別人，學會移情。

　　5 歲的倩倩從小就非常有愛心，媽媽經常鼓勵她要幫助他人。

　　有一次，倩倩跟媽媽上街買東西。在過馬路的時候，倩倩看見一位行動不便的老爺爺，她看了看媽媽，媽媽正用鼓勵的眼光望著她。於是，倩

倩主動走上前去，扶著老爺爺走過了馬路。

走到馬路對面後，老爺爺非常感謝倩倩，誇她是個有愛心的好孩子。這時，走在後面的媽媽對倩倩說：「倩倩，妳注意到了嗎？旁邊的叔叔都微笑地看著妳，後邊的阿姨也向妳投來讚許的目光呢！」

果然，倩倩朝旁邊一看，好多叔叔阿姨都微笑地看著她。小倩倩高興地回答道：「老爺爺過馬路時會很困難，我們每個人都應該幫助老爺爺過馬路，是吧，媽媽？」

媽媽微笑地點點頭。

可見，從小的移情訓練已經使倩倩對他人有了一種同情心，而同情心正是愛心的來源。此外，家長還可以借助生活中的事例從側面來教育孩子要關心他人、關心動物。比如，在看電視的時候，如果出現動物弱肉強食的畫面，家長可趁機對孩子說：「多可憐呀，人可不能這樣子！」看到乞丐沿街乞討時的可憐模樣，家長也可以趁機教育孩子：「他們的生活多麼不容易，也許我們可以幫他們一下。」以此達到同理心教育的目的。

蘇霍姆林斯基認為：「心靈的感性和同情心都是在童年形成的，如果童年蹉跎，那麼，所荒廢的就永遠無法彌補。」是的，孩子的可塑性最大，最容易受到教育的影響，在這個階段，家長們應對他們進行善良情感的啟蒙教育。使孩子們從小有禮貌，熱愛生活、富有同情心。只要家長們抓住機會、因勢利導，一定會培養出具有良好道德感和同情心的孩子。

▌培養孩子善良的品德

「善良」指的是內心的「純真溫厚，和善，沒有惡意」，也就是和善而不懷惡意的意思。它是人類最初的，也是最美好、最寶貴的特質。有了善良，人們才會同情弱者；有了善良，社會才會扶危濟困。善良是人生的

雨露甘霖，善良使世界充滿仁愛，讓歲月溢滿溫馨。

然而，現代社會，到處充斥著「惡」的不和諧之音。「惡」的猖獗，是社會大德行——「善」的缺失。一個缺乏「善良」的社會，到處都是險惡的陷阱，到處都是尖利的寒冰，我們的孩子如果過於善良，將如何生存，如何立足呢？這是許多家長的疑慮。

實際上，家長的疑慮是多餘的，「善」是「人」與「獸」的起碼區別，一個缺乏善良之心的人如同「獸」一般，他如何能受到人的歡迎呢？而「善」是有感染力的，一個善良的孩子所到之處都是「善」與「仁愛」的蹤跡，都是溫馨如花的暖暖春意。

六歲的小妮是個善良的小女生，她喜歡分享，願意把好吃的東西分給身邊的小朋友，也會把自己的玩具拿出來和大家一起玩。

有一次，小妮的表弟來她家玩，當時家裡只剩下一個蘋果了，媽媽為難地看著小妮說：「妮妮，怎麼辦呢？表弟要吃蘋果，可蘋果只有一個，妳說該怎麼辦呢？」小妮看看蘋果又看看表弟，就拿起蘋果遞到表弟的手裡，大方地說：「我是姐姐，表弟還小，表弟吃。」媽媽為小妮的善良與真誠感到欣慰。

公園裡，一些小朋友喜歡欺負小動物，用石頭砸小狗、小貓、小鳥。小妮看見了就會告訴小朋友們：「牠們也會痛的。」

因為心中充滿了憐憫和愛，小妮的生活被填充得滿滿的。比起其他孩子，她顯得更加幸福、快樂。

真正的強者是善良，充滿愛心，富有責任感的。責任讓他將事情做完整，愛促使他將事情做得更好，而善良則能讓責任與愛完滿。因此，我們在善良孩子身上感受到的是「感動」，是「體貼」，是內心的充實與情感的豐盈。這樣的孩子難道不幸福嗎？而一個缺乏「善心」的人，他的內心

將永遠荒蕪、貧瘠。這樣的人，即便擁有再高的智商，也很難有所作為。因此，作為家長，要用自己的愛，教育孩子「從善如流」，從小培養孩子博愛、同情、寬恕等品德。

古人鄭板橋就非常注重培養孩子「善良」的品德。

鄭板橋52歲才得到一個兒子。他愛孩子，教育孩子從小熱愛大自然。為了讓孩子感受大自然的美，投身大自然經歷各種薰陶，培養善待大自然的良好心態，鄭板橋在孩子斷奶不久，就毅然把孩子送出縣衙機關，直接託付給弟弟，讓孩子在農村生活，讓其在人與自然協調的環境中健康成長。

鄭板橋以童心塑童心，陪孩子一起玩。孩子愛玩小動物，鄭板橋以此為契機教育：我們想開心，但鳥兒蟲兒卻不開心，這對小動物是非常殘忍的，我們應該關心愛護小動物！

鄭板橋關注孩子的善良教育，他讓孩子從小善待疾苦弱勢團體。對於身邊的「貧家子弟，寡婦之兒」及周邊家人兒女，都要一視同仁。只要有好吃的東西，就讓孩子分發給別人，讓大家都歡喜雀躍。他對孩子說：「對於弱勢團體疾苦者，要傾注一份愛心，善待他們，周濟貧苦同學紙墨筆硯，不能倨傲施捨，讓人難堪。」

善待別人，寬大為懷，是鄭板橋善良教育的重要方面，他怕孩子有優越感，便告訴孩子無論如何都要尊重別人，尊敬師長，生性殘忍的人是不受歡迎的！

在鄭板橋的教育下，他的孩子從小就是一個善良、富有愛心的人！

孩子生性善良，同情別人，家長若加以正確地疏導與教育，孩子因為善良得到的收益將是無窮的！可以說，鄭板橋對孩子的「善良教育」，堪稱美德教育的典範。

　　那麼，如何培養孩子善良的品德呢？空洞的說教和良好的願望是遠遠不夠的，具體應從以下幾個方面入手：

✧ **為孩子創建一個健全的愛的環境**：研究證明：培養善良的心，就應該給孩子一個健全的愛的環境。孩子在這種環境中，能享受到他人給予自己的關懷，萌發一顆善良的心。

　　· **子女之愛**：孩子對家長的愛是對他們所感受到的家長之愛的回應。他們的自尊、自愛、孝順、負責任等品德都是從家長的行為中仿效來的。所以，作為家長，我們要給孩子正確的愛，正確的榜樣。

　　· **同伴之愛**：看到家長愛他們的同伴，孩子也會學著愛自己的朋友。家長要多創造機會讓孩子和他的同伴在一起。因為，與人相處本身就是一種教育，孩子能從與人交往中學會理解、分享、團結、幫助。

　　· **夫妻之愛**：夫妻關係的和諧美滿，對孩子也是一種教育，孩子可以從家長之間相互關心和愛護中學會理解、接納、欣賞、真誠和肯定等美好的品德。夫妻之愛給孩子傳遞的忠誠的觀念，也是培養孩子「善良」心靈的關鍵。

　　· **家長之愛**：當孩子在接受了以上三種愛的教育後，他們就會成為一個擁有善良、健康特質的人，當他們成為家長時，才能把正確的愛、善良的心傳遞給自己的孩子。所以說，善良的教育生生不息。

✧ **讓孩子明白什麼是善良**：使孩子懂得什麼才是善良，為什麼善良令人滿意（不必透過說教的方式）。家長可以在某些特定的場合，見機行事，簡單地、隨意地向孩子解釋一下，讓他知道所有的人都非常喜歡善良的人。向他介紹一些友好待人和表達善意的簡單的辦法，讓他學

會考慮周全，並讓他懂得，若幫助了某些人，自己也會感到莫大的快樂。

◇ **為孩子營造表達善意的實踐機會**：孩子們受到了別人的友善相待會感到非常愉悅，這清楚地告訴他善行是一件多麼令人愉快的事，但更為重要的是，透過這樣一個機會，讓孩子懂得只要與人為善自己也會獲得快樂。孩子對一些小動物友好、善良和親近，能感覺到感激、忠心，就是真正懂得善行的好處。

◇ **賞識孩子「善意」的舉動**：如果孩子做的事得到了肯定和表揚，那麼，他還會繼續這麼做。因此，當你的孩子幫了別人一些小忙，或者替別人著想時，你要告訴他，你贊成他的這一舉動，鼓勵他多做一些令人愉快的事情。而他因為善良的行為違背了家長的規定，受到別人的嘲諷，你也應該說：「孩子你做得對，我們為你驕傲！」

當孩子為了善良而失去了名譽和利益，不要埋怨他，而應賞識他的善良。告訴孩子：「這件事比名譽更重要，你所獲得的遠遠大於你所失去的！」

每個孩子的本質都是善良和真誠的。如果家長對他們的善良給予支持和賞識，那他們這種善良的行為就會得到強化；如果家長誤解了他們的善良，那他們的善良行為就有可能被弱化。因此，賞識孩子的善良、肯定他們正確的行為，有利於培養孩子正確的人生觀和價值觀。

▎把「孝」植根在孩子的心底

俗話說「百善孝為先，孝為德之本」，孝敬家長是傳統美德，是每個人必備的品德。為人家長者，應從小對孩子進行孝心教育。因為一個人如果連自己的家長都不愛、都不孝順的話，他（她）也不可能去愛他人，尊

重他人，更不可能去熱愛他（她）的事業，他（她）的生活。可以說，孝順家長、尊重長輩是每個孩子的情商必修課。

那麼，究竟怎樣培養孩子的孝心呢？家長們不妨嘗試以下幾種方法：

言傳身教，以身作則，做孩子學習孝道的榜樣

家長是孩子最好的老師，要想你的孩子將來孝順，家長首先必須孝順自己的長輩，用實際行動孝敬和俸養長輩，這是無聲的教育，也是最好的教育。

誠誠一家住在市區，爸爸媽媽忙於工作，所以不能陪在爺爺奶奶的身邊。不過只要一有時間，爸爸媽媽就會帶著誠誠去郊區爺爺奶奶家。

一到爺爺奶奶家，媽媽就會把奶奶家的家務全包下，讓長輩休息一下，他們一家歡聚，共享天倫之樂。時間一久，誠誠也養成了孝敬父母的好習慣，有時候，爸爸媽媽下班回來，他會主動走上前去問：「媽媽，累不累呀？」如果看到爸爸很疲倦，他還會握起自己肉嘟嘟的小拳頭給爸爸捶背。每當這時，爸爸媽媽都會感到無比的欣慰。

實際上，小誠誠之所以懂得孝順爸爸媽媽，都是從他們那裡模仿來的。家長的行為是孩子行為的參照，因此，要想你的孩子有孝心，請從自身做起。例如，做家長的人，平常回家後要幫助長輩做家務，如果有時間的話還要陪伴長輩出去散散步，和長輩談心，並告訴孩子，爺爺奶奶平常很辛苦，爸爸媽媽又忙於工作，沒有給他們應有的照顧，因此，回到家後應該多照顧爺爺奶奶。父母的以身作則讓誠誠從小受到了孝心的薰陶。

教育孩子孝心概念

家長可以經常講一些尊老愛幼、孝敬長輩的小故事給孩子聽。還可以讓孩子看此類影視節目，對孩子灌輸孝心概念。

第一章 「愛」是一種能力

從小養成、從小事做起

讓孩子養成孝敬家長的好習慣，要從一點一滴的小事著手塑造和培養。例如，平時教育孩子要關心家長的健康，要幫家長分擔憂愁，要幫助家長做家務。當孩子不會做題時，家長要耐心地教；孩子做錯事時，不要橫加指責；孩子做得好時，要多表揚鼓勵。孩子只有在親身實踐和體驗中才能體會到家長的辛苦，體驗為別人付出的快樂。當孩子「家長養育了我，我應當為他們多做事」的觀念逐漸形成時，孩子就有了一份生命的義務感和責任感。這也是現代孩子最缺乏的。因為他們平時只知道接受愛，而不知道付出愛，沒有學會關心和感激。家長千萬不要這樣想：孩子還年幼，主要任務是學習，只要學習好了，什麼都不用管；而是要轉變觀念：不要以學業成績作為唯一的評價標準，好孩子的標準是多方面的，孝敬家長就是其中一個重要的標準。

制定家規

國有國法，家有家規。沒有規矩，不成方圓。一個家庭需要民主，不可實行家長制、一言堂，但必要的家規是不可缺少的。家長可與孩子共同商量，制定「孝敬家長」行為規範。

以下是專家提出的關心、孝順家長的「五要、五不要」家規，可供家長們參考：

◇ 「五要」：要了解家長、要親近家長、要關心家長、要尊重家長、要體貼家長。

◇ 「五不要」：不要影響家長工作與休息、不要惹家長生氣、不要頂撞家長、不要獨占獨享、不要比較。

此外，配合「五要、五不要」還有幾條具體要求：

✧ 記住爸爸媽媽的生日。

✧ 自己的事情自己做。

✧ 我當一天家長。

✧ 單獨拜訪一次親戚。

✧ 我和爸爸（媽媽）共上一天班。

讓孩子了解家長的艱辛

生活中，很多家長生怕孩子累著，因此，不讓他們做任何家務，其實這樣的想法很不好。要想讓孩子懂得孝順，知道感恩，就必須讓孩子明白生活的艱辛與家務的繁瑣。例如，家長可以讓孩子學著洗碗、洗自己的小衣服等，這樣孩子就會珍惜家長的勞動成果。

另外，家長不妨把自己的工作情況和收入情況告訴孩子，讓孩子知道家長的工作情況，體會家長的艱辛。

某小學為了讓孩子更加了解自己的家長，了解家長的不容易，特地安排了以下採訪題讓孩子回家採訪自己的家長。問題如下：

✧ 家長一天的作息時間安排。

✧ 家長一天都做了哪些工作，工作多長時間，勞動強度如何，平均獲得多少勞動報酬？

✧ 家長回家都做了哪些家務，花了多少時間？

✧ 家長為子女做了哪些事情，花費多少時間？

✧ 你了解家長的興趣愛好、身體狀況、生活習慣嗎？

✧ 你是否體會到家長的辛苦，是否體諒家長？

✧ 你平常對家長採取什麼態度？

很多孩子在經過這次調查之後，都變得孝順懂事起來，因為他們終於明白家長是多麼不容易，多麼值得尊敬了。

當然，孝心無價，讓孩子懷有孝心，並非一朝一夕的事情。作為家長，我們應以身作則，從小做起，從小事養成，這是孩子最初的人性洗禮，對孩子的一生都具有重大的意義。

教育孩子要懂得「感恩」

自古以來就有「羊跪乳，鴉反哺」、「滴水之恩，當湧泉相報」的感恩文化，然而即便是「感恩」文化被廣泛宣傳的今天，很多孩子對於「感恩」的內涵還是相當的陌生。更多的孩子在抱怨家長沒有辦法給自己提供好的生活，不能給自己買時尚、前衛的衣服，不夠體諒自己。以下這個場景在我們的生活中並不鮮見。

劉宏的媽媽找到心理醫生，她對心理醫生說，自己的孩子沉迷於網路，不聽勸告，不思進取，眼看著就要上高三了，當媽媽的急得不行，可劉宏依然故我，每天一放學就跑到網咖上網。

為了劉宏的學習，媽媽從鄉下來到城裡賣菜，為了能給劉宏提供一個良好的學習環境，她特地在學校附近租了一套房子專門照顧劉宏。每天早上，媽媽煮好飯，一大早就出去賣菜，中午劉宏在學校吃，下午放學回家，媽媽已經把晚飯準備好了。晚上，她還特地給劉宏準備宵夜。可是，劉宏對此從未表示過感激，沒有說過一句感謝的話。這還不算，最讓媽媽傷心、失望的是，劉宏自從迷上網路之後，學業成績直線下滑，聽不進任何勸告，眼看就要進入高三了，可他居然一點都不著急。

期中考試後，班導師找到劉宏的媽媽，告訴她，劉宏的成績又下滑了好幾名，希望家長能積極配合。那天，劉宏放學回家，媽媽想跟兒子談

談，可是，剛一開口，兒子就大叫：「別說了，什麼都別說了，別每天用成績來煩我，我不想見到妳，滾！」

聽著兒子沒有人情味的話，媽媽愣住了，立即流下了傷心的眼淚。

這樣的故事讓人心寒。為什麼家長在孩子面前小心翼翼，做牛做馬，成了孩子的奴僕，非但沒有打動孩子、得到孩子的感激和體諒，反而還讓他生出反感之心？為什麼這些孩子對家長的百般疼愛反應淡漠、表現麻木呢？為什麼這些孩子總是認為家長對自己的好是理所應當的呢？這一切都源於孩子缺乏感恩的心。

那麼，到底是什麼使孩子失去了感恩之心呢？首先要反思的是家長的教育方式。

常常可以見到這樣的場面：孩子放學一出校門，把書包往家長手中一扔，自己便去玩了；每年新生入學時，大學校園裡隨處可見扛著行李吃力前行的父親，母親則迫不及待地幫孩子打理好宿舍的一切……

現在許多孩子的家長怕孩子「輸在起跑點上」，希望孩子比自己當年生活得好。因此，這些家長們會盡一切努力為子女爭取優越條件，寧願苦自己也不能苦孩子，為孩子包辦一切，精心呵護。實際上，在如此環境下成長的孩子感受到的不是愛，更多的是一種物質上的關懷。長此以往，孩子們不會懂得愛的可貴，對於被愛逐漸麻木，習慣以自我為中心，更談不上感恩他人了。

與此同時，家長很少對孩子進行感恩教育，孩子不理解家長對自己所付出的辛苦，理所當然地認為這些都是家長應該做的。孩子們習慣於享受來自家長單方面的付出，他們根本沒有途徑和機會學會知恩和感恩，長此以往，造成感恩心理的缺失也就不足為奇了。

傳統教育觀點認為，孩子應「先成人，後成才」。但是現階段以分數

第一章　「愛」是一種能力

為標準的教育模式，使得家長幾乎把全部的精力都投入到孩子的學習當中，對孩子進行「填鴨式」的知識教育，並且不斷告訴孩子只要學習好就是對家長最好的回報，從而忽略了傳統美德的教育。這就導致孩子對除了學習以外的事情缺乏感受力，更無法學會感恩。

那麼，怎樣讓孩子學會感恩呢？

✧ **家長要心懷感恩**：感恩是一種內心的感受，希望孩子學會感恩，家長自己需常存感恩之心，感謝生活讓自己有機會做家長，發自內心地欣賞孩子並表達出來。在日常生活中，家長應該做到，得到別人的幫助時要表示感謝，多感恩生活，少抱怨。只有心懷感恩的家長，才能培養出懂得感恩的孩子。

✧ **讓孩子養成感恩的習慣**：感恩是一種表達的習慣和能力。從孩子會說話時就開始教他（她）說「謝謝」，家長、家長和孩子之間常表達欣賞、讚美、感謝，形成表達感謝的良好氛圍。

✧ **家庭成員間應互相表達感謝之情**：可形成一些家庭儀式，在節日、生日、紀念日時互贈禮物、卡片，這裡包括家長的生日、結婚紀念日等，讓孩子意識到自己不是家庭唯一的關愛中心，家長也需要被愛。

✧ **讓孩子體會辛苦**：感恩的反面是將所獲得的一切看作是理所應當。在為孩子付出時，可適當讓孩子知道其中的辛苦。對於孩子所付出的點滴努力，也要給予充分肯定。隨著孩子年齡的增長，讓孩子知道自己想要的東西要付出努力才能得到，而不是孩子要什麼家長就給什麼。家長針對年齡特點，選擇性地讓孩子參與家務勞動，了解家庭建設中的大事、難事，讓其適當吃些苦，多一些親身體驗。如果體驗不到家長的辛苦，光知道向家長索取，孩子對自己擁有和享受的一切很容易認為是理所當然的，難以產生感恩之心。

✧ **適時地表揚孩子**：例如，當孩子主動幫忙時，家長要誠摯地表揚：「真不錯，你幫了我一個大忙。」當孩子參加助人活動回來時，也別忘了說一聲「辛苦了」。

很多家長認為這樣的做法有些虛偽，其實不然，孩子的心是純淨的，如果家長能夠用讚賞的方式來鼓勵孩子，讓孩子明白感恩能夠給人帶來快樂，那麼，感恩的種子就會在孩子的心裡生根發芽。

✧ **鼓勵孩子表達謝意**：當孩子接受他人幫助時，要鼓勵孩子透過電話、短訊、卡片、上門拜訪等方式表達感謝，讓孩子透過實際的感恩行為，體驗感恩帶來的積極的人際互動。注意在鼓勵孩子表達感恩時，要強調幫助者的善意和付出的努力，而不是沒有為對方做什麼的虧欠感。

感恩給人力量，一個懂得感恩的孩子會更珍惜自己的生活，善於發現事物的美好，感謝他人給予的一切，感受平凡中的美麗，就會以坦蕩的心境、開闊的胸懷來應對生活中的酸甜苦辣。懂得感恩的孩子不僅能對自己負責、對自己的學習負責、對自己的生活負責，還能理解家長、體諒家長，並逐步學會關愛別人。

讓孩子感受助人的快樂

在生活中，每個人都會遇到這樣或者那樣的困難，在困難面前，他人的幫助能讓陷入困境的人看到希望和溫暖，得到力量和勇氣。而幫助他人的人，收穫的不僅僅是尊重與感激，還有快樂與自足。很多時候，我們幫助別人，其實也是在幫助自己。

在美國德克薩斯州的一個風雪交加的夜晚，一個名叫克雷斯的年輕人因為汽車拋錨而被困在郊外。正當他萬分焦急的時候，有一個騎馬的男子正巧經過這裡。見此情景，這個男子二話不說，便用馬幫助克雷斯把汽車

第一章　「愛」是一種能力

拉到了小鎮上。事後，當感激不盡的克雷斯拿出不菲的美鈔對他表示酬謝時，這個男子說：「我不需要回報，但我要你給我一個承諾，當別人有困難的時候，你也要盡力幫助他。」

於是，在後來的日子裡，克雷斯主動幫助了許許多多的人，並且每次都沒有忘記轉述那句同樣的話給所有被他幫助的人。

許多年後的一天，克雷斯被突然暴發的洪水困在了一個孤島上，一個勇敢的少年冒著被洪水吞噬的危險救了他。當他感謝少年的時候，少年竟然也說出了那句克雷斯曾說過無數次的話：「我不需要回報，但我要你給我一個承諾⋯⋯」

克雷斯的胸中頓時湧起了一股暖暖的激流：「原來，我穿起的這根關於愛的鏈條，周轉了無數人，最後經過少年還給了我，我一生做的這些好事，原來全都是為我自己而做的！」

「愛能生愛」，懂得關心他人、幫助他人的人，最終受益的是自己。首先，有能力幫助別人，證明自己並非沒有用處，也就是說，幫助別人能讓我們更好地證明自己，體會到自身的價值和生活的快樂；其次，幫助別人，目的是幫助自己，因為我們自己也有遇到困難的時候，也有獲得他人幫助的需求，今天你幫助了別人，今後別人同樣可以幫助你。

對於孩子來說，從小養成助人的行為習慣意義重大。這是因為，樂於幫助別人，並且能恰當幫助別人的孩子，不僅能受到同伴的歡迎、大人的喜愛，在他們遇到困難、受到挫折的時候，同樣也會獲得其他孩子的幫助，從而順利度過難關。最重要的是，在幫助別人的過程中，孩子將從中感受到幫助別人給自己帶來的快樂。相反，那些不愛幫助他人，凡事首先考慮自己的孩子，往往會被同學所排斥，成為一個沒有朋友的「獨行俠」。因此，家長應從小培養孩子助人的品格，強化孩子助人的行為，讓

孩子成為一個樂於助人的人。

　　一般來說，助人行為包括對他人的痛苦有情感反應（移情和共情），關心他人，試圖透過安慰、提醒、分享、給予、協助等方式幫助別人。要培養孩子樂於助人的品格，家長可以從以下幾點著手，教育孩子學會幫助別人。

◇ **增強孩子助人的信心**：有些孩子在同伴需要幫助時，表現得很漠然或不知所措，此時家長千萬不要責怪孩子。很多時候，孩子不是不願意伸出援手，只是並不相信自己有幫助別人的能力。因此，家長要經常創造機會，讓孩子來幫幫自己以增強其助人的自信心。比如，摘菜時，家長可以請孩子幫忙搬個小凳子讓自己坐下，並對孩子說聲「謝謝」。在適當的時候，家長可以運用情境教育讓孩子明白，生活中有些事情是需要在別人的幫助下才能完成的。比如，螞蟻搬運食物、工人蓋樓房等。在孩子幫助他人後，家長一定要給予鼓勵和讚揚，這樣才能讓孩子感到自己有能力，從而激發孩子助人的積極性。

◇ **讓孩子看到別人的需求**：當別人需要幫助時，有的孩子能很快發現並伸出援手，而有些孩子卻毫無反應，繼續做著自己的事。對這樣的孩子，家長要經常直接用語言表達自己的需求，描述需要得到的幫助，並教孩子懂得如何從別人的表情、行為看出對方的需求。讓孩子學會關心他人並給予幫助。

在日常生活中，家長可以經常向孩子尋求幫助。比如，購物回家的路上，家長可以向孩子「求援」：「我一個人拿不動這麼多東西，你幫幫媽媽（爸爸）吧！」聽到這樣的「請求」後，孩子肯定會過來幫忙。久而久之，孩子就會養成樂於助人的行為習慣。

第一章 「愛」是一種能力

✧ **適當擴展孩子助人的範圍**：當孩子有樂意幫助別人的意識後，家長可以適當擴展孩子的助人範圍，如讓孩子去幫助那些比自己年幼的孩子，把掉到地上的雛鳥送回鳥窩，攙扶盲人過馬路，在空餘時間掃掃樓梯走道、擦擦樓梯扶手，為行動不便的老年鄰居送送書報等。雖然這些都是不起眼的小事，但可以讓孩子更深刻地體會到幫助別人原來很簡單、很快樂。

✧ **讓孩子及時作出助人的決定**：根據研究，情感的力量有助於孩子作出助人的決定。對 5 歲以下的孩子，家長可以引導他們回憶自己經歷過的類似情景和感受，如「以前你繫不上扣子的時候，是不是也很著急？」「上次你摔了跤，也這麼哭對不對？」對 6 歲以上的孩子，家長還可以設置情景，讓他們設身處地地想想，使孩子對需要幫助者產生同情，進而作出助人的決定，如「要是小朋友都不跟你玩了，你會怎麼想」，等等。

✧ **培養孩子助人的能力**：有時孩子沒有幫助別人，並不是他不想幫助，而是心有餘而力不足。這個「力」就是個人能力，如助人的特定技能（想幫小朋友繫扣子，自己就得會繫扣子）、有效的策略知識（如媽媽突發重病，知道可以求鄰居幫助）、溝通問題的表達能力（媽媽生病要求助鄰居時，知道怎樣把事情向鄰居說清楚）等。這些能力，需要家長在日常生活中一點一滴地教給孩子。

✧ **教育孩子要「幫正確的忙」**：能給別人施以援手是件好事。可是，要讓孩子知道在怎樣的情況下才能幫忙以及怎麼幫。如果兩個孩子在打架，其中一個孩子請求幫忙，這個忙就不能幫。因此，家長要教孩子學會辨別是非，不能幫倒忙，不能因為去幫助人而傷害到別人或自己。

當然，家長還應該告誡孩子當自己需要幫忙的時候也應該主動請求幫助。如果因此遭受了拒絕，不要認為自己就不應該再幫助他人了，因為，熱心的人還是有很多的。

總之，在日常生活中，家長應利用一切可能的機會在語言上和行動上教育孩子，讓他們逐漸學會關心別人、幫助別人。

讓孩子心存慈悲，遠離偏見

「偏見」是指根據一定表象或虛假的資訊作出的判斷，從而出現判斷失誤或判斷本身與對方的真實情況不相符的現象。孩子的言行離不開環境的影響，在他們的思想裡，通常烙印著他人言論的影子，所以，對一些人一些事，難免有一些「偏差」，有一些「成見」。

璐璐放學回家，氣沖沖地對媽媽說：「我的橡皮擦丟了，一定是坐我後面的曉飛拿走的。這個小偷，我最討厭他了，明明偷了我的東西還死不承認。」

「妳怎麼確定是他偷的呢？」媽媽問。

「因為他家裡很窮，成績又不好，老師和同學都不喜歡他。」

哦，原來這是孩子的判斷標準。因為人家窮，人家成績不好，老師和同學都不喜歡他，因此，其他人對他就有了偏見，也喜歡用「有色」的眼光看他。

媽媽不動聲色地說：「這麼說，妳也不喜歡他了，所以，覺得他偷了妳的東西？」

「嗯！」璐璐毫不猶豫地回答。

「那麼，如果我們家也很窮，老師和同學也不喜歡妳，那班上同學丟了東西就是妳偷的了？」

第一章 「愛」是一種能力

「沒有，我才不會偷呢！」璐璐著急地辯解。

「是呀，妳不會偷，也就意味著別人也可能不會偷妳的東西。妳說呢？妳想想，有沒有可能不小心把橡皮擦放在哪裡了？」媽媽和顏悅色地說。

璐璐聽了媽媽的話，認真地說：「是呢，也不一定是他偷的，我也許掉在家裡了。」說完，璐璐就飛快地跑到自己的書桌旁，她抖了抖昨天晚上堆放在書桌上的書，果然，一塊橡皮擦掉了下來。

「啊！真的在耶，媽媽！」璐璐激動地喊道。

媽媽輕輕地拉過璐璐：「妳冤枉了人家該怎麼辦呢？」

「向他道歉。」璐璐有些不好意思，「可是，班上的同學會嘲笑我的，他們也都認為是曉飛偷的。」

「可這是你們誤會他了呀！想想，如果妳被班上的同學誤會，被同學不喜歡，妳會不會很傷心呢？」

「會的！」璐璐毫不猶豫地說。

「所以，」媽媽頓了頓，「我們要勇於承認自己的錯誤，不要讓班上同學繼續誤會他。這樣，他會非常傷心的。而且不能因為別的同學不喜歡他，妳也看不起他。媽媽不希望自己的女兒瞧不起人。」

璐璐看著媽媽，懂事地說：「媽媽，我知道錯了！我想曉飛一定會因為同學不喜歡他而難過呢！我會跟他道歉的。而且，我會告訴同學們，東西不是他偷的。」

生活中，這樣的例子並不鮮見，孩子之所以產生錯誤的判斷，盲目的推理，源於他（她）的無知，更因受到周圍人的影響。一般而言，孩子對人有偏見，愛嘲笑別人，大致有以下幾種原因：

✧ **周圍人的影響**：例如，爸爸媽媽經常議論鄰居的孩子又髒又不懂事，一副呆頭呆腦的樣子。孩子聽後，在某個時候遇到了鄰居的孩子，就會嘲笑他：「看你那傻樣子，呆頭呆腦的，我才懶得理你呢！」
又如，老師瞧不起某位同學，班上的同學就會看在眼裡，記在心裡，認為這個同學是不好的，因此，對他也有偏見，也看不起他。

✧ **家庭生活條件優越**：優越的家庭環境，使孩子滋長了虛榮自傲的心理，這樣的孩子很容易對別人有偏見，嘲笑別人，看不起別人。
如果孩子對人有偏見，缺乏公正、平等待人的心理，家長應該怎麼辦？

· **注意言傳身教**：如果孩子有了嘲笑別人的行為，大人應及時干預，立即勸阻或制止，同時也應檢點自己的言行，幫助孩子樹立正確的是非觀，從而矯正孩子的不良行為。

· **教育孩子理解和體諒他人**：條件優越的家庭，家長不要過分地寵愛孩子，應經常給孩子講一些有教育意義的故事、兒歌，帶孩子多看一些教育的影片、書籍等，讓孩子從中體會幸福生活的來之不易。同時教育孩子從小助人為樂，如將自己平時節省下來的錢捐給弱勢族群、自己喜歡的東西善於與別人一起分享等。

· **教育孩子要懂得尊重、同情，用同理心思考問題**：在日常生活中，家長對孩子要循循善誘，就事論理，讓孩子從小懂得尊重別人；教育和培養孩子從他人的角度考慮問題的習慣，逐漸擺脫「自我中心」意識，要求孩子學會幫助別人解決困難。讓孩子意識到，被人欺侮的人是可憐的，是值得同情的，我們不能欺侮這樣的人。這是不善良、不厚道的表現。引導孩子用同理心思考問題，讓孩子假設自己深陷這樣的處境，會有什麼感覺。

· **教孩子學會欣賞人們之間的差異**：在很多方面，人們的確彼此互異，對於這些差異我們不用覺得恐懼及鄙視，因為人生雖不同，但彼此平等。用平等的心看待別人、理解別人，就能找到自己欣賞、喜歡的東西。

　　總之，如果你發現自己的孩子對別人有偏見，喜歡嘲笑別人時，不要置之不理，應分析其原因，以正確的教育方法引導孩子。幫助孩子消除偏激的心理，將有助於完善孩子的個性，有利於孩子的健康成長與不斷進步。

第二章
有自知力的孩子不迷失

老子說：「知人者智，自知者明。」這裡的「自知」指的就是「對自我的認知」。一個認識自己，了解自己，相信自己，並懂得悅納自己的孩子才能知道什麼東西適合自己，如何挖掘自身的稟賦和潛能，如何做才能實現自身的價值。一個不了解自己的孩子，很容易在別人的評價中迷失自己，最終不是變得盲目自大就是變得妄自菲薄。

因此，家長應教孩子學會正確認識自己，確認自己，只有這樣，孩子才有可能在人生的十字路口作出正確的選擇，冷靜地把握機遇，並開闢一條超越現實、實現夢想的光輝之路。

▌正確了解自己有益於孩子成長

這是一個發生在動物園裡的故事：

一隻小虎失去了媽媽，飼養員找了一個狗媽媽代替。狗媽媽把自己的小狗也帶來了。小狗和小虎一起長大，並在虎園定居，狗和虎相安無事。

有個人為了證實牠們是否真的相安無事，就扔了幾塊肉，讓牠們爭搶。奇怪的是，已經成年的虎，無論體積還是力量都大大超過了狗，但每次搶食，牠總是落空。

為什麼猛虎怕狗？飼養員解釋說，可能是因為虎和狗一起長大，而在幼年時，狗的發育比虎快，在打鬥中常常占上風，於是，虎在心理上形成了自己不如狗強的定式，以至於成年之後，雖然其身體上的強壯已經占了絕對優勢，但在心理上卻仍然保持著對狗的畏懼和怯懦。

當虎不知道自己是「虎」時，身體再健碩也只是一個擺設。當狗不認為自己是狗的時候，就會囂張地目中無「虎」，就不懂得「敬畏」和「謙遜」了。老虎和狗如此，人也一樣。

對於孩子來說，「認知自我」意義十分重大。孩子怎樣認識自己，怎樣安排和處理自己同周圍世界以及和別人的關係，怎樣評價自己的能力，具有什麼樣的自我價值觀，樹立什麼樣的自我形象，直接影響他們能否積極地適應社會、能否保持心理健康、能否在學習和生活中順利前進和發展。一個有正確自我認識的孩子，才能更好地認識世界，才有能力讓自己適應這個社會。反之，一個缺乏正確的自我認識的孩子，不是自負、囂張地目中無人，就是自卑、怯懦地喪失了自我。過於囂張或者過於妄自菲薄，這兩種情況的任何一種對孩子的成長都只會是百害而無一利。

王桐家三代單傳，對於王桐這根獨苗，家裡的每一個人對他都寵愛有加。王桐自小就長得白淨、伶俐，家人動不動就誇獎他：「我家桐桐最聰

明了，不管學什麼，一教就會。」「我家桐桐很有能耐，哪像某某家的陽陽，1歲半走路都走不穩呢，比桐桐大3個月，個頭還不如桐桐高！」

自小生活在讚譽中的王桐自我感覺相當良好。加上他的塊頭大，相貌俊，在幼稚園和小學低年級時期，確實表現出比同齡孩子更聰明、學習能力更強的優勢。但是，中年級的時候，班上的其他同學也逐漸嶄露頭角，王桐就有些不高興了，他經常回家說：「某某這一次考試居然比我好，我想他肯定作弊了。」「某某很討厭，傻呼呼的，又愛出風頭。」

最讓王桐父母吃驚的是，王桐越長大，越變得以自我為中心了。家裡買了好吃的東西，他從來不管別人吃了沒有，只要是他愛吃的，他全部留給自己享用。說話動不動就是：「他居然不聽我的話。」「他怎麼會不選我呢？我不跟他交朋友了。」

有一天，爸爸去接王桐，王桐剛從班裡走出來就哇哇大哭，嘴巴裡也不知道在嘀咕什麼。爸爸再三詢問。王桐這才回答：「陳老師不公平，明明是小薇不對，他怎麼只罵我？」原來，圖書開放時間，王桐和同班的小薇相中了同一本書，王桐要看，小薇也要看，王桐一急之下，用力搶書的過程中把書扯破了。為此，王桐的班導師責罵了王桐。王桐覺得自己冤屈，認為錯在小薇，自己想看的書，為什麼她一定要看？

類似的事情還有很多很多，王桐的父母看在眼裡，急在心裡，面對此種現象，他們不得不重新尋求教育孩子的良策。

王桐的囂張、自我、目中無人，與他從小接收到的資訊有關。小時候，寵愛他的親人就給了他過多的誇獎，過多的優越感，以至於他對自我的感覺過於良好，覺得自己就應該是「中心」，所有人都應該聽自己的，都應該關注自己。

不能正確認識自己的另一個極端是妄自菲薄，貶低自己。

第二章　有自知力的孩子不迷失

黃婷婷的爸爸媽媽希望自己的女兒長得亭亭玉立，秀氣可人，所以給她取了這個名字。無奈，婷婷的長相真是差強人意。她不但矮小，而且又黑又瘦，還有兩顆大虎牙。小時候，媽媽總是一邊給婷婷洗澡，一邊惋惜地說：「婷婷要是能再白一點就漂亮多了。」「哎，妳怎麼長得一點都不像媽媽呢？」

媽媽的話婷婷一字不落地記在心底，她也覺得自己長得不漂亮。因此，她很自卑，甚至不敢跟媽媽一起出去。因為人家看到媽媽，再看看媽媽身邊的她，就會用一種懷疑的眼神說：「這真的是妳女兒？長得跟妳一點都不像呀！」每每這個時候，婷婷就覺得渾身不自在。

在學校裡，同學們也經常會取笑她，叫她：「大暴牙」。

為了隱藏自己的不足，婷婷在人前總是一副刻板、拘謹、不苟言笑的模樣，即便其他同學圍在一起講笑話，她也總是一個人默默無語地躲在角落裡看書。

有一次，縣市舉行「作文競賽」，婷婷因為文筆出眾被老師推選報名參賽，可是，婷婷卻說什麼也不去。老師請婷婷的媽媽來開導。然而婷婷卻告訴媽媽：「我怕比賽沒有得到名次，同學們笑話我！」

自卑就像影子一樣，會始終跟隨一個人。一個孩子如果過於自卑，做什麼事情就會畏首畏尾，縮手縮腳，以至於一生都沒有辦法獲得成功。

總之，過分自卑與過度囂張都不利於孩子的發展。孩子只有正確地認識自己，才可能避免陷入過分張狂或者過於自卑的陷阱中不能自拔。

作為家長，請賦予孩子一雙發現自己的眼睛。讓孩子知道自己的長處、自己的優點、自己的作用，抑或是自己的平凡、自己的不足。了解自身的長處和優點，能讓孩子充滿力量和勇氣；意識到自身的平凡與不足，孩子才能生出努力奮鬥的氣概與奮勇直追的執著。這樣的孩子，才能承受

得住生命中的種種壓力。

很多時候，孩子的自我認識有賴於他們身邊的人，特別是老師、家長給予的評價。良好的評價能催生好的自我認識，不良的評價會讓孩子錯誤地認識自己。因此，家長要加強這方面的調控引導，讓孩子正確地認識自己，了解自己。這樣，孩子才有可能發展自己，激勵自己，從而變得更優秀，更主動。

教孩子認識自己

對於家長或者老師來說，教育的使命是教會孩子懂得人類的多樣性、相似性和依存性，而認識他人則必須首先認識自己。無論是在家庭、社會還是在學校進行的教育，都應讓孩子學會認識自己，形成良好的自我意識，只有這樣，孩子才能擁有健康的心理，才能真正設身處地理解他人的反應，才能更好地掌握自己的生活，才能主動積極地學習，也才有可能大膽地追求卓越，追求成功。

孩子由於閱歷上的不足，對自己的認識往往存在這樣或者那樣的偏差，要想讓孩子正確地認識自己、悅納自己，作為家長，應從小教給孩子自我認知的方法。以下的方法可供參考：

引導孩子的自我認識

一般而言，小學生要清楚準確地認識自我是比較困難的。儘管如此，也要逐漸引導孩子認識自己，因為童年時期的自我認識是成年後自我認識的雛形。家長引導孩子進行正確的自我認識，主要是要引導孩子解決兩個矛盾，即孩子自己心目中的「我」與實際的「我」的矛盾；自己心目中的「我」與他人心目中的「我」的矛盾。

第二章　有自知力的孩子不迷失

引導孩子認識實際的「我」，可以透過一些比較，使孩子逐漸對自己有準確的認識。家長可以讓孩子和過去的「我」作比較，用筆記、攝影、錄音記下孩子的成長過程，過一段時間拿出來讓孩子看看、聽聽，讓孩子由此知道「我」的進步、退步或停滯。讓孩子與同齡的孩子作比較，認識自己的發展狀況和能力水準，了解自己的長處和短處。讓孩子與成人和優秀人物作比較，認識自己的差距，提高孩子努力和進取的意識。讓孩子和進行活動前後的「我」作比較，給孩子布置一些做起來吃力，但經過努力可以完成的任務，使孩子了解自己潛在的能力。

引導孩子認識他人心目中的「我」，主要靠家長及時地把聽到或看到別人對自己孩子的評價和印象，以適當的方式告訴孩子，讓孩子知道他人對自己的看法。這些看法，孩子一般不易了解到，家長要做有心人，當好孩子的「耳目」。

培養孩子的自我評價能力

實驗研究顯示：兒童形成自我評價能力的年齡為 3 ～ 4 歲。4 歲的孩子開始有一定的自我評價能力，能夠根據一定的行為規則來評價自己。5、6 歲的兒童絕大多數已經能夠進行自我評價。自我評價是自我意識的核心，它對於兒童道德品格的形成、道德行為的培養是極為重要的。家長應當為孩子創設自我評價的情境，促進孩子自我評價能力的發展。孩子的自我評價能力最初是根據成人對他的評價而形成的。

因此，家長對孩子的評價應當比孩子的實際情況略高一點，使孩子經過努力可以達到，這樣有利於培養孩子的自尊心和自信心，使孩子能夠用積極的、向上的要求來評價自己。另外，家長要努力安排一些孩子經過努力能夠取得成功的活動。成功的次數越多，孩子對自己成功方面的評價越

高;成功的範圍越廣,孩子對自己的全面評價也就越高。這樣有利於培養
孩子自信、自我接受、勤奮、樂觀的個性,使自我意識中積極的成分占主
導地位,從而促使孩子獲得更多、更大的成功。

教育孩子積極地接受與悅納自我

悅納自我是發展健全的自我意識的核心和關鍵。一個人首先應該自我
接納才能被別人所接納。只有在自我悅納的基礎上,培養孩子自信、自
立、自強、自主的心理特質,才能促進其發展自我和更新自我。

金無足赤,人無完人。無論是家長還是教師都可以透過古今中外的偉
大人物在面對不足與缺陷時的事例,啟發孩子思考如何對待自己的不足與
缺陷。讓孩子懂得:積極悅納自我就是要無條件地接受自己的一切,無論
是好的或壞的,成功的或失敗的,有價值的或無價值的,凡是自身現實的
一切都應該積極地悅納,並且平靜而理智地對待自己的長短優劣和得失成
敗,做到樂觀開朗,以發展的眼光看待自己。

教孩子定位自己的優缺點

每個孩子都有自己的優點與缺點,光知道自己的優點,不知道自己的
不足,只會讓孩子變得狂妄;只知道自己的缺點,而看不到自己的優點,
只會導致孩子自卑、怯懦,缺乏自我。因此,教孩子定位自己的優缺點非
常重要。因為,孩子只有意識到自己的優缺點,才能有「自知之明」,才
能做到揚長避短,才能更好地發揮自己的才能。

引導孩子有效地控制自我

自我控制是人主動定向地改變自我的心理特質、特徵和行為的心理過
程。有效地控制自我是健全自我意識、完善自我的根本途徑。因此,應該

第二章　有自知力的孩子不迷失

從小就發展孩子的自我調節與自我控制能力，使他們儘早實現自我教育的功能。培養孩子自我控制的能力應該做到以下兩點：

◇ **幫助孩子合理地定位理想自我**：理想自我是個人將來要實現的目標，在確立其內容時，要立足現實，從孩子自身的實際出發，既不好高騖遠，也不過分卑微，而應該是透過一定的努力可以實現的適宜的目標。

◇ **培養孩子健全的意志力**：意志健全的人，能在行動的自覺性、果斷性、自制力和頑強性等方面表現出較高的水準。而對自我的有效監督和控制，離不開意志的力量。只有意志健全的孩子才能真正做到自我的有效控制，從而最終實現理想的自我。因此，自我意識的完善應該從培養孩子的意志力做起，更多的是採用鼓勵的辦法，以增強他們承受挫折的能力，提高自控能力。

總之，正確地認識自我在每個孩子的成長和發展中起著十分重要的作用。採取行之有效的方法培養和提高孩子的自我意識，能讓孩子終身受益。

▌幫孩子建立健康的自尊心

一個孩子要想成為一個傑出的人，他首先必須接納自己、喜歡自己、尊重自己、認為自己值得他人愛和喜歡，這樣，他的內心裡就會產生一種自我價值，有了自我價值，孩子的生命之火就被點燃了，而他的精神生命也因此向外擴張。可以說，自我價值是孩子熱愛生活，並為之奮鬥的理由，是孩子獲得成功的前提。而自我價值的核心就是自尊。

自尊心的下面有兩條深層的根：羞恥心和上進心。

羞恥心，使人在做了壞事時產生羞恥感而痛苦，因而遠離這些壞事。

要知道是羞恥心促使我們大小便要避開其他人而到廁所裡進行。人如果沒有羞恥心，那麼，他就會按動物的生存方式生存。對於一個沒有羞恥心的人來說，他的行為在別人眼中是什麼樣子，根本就無關緊要。這樣對他的行為就失去了社會制約，那麼，動物的本性使他怎麼舒服、怎麼方便就怎麼做。

上進心，使人不甘心在人群中居於落後的地位而奮起努力。人作為一種社會生物，他最重要的心理需求，就是獲得同類的認同和羨慕，因而在同類中獲得優越感。當一個人有了上進心，他就會追求社會的承認和他人羨慕的眼神。這樣，他就會研究人類社會的法則，並自覺按社會法則所設定的正面方向去規範自己的行為，因為只有這樣他才能獲得社會的承認。與此同時，他必須努力去獲得別人也想要的東西，比如，地位、權力、金錢、學問、美感以及健康等。因為只有得到了別人想要卻沒有得到的東西，那樣別人才會羨慕他。

可以說，自尊是孩子成長的精神支柱，是孩子向上的基石，也是孩子自我發展的內在動力。作為家長，如果真心愛孩子，就應該從維護、培養孩子的自尊心做起。

那麼，在日常生活中，家長應如何維護孩子的自尊心，培養孩子健康、適度的自尊心呢？要維護孩子的自尊，培養孩子的自尊心，家長應該做到：

尊重和信任孩子

尊重孩子，使他切實地體會到自己是一個有獨立人格的人。信任孩子，培養孩子做事的積極性，並給予其積極關注和表揚，切忌包辦代替，更不可打擊、諷刺。這樣，既培養了孩子對自己行為負責的特質，又培養

了他的自信心。

　　田田的家長知道優秀的孩子首先必須具有自尊心，但自尊的形成則由最初家長對孩子的態度決定。因此，田田小時候雖然十分頑皮、淘氣，但他的家長卻從來不用惡劣的語言責罵他，而是引導他應該如何去做。

　　家裡有什麼事情，家長也都會與田田商量，徵求他的意見。雖然因為孩子小，看事情不全面，多數情況下，家長還是按照自己的決定做事，但在行動之前，會給孩子講明沒有按照他的意見行動的原因。田田由於家長對自己的尊重而變得很高興，他的自尊也在不知不覺中形成了。

　　家長都愛孩子，但不一定都會教育孩子。很多家長因為孩子的貪玩、好動、淘氣而大聲斥責孩子，嚴厲責罵孩子，甚至粗暴地打孩子，時間一長，孩子的自尊心受到嚴重打擊，自信便無從談起。因此，家長不要說有辱孩子自尊、人格的話，要學會與孩子平等交流，徵求孩子的意見，鼓勵孩子勇敢表達自己的想法。

給孩子平等的發言權

✧　耐心傾聽孩子的想法、觀點，不管這個想法和觀點在你看來多麼的可笑和不現實，你都要很耐心、很認真地聽完，一定要尊重孩子的人格。

✧　不要隨意指責和草率地對孩子的觀點給予否認和評論。

✧　要對孩子的想法和觀點做一個積極反應。在孩子充分地表達完自己的想法時，要做出積極的姿態：「你這個想法不錯，要是再加一點或改變一點就更完善了。」家長的積極反應可以讓孩子心情愉快，充滿成就感。

尊重孩子的隱私

家長們不要總希望控制孩子們的一舉一動，要真正了解孩子，必須首先給予孩子們尊重，孩子們應該有自己的祕密。很多家長抱著傳統的觀念，把自己擺在權威的角色。這種不把孩子當一個擁有完整權利個體的錯誤觀念，導致個人和社會的很多不良後果。

所以，家長進入孩子房間前應該先敲門、移動或用孩子的東西時應該得到他的允許、任何牽涉孩子的決定應該先和他商談、不要隨意翻看孩子的日記、應該尊重孩子的所有權，把他當成人一樣尊重。這種尊重應從給孩子換尿布時就開始：換尿布前，先和顏悅色地告訴他要換尿布了，請他忍耐一下。家長不尊重孩子，將導致社會缺乏服務和尊重的觀念，因為不被尊重的人也不知道尊重別人。

要「平視」孩子，不要「俯視」孩子

很多家長因為孩子「說不出」，就以為孩子也「聽不懂」，因此，常常採取「俯視」的姿態和孩子講話。而恰當的說話方式應該是一種「平視」的姿態 —— 從孩子可以理解成人的話語意圖開始，就把孩子當成是和自己一樣有語言理解能力的人和他們交談；當孩子處於旁聽者的角色時，也要像尊重和自己有同等認知能力的成人那樣，顧及孩子的感受和想法。

平視的視角和語言更有利於塑造孩子良好的個性品格。只有平視才能比較清晰而準確地洞察孩子的語言發展、語言風格、個性氣質，而在平視的基礎上的恰當評價則對孩子的心智成長有積極的影響。

第二章 有自知力的孩子不迷失

放下家長的架子，接受孩子的指責

要建立一個民主型家庭，不能因孩子小就忽視他的家庭地位，與孩子有關的事要與他商量，使他感到自己是家裡的小主人。每天盡量抽出一點時間跟他聊聊在學校裡發生的事，這樣不僅能加深和孩子的感情，而且還可以發現孩子的長處和不足。另外，孩子犯錯誤時要允許他申辯。張媽媽這人脾氣不太好，多數時間又是一個人帶孩子，所以碰到女兒做什麼事跟自己的要求不一樣就喜歡發火。有一次，女兒哭著說：「我不要活了，哪有妳這樣當媽的，我做錯事妳就不能好好和我說嗎？」張媽媽聽後極為震撼，當時眼淚就流出來了。說心裡話，張媽媽以前很少考慮孩子的感受和承受能力，但從那以後就很注意說話方式，孩子做錯事也不再隨便責罵了。

喚醒孩子的權利意識

家長的責任是喚醒孩子的權利意識，而不是將它扼殺在萌芽的狀態。一個明確自己權利的孩子才會懂得捍衛自己的權益。

在他人面前維護孩子的尊嚴

有一對夫婦帶著 7 歲的女兒到朋友家做客時，孩子不小心打碎了水杯。當他們責備女兒時，主人也故意打碎自己的杯子，並且解釋說：「妳看，我還這麼不小心呢，40 多歲的人還會打碎東西，真的還需要學習學習。」孩子原本很擔心，聽了主人的話便開心地笑了，而孩子的雙親似乎也明白了主人的意思，因此也不再生氣。他們平心靜氣地幫女兒收拾「殘局」，告誡女兒以後要小心，怎麼做才能不打碎東西。

顯然，主人的幽默化解既維護了孩子的自尊，又讓孩子接受了經驗教訓。更重要的是讓孩子的家長知道寬恕和理解對教育孩子的重要性；也促

使他們意識到，在今後的生活中，一定要注意在他人面前維護孩子的尊嚴。

可以說，家長是孩子良好自尊心的重要培育者。家長的接納、尊重、關懷、無條件的愛，以及真誠地讚美與肯定，對孩子來說都是很重要的。對孩子來說，只有得到了尊重，才能學會尊重自己與尊重他人，並且將之實踐到自己的生活中，成為一個受人歡迎的人。

培養孩子的自信心

自信心是對自己積極、肯定而又切合實際的評價與體驗，它是情緒智慧的重要組成部分。越自信的人越容易獲得成功，而越成功的人，也越自信。對於任何一個人來說，自信都有著非同尋常的意義。只有自信，一個人才能更好地發揮自身的潛能，也只有自信的人，才能在面對別人的惡意攻擊時沉穩以對，在挫折與困難面前不低頭、不退縮。可以說，自信是一個人打開生命潛能大門的鑰匙，是我們每個人獲得成功、幸福人生的保證。

對於孩子來說，自信心的培養尤其重要，一個自信的孩子，在被失敗或者挫折擊倒以後，依然能夠高舉自信之劍，繼續為成功打拚。在自信的驅使下，這些孩子勇於對自己提出更高的要求，並在失敗中看到成功的希望，鼓勵自己不斷努力，從而獲得最終的成功。幫助孩子樹立信心，是每一位家長的責任。要幫助孩子樹立自信心，家長可以從下面幾個方面來努力：

家長應把讚揚和鼓勵作為教育孩子的主導方法

孩子是否自信，與家長對他的評價有直接關係。

幾乎每個家長都有這樣的觀念，教育孩子，就是不斷地指出孩子的缺點和不足，對孩子的不正確行為提出指責，以為這樣孩子就會逐漸變好。事實上，這種做法是極端錯誤的。人是不會因為責罵而變好的。家長平時

第二章　有自知力的孩子不迷失

對孩子只有責罵，沒有表揚，就會在孩子心目中不知不覺地塑造起不佳的自我形象。所以，建議家長們，如果你希望自己的孩子有自信，不妨平心靜氣地坐下來，寫出孩子值得欣賞的優點。比如「很有愛心，對小動物很好」、「很有禮貌，會主動和朋友打招呼」等人格特質。如果要稱讚孩子的學習表現，「學習很認真、負責」、「會自我督促學習」等就是很好的理由。多鼓勵和肯定孩子，讓他對自己時刻充滿自信，會讓他的情商能力得到大幅度提高。

透過團體活動培養孩子的自信心

任何人都有被激勵的願望，這願望像一扇門，是從裡面反鎖的，鑰匙在每個孩子的心中，而教育者只有採取一定的措施讓孩子主動參與，才能使孩子打開心門，這些措施之一就是團體活動。利用週末讓孩子多參加團體活動，這些活動可大可小，因人而異，能做到「讓每個孩子都抬起頭來走路」，當然是對團體活動的最好獎賞。

告訴孩子：「你能做到！」

許多家長容易犯的錯誤就是事先假定孩子什麼也不會做，什麼也做不好，所以，事事都會阻止他們自己做，都要替他們做好。殊不知，這麼做的結果是使孩子慢慢地對自己失去信心，失去自己努力去探索、去追求、去鍛鍊的自覺性。這樣，大人們也忘記了只有透過各種鍛鍊和磨練才能使孩子成為一個有用之人的道理。所以，要盡量避免這樣一種先入為主的錯誤觀念，用激勵的辦法促使孩子主動做事情，而不是以年齡為由阻止孩子做某件事情。

「你能做好」，這是家長大腦中首先要設定的一個前提。應該相信，

孩子和大人一樣也能把事情做好,孩子隨時隨地都應該學習生活的本領。雖然有成功也有失敗,但不能因為失敗而貶低孩子自身的價值,關鍵在於孩子是否勇於嘗試,勇於面對失敗,同時他們的自尊心和自信心不會受到影響。所以,應該鼓勵孩子主動做事情,既不能打擊孩子,也不要過分表揚,因為過分表揚容易使孩子產生驕傲的情緒。總之,適當地對孩子進行鼓勵和表揚,讓孩子得到一種自我滿足,增強自尊心和成就感,從而不斷增強他們的自信心。

幫助信心不足的孩子樹立自信心

俗話說「笨鳥先飛」、「勤能補拙」。家長提前讓孩子掌握一些必要的知識和技能,等到與同伴一起學習的時候,孩子就會感覺到「這很好學」,在別的同伴面前就會覺得揚眉吐氣,孩子可能比其他同伴學得還快,自然就會信心十足了。

讓孩子體驗成功

從個人發展的角度來說,要創造一些可以達到成功的機會,使孩子相信自己的能力。這要從孩子的實際出發,用「低起點、小步伐」的方法逐步實施。所謂「低起點」,就是根據孩子的相關準備、知識基礎和學習能力的水準,把孩子再努力一下就可以達到的水準,確定為起點,編者認為實驗小學的期中、期末考試出題的難易度掌握就很好地體現了這一點,它使絕大多數學生在考試結束後都產生了一種積極的、成功的體驗。「小步伐」就是把事情按照由易到難、由簡到繁的原則,分解成循序漸進的層次系列,把產生挫折事件的頻率減少到最低程度,從而使孩子層層有進步,處處有成功,不斷提高自信心和學習的動機。

第二章　有自知力的孩子不迷失

正確對待孩子的失敗與挫折

　　當孩子考試失敗或遇到其他挫折，他們需要的不是家長劈頭蓋臉的一頓訓斥，或者陰陽怪氣的嘲諷。他們也不需要家長無原則的安慰與同情。他們最需要的是，對他們最重要的人的理解、支持與鼓勵。

　　很多家長，在遇到孩子考試失敗時，會因為「孩子給自己丟面子」而生氣。在這種情緒的作用下，家長往往會失去理智地做出一些傷害孩子自尊心的行為，這對正承受失敗打擊的孩子來說，無疑是雪上加霜。因此，家長一定要正確、理智地對待孩子的失敗與挫折，具體做法是：

✧ 冷靜地對待孩子的挫折與失敗，心平氣和地和孩子談心，找出孩子失敗的原因。

✧ 理解孩子的心情與苦惱，讓孩子知道，失敗與挫折是人生必不可少的內容，是一個人成功之前須經歷的過程，並且，作為家長，不會因為此事而減少對孩子的愛。

✧ 鼓勵孩子繼續努力。家長首先必須對孩子有信心，孩子才能對自己產生信心。當家長滿懷信心和熱情鼓勵孩子時，會極大地激發孩子克服困難的勇氣，恢復孩子的自信心。

避免拿別的孩子跟自己孩子作比較

　　很多家長，為教育孩子，總是拿班上學習好的孩子來和自己孩子作比較，或拿自己單位同事的孩子和自己的孩子作比較，試圖讓自己孩子能夠學習別人孩子的優點，以此激發孩子的上進心。這種做法對孩子的成長是極為有害的。

　　首先，家長經常拿自己的孩子與別人進行比較，會讓孩子產生「我」不如他人的感覺，這種感覺會讓孩子看不起自己，感到自卑。

其次，家長經常拿自己的孩子與別人進行比較，還會讓孩子產生嫉妒的心理，當一個人把精力用在嫉妒別人時，他就沒有足夠的精力把自己的事情做好。

最後，家長透過比較，即使激發起自己孩子向別的孩子學習的欲望，但盲目地學習別的孩子，會使你的孩子失掉他自己的特點與個性，成為別的孩子的複製品。這樣的孩子永遠都難以趕上或超過別的孩子，從而產生自卑感，最終喪失自信心。

家長應該意識到，每個孩子都有他自己的獨特長處和與眾不同的個性，每個孩子只有在他自己實際的基礎上發展，才能成才。家長的首要任務是幫助孩子找出他的長處，發展他的個性。

消除孩子妄自菲薄的心理

自卑，顧名思義，就是自己瞧不起自己，它是一種因過多地自我否定而產生的自慚形穢的情緒體驗。生活中有一些自卑感強的孩子，他們總是把「我不行」、「我腦子笨」、「我不如你」、「我的能力低」當口頭禪，看起來是謙虛，實際上是自卑心理在作怪。

自卑是一種性格缺陷，表現為對自己的能力、品格等評價過低。總認為自己比別人差而悲觀失望、喪失信心。一般來說，孩子過於自卑主要體現在三個方面：

✧ **過低評價自己的智力**：如有些孩子一旦學業成績不好，就會妄自菲薄地說：「我本來就不是讀書的料」、「我的記憶力不好」、「我就是比較笨，總也學不會」。不少孩子在考試成績不理想之後，總會產生自己比較笨，不如別人的想法等。

第二章　有自知力的孩子不迷失

✧ **過低評價自己的能力**：如有些孩子內向羞怯，不愛言談，總認為自己的語言表達能力差，看到別人能言善辯、談吐自然就自嘆弗如，因此，在眾人面前很少講話，在班上不敢發言，更沒有勇氣參加班裡的一些活動。

✧ **過低評價自己的意志力**：如不相信自己能克服弱點，反覆聲明自己無能，總想原諒自己，希望別人降低對自己的要求等自卑、自貶的性格都是自卑心理的突出表現。

自卑心理是壓抑自我的沉重精神枷鎖，它消磨人的意志，使人銳氣鈍化，畏縮不前，從自我懷疑和自我壓抑開始，以自我消沉和自我埋沒告終，對孩子的成長和身心健康都是十分有害的。因此，家長應幫助孩子消除妄自菲薄、自卑的心理。要想孩子克服自卑的心理，家長應該引導孩子做到：

✧ **確認自身的優點，不要因為不足而妄自菲薄**：自卑心理的實質是自我看輕。要消除孩子的自卑感，家長應教會孩子端正自我認識，提高自我評價。例如，你的孩子可能因為長相不漂亮而自卑，家長不妨教孩子發現自己的優點，如懂事、體貼、記憶力好、學東西快等，讓孩子明白「尺有所短，寸有所長」，每個人都有自己的優點，不要因為自己的不足就看不到自身的優點。

✧ **提出合理期望，不急躁冒進**：自卑往往是受到挫折而形成的。消除自卑就應從新的嘗試中避免失敗做起。如果孩子自卑心理很強，家長不妨讓他（她）多做一些力所能及、把握較大的事情，讓孩子有機會體驗成功。因為任何成功都會增強一個人的自信，任何大的成功都蘊涵著無數小的成功。當孩子累積了無數成功的經驗之後，就會發現自己

其實也很優秀，別人能做到的事情自己經過努力也可以做到。這樣，他們的自信心就會逐步增強。

✧ **鼓勵孩子正視自身缺陷，不顧影自憐：**「勤能補拙是良訓，一分辛苦一分才。」這句話說的是，經過不斷努力，自身缺陷和不足是能夠克服或從另一方面得到補償的。

在日常生活中，家長可以給孩子多講講那些有缺陷，但同樣能夠取得成功的人的故事，以此激勵孩子，缺陷不要緊，重要的是，要對自己有信心，只有自強自信的人才能獲得成功。

✧ **讓孩子自我激勵，克服妄自菲薄的習慣：**很多人之所以自卑，是因為他們不懂得鼓勵自己，總是覺得自己弱小、無能、會失敗、低人一等，久而久之，這種不好的心理暗示慢慢地侵蝕掉個性中陽光的一面，讓自己變得內向，以至於失去了朋友、失去了讚美，而一旦失去朋友、失去讚美，就會印證自己是「弱小、無能、失敗、低人一等」的。這是一個惡性循環，一旦陷入其中就難以自拔。

因此，要想孩子跳出妄自菲薄的旋渦，請教孩子學會對自己說：「我行，我可以，我一定能夠做到！」慢慢地，孩子就會找回自己性格中陽光的一面，從而變得樂觀、自信。

✧ **鼓勵孩子表現自己，不閉關自鎖：**自卑心理較重者，大多是閉關自鎖、不願參加團體活動、不願與人交往的，他們不願意讓人知道自己的苦衷，生怕被人知道了「底細」而遭人譏笑。正因為如此，他們的煩惱越積越多，離身邊的人越來越「遠」，自卑感也越來越強。

鼓勵孩子表現自我，多與身邊的人交往，有利於他們走出狹隘的小天地，使自己的眼光變得高遠，心境變得開闊，對自我的悅納與認可度也將更強。

第二章　有自知力的孩子不迷失

◇ **教育孩子不要灰心**：人生路上挫折是難免的，如果一遇到挫折，一經歷失敗就覺得自己能力不足，自己的智力不如別人，那麼，只會讓自己永遠生活在自卑的陰影中。一個遇到困難不氣餒、不輕易退縮的孩子才有可能嘗到成功的喜悅，才能因為成功而變得更加自信。教育孩子積極面對困難，是孩子戰勝自卑的最有效手段。

◇ **家長要多看到孩子的優點，多表揚孩子**：要消除連孩子自己也沒有意識到的、下意識的自卑感心理，家長還應該注意自己說話時的語言，不要說貶低孩子、損害其自尊心的話。並幫助孩子樹立起有能力「辦得到」的自信心，要讓他們出色地去做「辦得到」的事，使他們樹立起由不能變為可能的信心。這樣，孩子就不會妄自菲薄，就不會動不動地說：「我不會」、「我不行」。相反，他們會滿懷熱情地努力去做，每一件事情他們的能力也會因此不斷地得到提高。

當然，自卑感是一種相當頑固的心理，要消除這種心理，並非一朝一夕的事情，它需要家長用賞識的教育手段，積極、熱忱的教育態度去關愛孩子、激勵孩子，這樣孩子才有可能找回自信、告別自卑。

▌讓孩子「發出自己的聲音」

現實生活中，有很多孩子習慣了當爸爸媽媽的乖寶寶，凡事讓別人拿主意，有自己的看法也不敢發表。身邊的人有事徵求他們的意見，他們也只會唯唯諾諾，唯恐避之而不及；遇到問題需要他們自己拿主意時，他們往往手足無措、猶豫不決。孩子之所以這樣，一方面是因為他們缺乏主見、缺乏自我；另一方面是因為孩子自信心不足。

每個孩子將來終究要離開家長的呵護獨立面對紛繁複雜的社會，那時

候，他們的身邊再沒有大人可依靠，如果這個時候他們依然缺乏主見，遇事拿不定主意，小則誤事、誤人；大則誤前途、誤終身。因此，做家長的要儘早教孩子學會有主見，讓孩子學會自己「拍板」、自己做決定。而要做到這些，家長「大膽發出自己的聲音」是很有必要的。

大膽發出自己的聲音包括：

✧ 告訴別人自己想要什麼；

✧ 告訴別人自己是怎麼想的；

✧ 不人云亦云、隨聲附和，養成先思考再發言的習慣；

✧ 不必擔心自己說錯話；

✧ 不願意做的事情或者是自己做不到的事情要勇於拒絕。

如何引導孩子說自己想說的話，發自己想發的聲音呢？專家建議：

給孩子做主並獲得成功的機會

一位媽媽曾這樣介紹了她培養女兒有主見的方法：

女兒從幼稚園一直到上小學，她的事情都由我包辦，她樂得逍遙自在。可是，在學校這個大團體裡，孩子的弱點很快就顯現出來了，老師說什麼，她就做什麼；同學講什麼，她也就信什麼。

為了讓女兒對事情有自己的見解，我為她提供了許多實習的機會。買衣服時，讓她自己選擇款式、顏色；買書包時，無論是米奇卡通公主系列，還是史努比零負重系列，都由她自己決定；買文具、課外書等都是如此。

開始時，她動不動就問我哪一種更好，我會告訴她：「自己的事情自己決定，自己喜歡哪一種就要哪一種。」

就這樣從買東西開始，女兒漸漸有了自己的主意。每當我們母女眼光出現差異時，她都會對我說：「媽媽，我認為我選的這個樣式比較好，因

為……」而且還會像個小專家說得頭頭是道。

可見，要想培養孩子有主見的個性，媽媽就應該給孩子提供更多讓他自己做主的機會。

✧ **吃得自主**：在不影響孩子飲食均衡的情況下，媽媽可以讓孩子自己選擇吃什麼。例如，飯後吃水果時，媽媽不必強迫孩子今天吃蘋果，明天吃香蕉，而是讓孩子自己挑選。

✧ **穿得自主**：媽媽帶孩子外出玩耍時，在保證安全的前提下，可以讓孩子自己決定穿什麼衣服，切忌隨自己喜好而不顧孩子的感受。

✧ **玩得自主**：不少孩子在玩遊戲時，並不想讓大人教給他們遊戲規則，而是更願意自己決定遊戲的方式，並體驗其中的樂趣。媽媽可讓孩子自己選擇玩具和玩的方法，這樣做可以極大地滿足孩子的自主意識，幫助他成為一個有主見的人。

教育孩子不要找「唯一標準」的答案

啟動孩子的大腦需要家長的耐心，面對孩子一次次的詢問，家長可表現得「無知」一些，讓他立即從你那裡得到正確答案的欲望被延遲。如可以這樣反問孩子：「你想怎麼做？」例如，孩子口渴時，你可以問孩子：「你會採用什麼方法喝水？」提示他可以用杯子喝，用碗喝，還可以對著瓶子直接喝。

讓孩子克服膽怯的心理

有時候，孩子之所以不敢「發出自己的聲音」，不是心裡沒有想法、看法，而是因為他（她）怯懦、缺乏自信心。他們擔心自己的錯誤回答讓人笑話。針對孩子的這一情況，家長應相信孩子，鼓勵孩子，讓孩子不必

擔心其他問題，只要把自己想到的大聲說出來就可以了。孩子只要邁出這一步，以後讓他大膽發表自己的意見便不再是難事了。

不要滿足於孩子的「順從」

長期以來，家長們總是用「聽話」和「順從」的標準來判斷自己的孩子是否「乖」，是否「懂事」，實際上，真正懂事的孩子可以不「聽話」，不「順從」，他會懂得遵照自己的內心，做自己想做的事情，而且他們也會考慮到他人的想法和意見，但會堅持自己認為正確的事情。這是孩子有自我、有主見的表現，家長不要因此就給孩子戴上「不懂事」的帽子，讓孩子以為只要不聽從家長的話就是錯誤的。

提高孩子分辨是非的能力

我們一般是按自己喜愛和厭惡的情緒來判斷人物和事物的是與非。控制能力差的孩子往往會看別人怎樣做，自己便跟著別人學，難免會導致沒有主見。所以，我們要透過他人對我們的行為和言語的評價，逐步意識到自己行為的是與非，從而提高分辨是非的能力，為孩子樹立正確的榜樣。

為孩子提供及時的幫助

讓孩子有主見並不是鼓勵他去盲目地做事情，而是讓孩子在掌握事情發展趨勢的情況下再去做事情。因此，在孩子作出重大決定前，家長可以協助孩子收集資料，了解和熟悉各選項，這有助於孩子作出科學選擇。

如果孩子平時自主性很差，家長也可以和他一起分析資料，找出各選項的利弊，最後了解孩子作出選擇的動機。如果孩子平時就很有主見，家長則可以讓他自主作出選擇。當然，不同年齡階段的孩子具有不同的自主能力，家長這種把關的尺度也應該不一樣。

第二章　有自知力的孩子不迷失

讓孩子學會說「不」

一位媽媽曾寫下了下面一段話：

慢慢地，我意識到，兒子已經是大孩子了，應該有自己的想法了。於是，找了一個合適的時間，我開始與孩子聊天。

「如果你吃飽了，媽媽還讓你吃飯，你會怎麼做？」我問孩子。

「我告訴媽媽我已經吃飽了，不吃了。」孩子說。

「如果你正在寫作業，媽媽過來和你聊天，你會怎麼做？」

「我會告訴媽媽我正在寫作業，請不要打擾我。」孩子認真地說。

「兒子，今天你的回答都很對，都很精彩。你要記住，不要盲目地相信大人，有自己的想法就要大膽地說出來，大人們不會因為你的拒絕而不喜歡你，相反，我們會認為你是一個很有主見的孩子。」

後來的很多事情都證明，我鼓勵孩子學會說「不」是正確的。

從此以後，孩子變得不再盲從。

一個不懂得拒絕別人的孩子，在別人眼裡永遠都是唯唯諾諾、沒有想法的。所以，在日常生活中，媽媽要鼓勵孩子說出自己的想法，勇於對別人不合理的要求說「不」。

當然，值得注意的是，培養孩子有主見不是讓孩子不聽勸告、一意孤行，而是希望孩子在面臨選擇時，保持清醒的頭腦，不人云亦云，有自己的思考和判斷，這樣可以有效避免或減少成長過程中不必要的損失或失敗。

「自我激勵」很重要

美國哈佛大學的威廉·詹姆斯（William James）研究發現，一個不懂得自我激勵的人，僅能發揮其能力的 20 ～ 30%，而當他得到他人或者自己的激勵之後，其能力可發揮至 80 ～ 90%，也就是說，一個人如果經常

受到他人的鼓勵，且善於自我激勵的話，就可以發揮出自身最大的潛能，把一些看似不可能的事情變成現實。反之，一個人如果得不到鼓勵，更不懂得自我激勵的話，即使各方面條件比別人再優越，但遇到困難就打退堂鼓，注定將來不會有大的作為。

自我激勵是孩子成長過程中不可缺少的環節。自我激勵能提升孩子的自我形象，同時，這些好形象、好表現，又會成為孩子自我激勵的理由。如此形成一個良性循環後，就能從根本上推動孩子取得更大的進步。因此，家長應從小讓孩子學會自我喝彩、自我鼓勵，這是幫助孩子更好地認識自我，發揮自我潛能的關鍵，更是孩子征服困難的巨大動力。可以說，懂得自我激勵的孩子，必將獲得輝煌的人生。當然，教孩子學會自我激勵是一個長期、細緻的過程，需要家長堅持不懈地努力。

那麼，家長應如何讓孩子學會自我激勵呢？以下是幫助孩子學會如何激勵自己行動的幾個簡單辦法：

改變表揚用語的代名詞

戒掉孩子依賴外部賞識的一個最簡便的方法是，在你對孩子的表揚中改變代名詞：只要把「我」改成「你」，把「我」（家長）對你（孩子）的表揚改變成你（孩子）對孩子自己的表揚。這種簡單的變化去除了讚許聲中的強調色彩，而是讓孩子更多地意識到自己的行為是正確的。例如，「你今天這麼用功，我真為你感到驕傲。」改為：「你今天這麼用功，你一定為自己感到驕傲。」

鼓勵孩子自己表揚自己

我們可以從早到晚告訴孩子我們有多麼為他們驕傲，但孩子們遲早要依靠自己內心的動力前進。有些孩子完全依賴成年人的讚許，連怎樣認可

自己都不知道了。幫助他們的一個簡單辦法是指出他們做得正確的事，然後提醒他們從內心承認自己。

比如，你的孩子在做了一件錯事後主動承認錯誤，這時，你可以告訴他：「你這樣做需要非常大的勇氣，你應該對自己說：『我做了一件正確的事，一件了不起的事』。」

你可以教孩子玩一個自己跟自己談心的遊戲：讓孩子給自己起一個名字，一個愛稱，並且在心裡這麼稱呼自己。它可以是一個顯赫的頭銜，比如「XX 總統」，也可以是一個甜甜的暱稱。

告訴孩子，當他們感覺疲倦、煩躁、懶惰的時候，就自己對自己說話：「來吧，小機靈，只剩最後一道題了，我們一起把它做完吧，我知道你一定行！」

告訴孩子，當他們已經盡了自己的努力，不管最後的結果怎樣，他們都應該在心裡讚賞自己：「哦，寶貝，我知道你已經做了你應該做的，而且做得不錯。我知道你下次會做得更好。」

協助孩子制定激勵目標

要讓孩子明白如果沒有明確的奮鬥目標，一句空泛的「我要成功」是毫無意義的。比如，孩子的英語發音有問題，就可以讓他為自己設置一個目標 —— 把每個音標都讀準。孩子能自覺地為讀準每個音標而努力，那麼，他就邁出了自我激勵的第一步。不過，制定這個目標，要注意目標的可執行性。如果給孩子制定一個不切合實際的目標，目標不但會成為「空想」，還容易挫傷孩子的積極性和自信心。例如，讓這次考試不及格的孩子，下次考試得 100 分，顯而易見，這個目標脫離了孩子的實際，即使他再努力也不一定能馬上達到目標，久而久之，他就會自暴自棄。所以，在

制定目標時，應從孩子的實際出發，不可過大過高，最好先制定一些容易達到的目標，然後再逐漸增加目標的難度。

強化孩子的自我激勵

把孩子對自我的肯定穩定下來，並且加以強化，這非常重要，孩子們可以從中領會到：自己的努力和良好的行為是一種很好的獎賞。

有多種辦法可以達到這個效果，這裡只簡單列舉幾個：

✧ **寫一本成功日記**：給孩子一本日記本，讓孩子每週至少花幾分鐘時間寫一篇日記，記下（或畫出）自己獲得的成功。告訴孩子，成功的定義是：自己對自己做出的任何改進，以及為這種改進付出的努力。

✧ **讓孩子寫信給自己**：鼓勵孩子在自己行為良好或盡了自己努力獲得成功的時候，給自己寫一封信。在寫信的時候，他可以隨意使用一個自己喜歡的身分，比如自己的家長，比如班導師和校長，也可以是某個電影中的英雄。在信裡，他應該描述自己認為好的行為，並且對此作出讚賞和鼓勵。

✧ **讓孩子給自己設計一份獎品**：在家裡準備一些類似彩色紙、畫筆、顏料、碎布等物品，告訴孩子，他只要做了一件令自己驕傲的事，並且清晰地對家長描述出自己所做的事，就可以自己為自己設計製作一份獎品，如圖畫、賀卡等。

讓孩子對目標產生緊迫感

光有目標沒有努力，目標只能成為「空頭支票」。自我激勵是讓孩子確定目標後，產生向目標靠近的動力。孩子的自我約束能力很差，可能確定目標之初鬥志昂揚，然而沒過三分鐘，熱情就沒有了。家長在教孩子自

我激勵時，一定要讓他有緊迫感。不妨建議孩子每天大聲朗讀自己的目標計畫，在朗讀的過程中，無形中加強了他對目標的認知。光有認知也是不行的，還要讓他知道世上沒有不勞而獲的事情，付出和回報是成正比的，有多少付出才會有多少回報。例如，孩子想組裝一個模型，你要告訴他，成型之前的模型是什麼樣子的，經過怎樣的努力，才能成為現在的樣子。最後，還要對孩子的目標給予適時的時間限制。如果沒有時間限制，孩子會覺得這個目標太過遙遠，從而鬆懈自我。因此，孩子的每一個目標都要規定一個固定的時間，並要求孩子在規定的時間之內達到目標。有了時間約束，孩子的行動才會有緊迫感。

讓孩子每天為自己設計一幅美好的藍圖

孩子每天為自己設計一幅美好的藍圖，是一種有效的、積極的心理暗示。這種設計最好具體一些，如當孩子每天晚上睡覺前，或者早上醒來後，讓孩子自覺地躺在床上，放鬆自己，然後想像一下今天、明天以及以後的目標和成功之後的美好前景，最後用積極的心理暗示對自己進行鼓勵。這樣的心理暗示是發自潛意識的，是真實的，也是最有效的。

一個人能否為自己喝彩，會不會自我激勵，影響著他未來的發展高度和空間。能自己喝彩的人，即便天賦平平，也不會在挫折面前低頭，遇到困難能把它踩在腳下當臺階，這樣的人注定會走向成功。不會為自己喝彩的人，因認識不到自己的能力，看不清自己的優勢，不會自我激勵，行為上也會表現出懦弱的特點，這樣的人沒有困難時不前進，遇到挫折時容易逃避、缺乏自信，將來可能會一事無成。

總之，外界的鼓勵再強大，也需要內心的自我激勵，如此，才能產生真正的力量。所以，家長對孩子的鼓勵再多，孩子自己沒有在內心形成一

種強大的激勵機制，也只能無濟於事。

因此，讓孩子從小學會自我激勵，就是為孩子打了一針預防針——預防他在未來的路上碰到困難時，沒有勇氣面對。這針預防針可以讓他增強對困難的抵抗力，越早注入效果越好。有了這一預防針，等於為孩子提供了充沛的原動力，使他可以衝破重重障礙，成為一個自尊、自信、自強的人生鬥士。

鼓勵孩子學會自我反省

內省智慧，通俗地講就是「認識自我」的能力，即一個人了解自我，善於對自我進行分析、省思的能力。蘇格拉底（Socrates）曾說：「未經自省的生命不值得存在。」也就是說，但凡為人，都必須學會自我反省，只有懂得自我反省，才能認識自我、完善自我、不斷地取得進步。

自省是對自我動機與行為的審視與反思，用以清理和克服自身缺陷，以達到心理上的健康完善。它是自我淨化心靈的一種手段，情商高的人最善於透過自省來了解自我。自省是現實的，是積極有為的心理，是人格上的自我認知、調節和完善。自省和自滿、自傲、自負相對立，也根本不同於自悔、自卑等消極的心理。從心理上看，自省所尋求的是健康積極的情感、堅強的意志和成熟的個性。它要求消除自卑、自滿、自私和自棄，消除憤怒等消極情緒，增強自尊、自信、自主和自強，培養良好的心理特質。

強者在自省中認識自我，在自省中超越自我。自省是促使強者塑造良好心理特質的內在動力。自我省察對每一個人來說都是嚴峻的。要做到真正地認識自己，客觀而中肯地評價自己，常常比正確地認識和評價別人要困難得多。能夠自省自察的人，是大智大勇的人。在人生的道路上，成功

第二章　有自知力的孩子不迷失

者無不經歷過幾番蛻變。蛻變的過程，也就是自我意識提高、自我覺醒和自我完善的過程。人的成長就是不斷地蛻變，不斷地進行自我認識和自我改造。對自己認識得越準確、越深刻，人取得成功的可能性就越大。

當然，自我省察不僅僅是對自己的缺點勇於正視，它還包括對自己的優點和潛能的重新發現。每個人都有巨大的潛能，每個人都有自己獨特的個性和長處，每個人都可以透過自省發揮自己的優點，透過不懈的努力去爭取成功。

對成人而言，具備自我反省的能力，就能正確認識自己的優缺點，自尊、自律，積極地規劃自己的人生。遇到困難和挫折時，能夠及時調整自己的情緒，積極進取，一次次度過難關，一步步走向成功。對於孩子來說，學會自我反省，更是關係到他們當前的良好發展和日後的成才。一個不懂得自我反省的孩子，永遠不會懂得自己的過錯與不足，這只會為他們的成長平添許多障礙與煩惱，反之，當孩子學會了內省，便能做到「揚長避短」，獲得良好的進步和發展，從而成為一個自信、自立、自律的人。只有這樣的人，才能順利地越過成長過程中的障礙，到達成功的彼岸。

家長應如何讓孩子學會自省呢？我們提供以下建議：

✧ **家長應給孩子自我發展的空間**：要想給孩子自我發展的空間，家長應該有意識地創設條件，促使孩子獨立、自主。例如，給他一個空間，讓他自己去做主；給他一個時間，讓他自己去安排；給他一個條件，讓他自己去利用；給他一個問題，讓他自己去找答案；給他一個困難，讓他自己去解決；給他一個機遇，讓他自己去掌握；給他一個衝突，讓他自己去應對；給他一個對手，讓他自己去競爭；給他一個任務，讓他自己去完成。

✧ **不直接對孩子的錯誤橫加指責**：當孩子做錯事時，家長不要一味給予斥責，這樣易引起孩子的反感，對家長產生抵觸情緒，使孩子內在智力的發展受到限制。這時，家長可採取冷靜的態度，從側面引導孩子進行自我反省，明辨自己的過失。

✧ **讓孩子學會接受他人的批評**：要教會孩子反省，就得讓孩子學會接受他人的批評。如果一個人能坦然地接受批評，這對於他的成長將有很大好處。法國心理學家高頓教授透過一項專題研究證實，那些難以接受批評的孩子長大後，大多會對批評指責持「避而遠之」或乾脆「拒之門外」的態度。因此，家長應該讓孩子在幼兒時期就學會接受批評，這不僅能夠塑造孩子完整的人格，而且可以幫助孩子在其他方面取得成功。

✧ **讓孩子自己承擔犯錯的後果**：孩子做錯了事，許多家長常常替孩子去承擔犯錯的後果，使孩子認為做錯了也沒關係，因此，喪失責任心，不利於培養其自我反省的能力，容易導致他以後再犯類似的錯誤。所以，家長應該讓孩子自己去承擔犯錯的後果，讓孩子明白：一旦犯錯，將會造成不良甚至嚴重的後果。

✧ **重視負面道德情感的良好效應**：給孩子灌輸正直、善良、勇敢等正面道德情感，可塑造其美好的心靈；讓孩子體驗羞愧、內疚等負面道德情感也會使其受益匪淺，而且羞愧、內疚等負面道德情感與正面情感相比，更能在孩子的心中留下深刻的記憶，促使他不斷地進行自我反省，區分好壞、是非、對錯和美醜，從而改正錯誤。

因此，當孩子犯錯時，應讓他懂得羞愧和內疚。如孩子做錯事，家長可心平氣和地指出錯誤所在，促使孩子自我反省，激發起他的羞愧感和內疚感，避免以後再犯此類錯誤。

第二章　有自知力的孩子不迷失

教孩子找出自己的潛能

每一個孩子與生俱來都擁有一個神祕的寶藏，那就是他們的天賦才能，即「潛能」。如果這個寶藏從未被開採，一直處於休眠狀態，那是非常可惜的。

心理學家認為，激發潛能的黃金時期就是孩童時代，在孩子 6 歲以前，如果他（她）的潛能被發現並得到培養，那麼，他（她）的未來就很容易突破平庸，也能產生更多的自我滿足感，增強對自我的肯定與認知。

對家長而言，能否充分激發孩子的潛能，對孩子的一生影響很大。那麼，家長應如何幫助孩子挖掘其潛在的能力呢？

家長應具有一雙「火眼金睛」，善於發現孩子的潛能

只有獨具慧眼的人才能發現那些具有「千里馬」潛能的人。作為家長，要善於從小事中看到孩子的優點，用細微的眼光發現孩子的天賦，並且加以培養和引導，使其成為有用之才。這就要求家長做到——

✧　在日常生活中，家長要注意觀察孩子的言行舉止，喜好厭惡，發現其最感興趣，最願意積極參與的事情，並進行必要的誘導與測試。

✧　在了解孩子的性格傾向、喜好及優勢所在之後，家長應該為孩子提供必要的環境和條件，同時，在生活中為他創造更多的練習機會。

✧　家長要鼓勵孩子發揮自己的潛力，當孩子沒有達到預期的目標，為了不扼殺他的才華，家長也應該給予他肯定的讚美、鼓勵的掌聲。一句話讓孩子的優勢得不到發揮，是家長的失誤；不能發現孩子的優勢，則是失敗的家長。

家長要多豎大拇指，透過讚美激發孩子的潛能

賞識可以導致成功，抱怨只會導致失敗。明智的家長，在孩子完成一件事情後，不論結果如何，都會說上一句：「孩子，你真棒！」然後再善意地指出孩子的不足，指導孩子進一步完善自己。這就要求家長做到——

✧ 對孩子要多豎大拇指，少使用食指，及時地為孩子拍手叫好。

✧ 教孩子為自己豎起大拇指。想要挖掘孩子的天賦與潛能，家長除了要堅定不移地相信孩子外，還要讓孩子相信自己、認識自己、肯定自己。讓孩子帶著自信踏上征程，才能離成功越來越近。

✧ 大家一起豎起大拇指。家長應盡可能地為孩子創設團體賞識的氛圍。雖然創設團體賞識的情景不太容易，但家長可以發動全家人甚至親戚朋友一起來努力，讓孩子在團體賞識的氛圍中找到自信，從而更加努力地發展自己的潛能。

當然，值得注意的是，凡事要講求一個「度」，家長也不能為了讚美而讚美，盲目亂豎大拇指。家長賞識孩子要有節制，要有原則，要有具體目標，要實事求是，不能過分誇大。否則，孩子可能會形成一種「賞識依賴症」，最後演變成一種「精神鴉片」，而現實世界是不可能永遠為孩子提供這種精神鴉片的。

家長可以透過適度的責罵，激發孩子的潛能

聰明的家長，總是懂得「包裝」責罵，在責罵之外穿上一件表揚的外衣，讓孩子在輕鬆愉悅的氣氛中反思自己的不足，然後盡力去改正。只有這樣，才能讓孩子不斷進步，不斷地發展自己的潛能。在責罵孩子的時候，家長要掌握好方法：

第二章　有自知力的孩子不迷失

 ✧ 輕言細語往往比聲色俱厲更有效。聲音的分貝高不代表話語的力度
深，嚴厲斥責未必比溫柔說教更有效。更容易讓孩子認識錯誤、改正
錯誤，從而不斷進步、發展潛能的，就是好方法。

 ✧ 運用幽默的力量，讓孩子在笑聲中認識自己的錯誤，在寬闊的空間中
明白改正錯誤的必要性。這也能讓孩子鼓起改過自新的勇氣，因為他
知道，家長會給他機會的。

 ✧ 沉默教育亦是金。責罵孩子，家長不要一味地逞「口舌之能」，適當
的時候，不妨採用「沉默」的方法。家長只有把「說」和「沉默」完
美地結合起來，才能對孩子的成長起到更大的作用。

培養孩子的競爭精神，激發孩子的潛能

有遠見的家長，會及早地引導孩子學會競爭，勇於競爭，善於競爭，
正確地進行競爭，用競爭激發孩子的潛能。

 ✧ 為孩子找一個合適的競爭對手，讓孩子在與「對手」賽跑的過程中，
逐漸地提高自己，迸發出更多的潛能。

 ✧ 要承認人的多樣性，不對孩子進行籠統的整體排序，不能只看到孩子
成績排第幾名，還應看到他的長處。

 ✧ 要客觀地評價孩子，不要不顧實際情況，盲目鼓動孩子與同伴比較。

此外，家長還要幫助孩子克服嫉妒心理，教育孩子競爭並不排斥適度
謙讓和相互合作。

家長幫孩子建立合乎其能力的目標，從而激發孩子的潛能

家長的責任在於懷著一顆期待的心，幫助孩子建立起每一階段適合自
己的目標。家長期望過高，目標定得太高，超過了孩子所能達到的限度，

就容易使孩子產生失敗感，喪失信心，相反，也不能把目標定得太低，目標太低，孩子完成得輕而易舉，就會變得輕率和驕傲。

讓孩子迎接困難，激發自身潛能

對每一個困難的成功跨越，都是對自己的一次肯定，都會增加自己的一份自信。因此，家長應多鼓勵孩子勇敢行事，不斷戰勝困難，如洗衣服、倒垃圾、下棋、打球等。當孩子戰勝了困難，實現了自己的願望時，自信心就會提高，就更堅信自己具有某種潛能，這能更大程度地激發孩子發揮自己的潛能。當然，家長應該格外留意孩子的第一次嘗試，因為這將是他們人生道路上的良好起步。

總之，幫助孩子激發潛能的重大責任主要落在家長身上。作為家長，要善於發現潛藏在孩子身體裡的巨大潛能，運用正確的方法加以引導，讓孩子儘快踏上屬於自己的那輛快車，自信地奔向成功的康莊大道。

▋克服以「自我為中心」的毛病

培養出一個充滿自信、有強烈的自我意識、尊重自我的孩子是每一位家長共同的心願，因為一個有良好的自我意識、自信的孩子能夠創造出精彩的人生。如果孩子過於自我，難免就會落入以「自我為中心」的陷阱裡，變得任性、刁蠻、狂傲無羈，甚至冷酷無情，這就背離了家長的原意，變得令人擔憂了！

事實上，培養孩子的自我意識，並不是說要縱容孩子以「自我為中心」的壞毛病。以「自我為中心」是孩子對自己過於重視的表現，他們自以為是自己的「主導者」和「控制者」，誰都必須聽自己的，如果有誰不順從自己的意願，就覺得自己的「權利」受到了侵犯，變得鬱鬱寡歡。為

第二章　有自知力的孩子不迷失

了保住「中心」這一位置，許多孩子不惜用哭鬧、糾纏等方式來維護自己的「權益」。這不但影響了孩子與人的正常交往，還影響了孩子的身心健康，對其今後的發展是不利的！作為家長，既要注意培養孩子良好的自我意識，也要防止孩子過於自我，凡事以「自我為中心」！因此，要掌握好教育的分寸。

對於以「自我為中心」的孩子，家長需要學習並採取科學的教育方式，在正確認識孩子自我意識發展規律的基礎上，做以下努力：

✧ **讓孩子形成人人平等的意識**：要改變孩子自我為中心的壞習慣，家長應該取消孩子在家中的「特殊」地位，合理滿足孩子的需求，讓孩子知道自己在家庭中與其他成員是平等的，對孩子不合理的要求，家長應堅決拒絕，以消除其以「自我為中心」的意識。家長應該透過各種方式使孩子懂得世界上的一切事物都需要分擔共用，並使其懂得應該經常關心他人，而不能放任孩子以自我為中心的心理。同時應幫助孩子樹立團體思想，這樣可以使孩子以自我中心的行為逐漸減少。

✧ **千萬不要以孩子為「中心」**：家裡人不要整天圍繞著孩子轉，萬事不能以孩子為中心，當孩子形成了以「我」為中心的性格，那麼，他是不知道如何關心別人的。

✧ **給予孩子充分的關注**：有時候，孩子無理取鬧僅僅是想要家長多陪陪他，如果是這種情況，家長可以盡量滿足孩子的需求，給孩子足夠的愛和關注。當然，在關注孩子的同時，家長還應該讓孩子意識到，家長因為愛他，所以關注他，但他並不是這個世界的中心，其他人的需求也同樣需要得到尊重。當孩子逐漸形成這一意識以後，他們以「自我為中心」的毛病就會慢慢得以克服。

克服以「自我為中心」的毛病

✧ **制定規矩拒絕孩子不合理的要求**：家長可以制定一些規矩，並耐心、詳細地向孩子講解這些規矩，讓孩子在遵守這些規矩的過程中明白，他是家庭與社會的一員，遵守一定的規矩是必須的。需要特別提醒的是，不管孩子如何哭鬧，一旦規矩設立，家長就一定要堅持原則，只有這樣才能讓孩子明白，無論如何，他必須遵守這些規矩。如果家長因為孩子的哭鬧而輕易地將規矩拋到一邊，那麼，這些規矩就會形同虛設，同時家長的威信也會在孩子的眼裡大打折扣。

✧ **教孩子運用「角色互換」，弱化以「自我為中心」的心理**：「角色互換」就是轉換與他人的位置，實際體會別人的需求、感受與悲歡苦愁。如孩子做了對不起別人的事，家長應要求孩子站在別人的角度想一想：如果另一方是自己會是什麼感受，這樣就會使孩子為自己的行為感到不安、羞愧。「角色互換」能很好地起到弱化以「自我為中心」的作用，幫助孩子從自己角度出發轉為能考慮別人的感受和需求。

讓孩子知道，當他為別人著想的時候，你會感到很欣慰，並表揚他，告訴他：「你學會關心別人了，我感到很高興。」有時，還可給予適當的獎勵，久而久之，孩子的行為就會得到鞏固和強化。

✧ **讓孩子多參加團體活動**：如附近的露營、廣播體操、看露天電影等團體活動都應該讓孩子參加，以增長孩子的社會知識。當然，孩子在活動的過程中難免會感到不如意，作為家長，不要想著孩子事事都不能吃虧，其實讓孩子經受一些挫折會更加有利，對於孩子的成長，生活中的挫折會讓孩子變得更加成熟與堅強，沒有經過挫折的孩子永遠長不大。

孩子與人交往有問題，在與人交往中受了委屈未必是壞事，那種擔心孩子與人交往存在問題就不允許孩子與人交往的做法只會使孩子「以

自我為中心」的問題變得越來越嚴重。對於孩子來說，多參加社會活動，開闊眼界，有著非常重大的意義。

◇ **讓孩子學會尊重他人的意見**：教育孩子虛心學習夥伴的長處，尊重別人的意見，珍惜與小夥伴之間的友誼，不要把自己的想法強加於人，可以制止他的某些以「自我為中心」的行為。家長應幫助孩子從狹隘的圈子中跳出來，引導孩子設身處地為他人著想，以求理解他人，並教孩子學會尊重、關心、幫助他人。

第三章
自我管理能力 —— 成功者的特質

　　所謂「自我管理」，就是指個體對自己本身，對自己的目標、思想、心理和行為等表現進行的管理。即自己把自己組織起來，自己管理自己，約束自己，激勵自己，規劃自己的人生，它是一種自覺的個人行動。培養孩子的自我管理能力，有利於孩子完善自己。

　　孩子因為經歷尚少、經驗不多，因此，對自我管理的能力欠缺。培養孩子的自我管理能力，對孩子的一生意義重大。孩子只有學會了自我管理，才能不斷地完善自己，更好地發展自己。也只有學會了自我管理，孩子才能形成主體意識，變得更有責任感和使命感，其生命也更有質感。

第三章　自我管理能力─成功者的特質

▌管理自己的情緒

　　情緒是人的心理活動的外在表現，它來源於外界事物對人體的刺激，產生於人的內心需要是否得到滿足。相對於成人而言，孩子更不善於掌控自己的情緒，他們的生活也更具有情緒化色彩。日常生活中，我們經常看到很多孩子一會欣喜若狂，一會又焦慮不安；一會樂觀開朗，一會又孤獨恐懼；一會舒適愉快，一會又滿腔怒火……這一切使孩子的生活時而陽光燦爛，時而陰霾密布。

　　孩子情緒的多樣性是一種極其複雜的心理現象，有獨特的心理過程，也有生理喚醒、主觀體驗和外部表現。情緒最能表達孩子的內心狀態，可以說，它是孩子心理狀態的晴雨錶。積極情緒是對事物或事件的認可、支持、滿意的心理表現。它可以提高孩子的自信、自律，促進孩子創造性地學習，養成良好的習慣，從而不斷健全人格。消極情緒是一種對事物或事件不滿、厭惡、抵觸的心理，它使孩子意志消沉，興趣低落，阻礙孩子健康成長。因此，教孩子學會約束、管理自己的情緒對他們的成長具有重要意義。首先，有利於預防心理疾病的發生；其次，有助於孩子意志力的發展。能駕馭自己情緒的孩子，不僅能夠控制各種情緒的產生，而且能夠對消極情緒進行及時的自我疏導，保持平衡的心態，在為人處世方面也會比較沉穩、堅毅。因此，家長應從小培養孩子對自身情緒的駕馭能力。

　　要培養孩子對自身情緒的駕馭能力，家長需要做到：

不「以暴制暴」，等孩子平靜後再誘導孩子穩定情緒

　　孩子的情緒具有衝動性的特點，他們容易激動，高興了就「哈哈哈」，一不高興就「哇哇哇」，生氣了就「吵吵吵」。這時期，孩子的情緒和情感調節能力差，衝動後不易立即安靜下來。家長要了解孩子的這一

特點，對孩子不要「以暴制暴」。可以先讓孩子安靜一會，再慢慢誘導孩子穩定情緒。

艾森豪（Dwight David Eisenhower）10 歲時，父母讓他的兩個哥哥在耶誕節前去遠足，卻堅決不同意他去。艾森豪非常憤怒，他不顧一切地衝出屋子，握緊拳頭向一棵樹上猛擊。他一面哭，一面打，以致雙手血肉模糊都沒有感覺到。最後，艾森豪的父親把他拖回家裡，但是，父親並沒有呵斥或是教訓他。

後來，母親進來給他塗了止痛藥，並纏上繃帶，意外的是，母親也沒有安慰他。又恨又怒的艾森豪倒在床上整整大哭了一個小時。

直到他平靜後，母親才進來對他說：「能控制自己情緒的人要比能拿下一座城市的人更偉大。發怒是自我損傷，是毫無用處的，你要好好克服。」

母親的告誡深深地印在了 10 歲的艾森豪的心中。在他以後的戎馬生涯中，他時時刻刻提醒自己，以至他塑造了冷靜理智的性格和鐵一般的意志，終於成為叱吒風雲的一代名將。76 歲時，艾森豪滿懷感激地寫道：「我總會回想起那一次談話，把它看作是我一生中最珍貴的時刻之一。」

「疏通」孩子不穩定的情緒

孩子心裡有了委屈和不滿，很自然地會透過哭鬧、耍賴等消極的方法發洩出來。這時候，有些家長就會嫌孩子磨人、沒教養、不聽話等，而對孩子大加斥責，責令孩子「不許胡鬧！」家長的這種做法往往更容易使孩子形成沉默內向、不善於表達的性格。這就意味著，對於孩子的情緒，「疏通」是關鍵。只有家長善於疏通，孩子才能慢慢擺脫消極的情緒。具體的做法是，家長應有一顆敏感的心，要善於觀察，發現孩子有什麼異常

的情緒，要耐心詢問，引導孩子把情緒「表達」出來。

家長可以教給孩子疏通情緒的方法，如把情緒「說」出來；透過運動、吶喊等把不良情緒釋放出來；把情緒畫出來；把不痛快的情緒哭出來等。

孩子只有學會如何合理地宣洩自己的情緒，才能很好地釋放內心的壓力，從而保持良好的情緒。

有針對性地引導和訓練孩子約束自我的情緒

生理學研究顯示，情緒狀態與自律神經系統的連繫非常密切。幼年時期，孩子們的自律神經系統還沒有發育完善，對外界的刺激非常敏感，情緒容易失控。另外，孩子對自己的認識與評價也常常會影響情緒。對自己評價過高、期望值太大，容易失望、失去心理平衡，從而導致情緒低落；對自己評價過低，又會安於現狀，缺乏進取心，從而導致消極自卑。這時，家長就要有針對性地對孩子進行引導和訓練。

例如，引導孩子多看一些有趣的動畫和書籍，多帶孩子到大自然中去親近小動物，鼓勵孩子多參加一些重在娛樂而非競賽的遊戲，從而有助於培養孩子樂觀開放的心態；還可以經常要求孩子描述一下「真實的自己與想像中的自己」的區別。這樣，有助於孩子形成正確的自我評價，從而讓自己的情緒保持穩定。

教育孩子「己所不欲，勿施於人」

在日常生活中，家長要教育孩子希望別人怎麼對待自己，自己就應該怎麼對待別人。例如，希望別人尊重自己，自己就應該先尊重別人；自己不願意做的或做不到的事情不要勉強別人去做；你不希望別人無緣無故對自己發脾氣，就要做到遇到委屈時不對別人大叫大鬧，糾纏不休……

讓孩子學會「心情平靜法」

　　當孩子理解到不良情緒對自己和他人都有傷害之後，家長應教給孩子心情平靜法，它能幫助孩子很好地控制自己的情緒。家長應教給孩子，當血液又開始湧向四肢時，可以選用以下方法來平靜心情：

✧ **深呼吸，直至冷靜下來**：慢慢地、深深地吸氣，讓氣充滿整個肺部。把一隻手放在腹部，確保你的呼吸方法正確。

✧ **自言自語**：鼓勵孩子用積極的自我暗示來控制自己的情緒和行為。例如，讓孩子在憤怒時默數「1、2、3…」或默念「我不發火，我能管住自己」，從而避免做出衝動行為。

✧ **採用水療法**：讓孩子洗個熱水澡，可能會讓他的怒氣和焦慮隨沐浴的泡沫一起消失。

✧ **延遲滿足法**：當孩子為自己的需要得不到滿足而煩惱時，你可以有意識地引導孩子產生積極的思維：「這一切都是暫時的，自己的需要過一會就會獲得滿足的。」

　　此外，家長還可以讓孩子嘗試美國心理學家唐納‧艾登的方法：想著不愉快的事，同時把指尖放在眉毛上方的額頭上，大拇指按著太陽穴，深吸氣。據艾登說，這樣做只要幾分鐘，血液就會重回大腦皮層，人就能更冷靜地思考了。

　　總之，孩子只有充分了解情緒，掌握情緒管理的科學方法，才能掌握自身的情緒，抵制不良情緒的侵入，也才能對事物有更全面、更準確的認識，理智地面對生活中的種種考驗。

▍要「自理」先要「自立」

「自我管理」是建立在獨立的基礎上的，一個缺乏獨立人格，缺乏自我，沒有辦法自立的孩子是談不上自我管理的。只有有獨立意識，有自立能力的孩子，才有可能妥善地管理自己，才能在今後的人生中有所作為。因此，要培養孩子的自我管理能力，家長應先培養孩子的自立意識，讓孩子獨立起來。

然而，現實生活中，有很多孩子缺乏自立的意識和獨立的能力，這給他們的生活帶來了不小的麻煩。

長期以來，很多家長出於對孩子的「愛」，凡事大包大攬，凡事自己動手，甚至越俎代庖，剝奪了孩子鍛鍊自己動手能力的機會。還有的家長過於低估孩子的自主能力，認為孩子太小，什麼事都做不了、做不好，甚至擔心孩子損壞東西，於是包辦一切。更有一些家長過於注重孩子的文化素養教育，認為孩子只要成績好，動手能力差一點也沒有關係，忽視了對孩子動手能力的培養。因此，要想孩子自立起來，擁有獨立的能力，家長應把孩子的許可權還給孩子。

在日常生活中，家長可以從以下幾個方面培養孩子的自立意識、獨立能力。

尊重並培養孩子的獨立意識

孩子 1 歲時就有了獨立意識的萌芽，他們什麼都要來一個「我自己」，如自己拿小湯匙吃飯，自己跌跌撞撞地搬小凳子。隨著年齡的增長，他們不僅要自己穿脫衣服、洗臉洗手，而且還要自己洗手帕、洗襪子，自己修理或者製作一些玩具，甚至還想自己上街買東西，自己洗碗。對於孩子正在增長的獨立意識，家長一定要予以重視，並支持、鼓勵他

們：「你只要好好學，一定能做好！」對一些略微有難度的事情，家長可以給予孩子必要的指導。

此外，家長還應該告訴孩子，長大以後他（她）需要自己生活，只有具備了這些能力，才能很好地生活，讓爸爸媽媽放心。

教給孩子獨立做事的知識和技能

孩子不僅要有獨立意識，而且還要有相應的知識和技能，即不僅願意自己做事，而且還會自己做事。例如，怎麼穿脫衣服、洗臉洗手，怎麼掃地、擦桌子，這些教育是在日常生活中自然而然進行的。此外，孩子的獨立性還表現在學習、交往等各個方面。家長要教孩子獨立完成遊戲和學習任務，自己去和同伴交往，當孩子和同伴發生矛盾時，教他們用各種有效的方式自行解決矛盾。

讓孩子在時間上獨立

對於孩子來說，最難的就是培養他們的時間觀念！因此，若能讓孩子自己形成一定的時間觀念，學會自己安排時間，合理作息，就能很好地促進他們獨立能力的形成。

有一位聰明的家長，孩子很小的時候，他每天都會給孩子一段可以自由支配的時間。孩子有時玩耍，有時去看自己喜歡的書，有時畫畫，當然，很多時候是忙來忙去什麼事情都沒有做好。但是，慢慢地，這個孩子學會了珍惜時間，學會了制定計畫！這比家長要求他一定要在某個時間段做什麼事情有效多了！

讓孩子自己整理玩具、物品

培養孩子自我管理的能力，自己整理自己的玩具是非常重要的一種方

法。家長可以提供以下條件：

✧ 家長應該為孩子準備一個空間，讓孩子專門用來放置自己的玩具和物品，讓孩子知道這些玩具和物品各有各的「家」，每次用完之後，都應該將它們送回自己的「家」。

✧ 要讓孩子明白，收拾自己的玩具和物品是自己的事，自己的事情要自己做，家長偶爾幫幫忙，但應該給予家長必要的感謝。

✧ 家長要盡可能地用遊戲等手段去吸引孩子參與收拾整理自己的玩具、文具用品等事情，並且堅持不懈地不斷強化，最後使孩子形成習慣。

幫助孩子擺脫依賴心理

　　家長一旦發現孩子有依賴性，就必須及時給予糾正，令其改過。先了解孩子依賴心理的形成原因，以此為基礎，採取一定的策略。比如，不少孩子每天早上的起床問題讓家長費了不少心思，一次又一次地叫孩子起床，可孩子總是賴在床上不起，一旦遲到了，反而會責怪家長沒有及時把他從床上拉起來。面對這樣的情況，一位父親對兒子這樣說：「上學是你自己的事，晚上睡覺前定好鬧鐘，早上自己起床，沒有人再叫你了，遲到你自己負責。」當然，這位父親對兒子是很了解的，他知道兒子能做到。第二天，鬧鐘一響，兒子果然立即跳下床，做自己該做的事情。這位父親運用了一個小技巧，輕鬆地改變了孩子的依賴心理，他的做法是值得其他家長借鑑的。

家長還要鼓勵孩子多讀好書

　　用古今中外有志之士自強不息的事例，激發孩子樹立遠大理想。同時，家長要鼓勵孩子與認真向上的孩子多接觸，向他們學習。因為青少年

時期同伴的作用有時甚於家長的影響，同伴的榜樣作用也能起到很好的效果。

帶孩子到大自然中去

　　鄉下的孩子獨立能力一般比都市的孩子強，這是因為鄉下的孩子接近大自然，大自然給他們提供了豐富的材料讓他們動手實踐。在週末或國定假日，都市的家長可以帶著孩子一起到大自然中去，除了享受陽光和新鮮的空氣之外，事先準備一些孩子可以動手參與的活動。比如，與孩子一起玩沙，堆「城堡」、蓋「房子」等；讓孩子自己採集一些植物的葉子，捕捉一些小昆蟲，告訴孩子這些動植物的名稱和特性。回到家中，把捕捉到的昆蟲做成標本，把採集的樹葉夾在書中做書籤。有條件的話，與孩子一起製作一個紗網，到水中捕魚。帶孩子到大自然中去，孩子都會興致勃勃。這樣一來，既增進了親子關係，又培養了孩子的愛心和動手能力，家長也可以充分放鬆一下，何樂而不為呢？

　　培養孩子自立能力的方法還有很多，家長可根據實際情況，選擇適宜的方法，長期鍛鍊之後，孩子自然能夠克服依賴心理，變得獨立，善於自我管理。

▌讓你的孩子自主選擇

　　彥芯是大學 2 年級的學生，她性格內向，依賴性強，即便只是買一件衣服這樣的小事，她也總是猶豫不決，拿不定主意。她喜歡參考媽媽的意見，媽媽告訴她穿什麼衣服好看，她就穿什麼衣服；媽媽要她報考什麼學校、什麼專業，即便不是她喜歡的，她也不會提出異議。為此，彥芯的同學背地裡評價彥芯是個沒有主見的「木偶人」。

對於這樣的評價，彥芯自然是不喜歡的，但是她從小就習慣了別人為自己拿主意，這令她始終沒有辦法相信自己，缺乏決斷力。

自己決策、自主選擇是孩子自我管理能力發展的一個非常重要的方面，一個孩子如果不懂得自己決策，連自主選擇的權利都沒有，他（她）如何管理自己，又怎麼能掌握得住生活，獲得自己想要的幸福人生呢？因此，家長應給孩子自己決策、自主選擇的機會。

落實到具體生活中，家長應做到以下幾個方面：

培養孩子的獨立自主的思想

家長不要用太多的「規矩」限制孩子的思想，要讓孩子去做他自己喜歡做的事。如果你顧慮，不妨用「共同決定」的方法誘導他。例如，孩子喜歡玩電腦，不要說「不准」，可以告訴他，功課做完就可以玩，但一次只能玩兩小時，家長應該把每一次「否定」變成機會，把決定權、自主權轉移到孩子身上。

相信孩子的選擇能力

生活中，有很多家長總是擔心孩子能力不夠，會走彎路。因此，在對待孩子作選擇的問題上，雖然沒有直接說出來「你不行，我得替你做主」這樣的話，但「你不會選」這樣的信號會透過言行舉止，源源不斷地傳輸出來，這叫投射；孩子收到信號，如果接住了，就叫認同。孩子就會覺得，我自己選不好，我沒爸爸媽媽選得好。如果孩子長期接受到「我不懂得選、選不好的信號」就真的會「選不好」了。因為，母子之間的連繫非常緊密，往往母親認為孩子是什麼樣的人，孩子就認為自己是什麼樣的人。

因此，如果你希望自己的孩子具有自主選擇的能力，不妨收起你的隱憂，給孩子多一點信任，這是培養孩子判斷力、選擇力的基礎。

在日常的生活中，多為孩子提供選擇的機會

如今日穿哪件衣服，在條件允許的情況下，由他們自己安排自己的活動等。在沒有原則性衝突的情況下，可以盡量讓孩子按照自己的意願安排生活。

同時，家長可以為孩子設置選擇性的問題。例如，今天穿藍色的衣服還是紅色的衣服；是要雞蛋還是米飯等。選擇題不但能鍛鍊孩子的選擇能力，還能訓練孩子的思考力，利於孩子的智力開發。

尊重孩子的意願

為了培養孩子的選擇能力，家長應把選擇的權利交給孩子。家長可以先為孩子提供相關情況，幫他們分析各種可能，然後教育他（她）如果是自己選錯了，自己就要負責任。

有一位媽媽帶孩子去報名才藝課程，媽媽本來的意願是讓孩子學鋼琴，可是發現孩子在舞蹈組門口看得出了神，原來孩子更想學跳舞。媽媽沒有反對孩子的選擇，但她慎重地告訴孩子：「既然你選擇了舞蹈，你就要對自己的選擇負責，一定要堅持，不管吃多少苦，都要把舞蹈學好。」孩子點頭答應了。而事實上，孩子也確實很努力，很有天賦。從來沒有發出學習舞蹈很苦的抱怨。

家長對孩子的尊重亦能換來孩子對家長的尊重與信任，從某種意義上來說，還培養了孩子的責任心與獨立意識。這對孩子的成長是很有幫助的。

讓孩子自己決策

孩子的事應該由孩子自己去思考，去決斷。玩具放在什麼地方？遊戲角色怎樣安排？和誰玩？玩什麼？孩子的這些事，家長不要過於干涉，要讓孩子自己去動腦筋，想辦法，作出決策。家長可以幫助孩子分析，引導孩子決斷，但不要干涉，更不要包辦，代孩子決策。

提高孩子區分是非的能力

只有對外界的事物有正確的認識與判斷，孩子才懂得如何正確去選擇。這樣可使他們在成才的路上健康成長，少犯錯誤，其中，家長們的正確引導是非常重要的，可達到事半功倍的效果。

我們都知道，一個人以後的生活是否幸福，成就的大小，不完全取決於他是否聰明、幸運，很多時候取決於他是否懂得選擇，並為之付出努力。因此，如果你的孩子面臨著選擇，你不妨多鼓勵他們、引導他們，使他們選擇正確的方向。

▌培養孩子的使命感和責任心

在生活中，我們經常聽到一些家長感慨：現在的孩子，物質條件好了，生活資源豐富了，學習條件也優於上一代人，可是，他們的問題卻越來越多了。沉迷電子遊戲、曠課，甚至蹺課；缺乏競爭意識，進取心不強……為什麼孩子們會出現這麼多的問題呢？專家認為，現在的孩子之所以出現這樣或者那樣的問題，與之使命感和責任心的缺失有著莫大的關係。一個沒有責任感、沒有價值感的孩子，因為找不到自己在社會中的地位與重要性，便會感到迷惘，失去創造成就的動力，並容易為其他一些物質性的、輕浮的事物所吸引，從而沉溺其中、迷失自我。

那麼，家長應如何培養孩子的使命感與責任心呢？

家長應賦予孩子明確的責任

要想培養孩子的使命感與責任心，家長不能只靠給孩子們講道理，除了讓孩子明白責任心之重要以外，家長還應賦予孩子明確的責任。明確的責任，讓孩子生活得充實而有意義，這樣才有可能造就孩子的使命感和責任心。

無論在家庭還是在學校，都要讓孩子充當一些有意義的角色，使他們體驗到自己的行為對團體所產生的重要作用，同時也培養他們戰勝自己、克服弱點、增長各種能力的信心。

在美國，從幼稚園開始，孩子們就輪流當老師的助手，協助老師組織各種活動，以鍛鍊他們的責任感和各方面的能力，孩子們都很願意參與，並為自己日漸增長的能力而感到自豪。

在家庭中，家長應有意識地分派給孩子一些力所能及的、與其年齡相當的勞動任務，如打掃衛生、負責為花草澆水、取牛奶、收發信件等。所有這一切都能使孩子們從小看到自己生活的意義，讓他們看到自己的行為能為他人帶來好的影響，感到自己是為人所屬的，對他人是有用處的，因此而生出一種自豪感和責任心。

讓孩子自己承擔責任

要培養孩子的責任感，家長應當要求孩子勇於對自己的言行負責，不論孩子有何種過失，只要他具備承擔責任的能力，就要讓他勇敢地去面對，不能讓他逃避和推卸，更不能由大人出面解決。比如，孩子弄壞了其他孩子的玩具，家長就應要求孩子自己去幫人修理或照價賠償；孩子一時衝動打傷了其他孩子，家長就應要求孩子自己去登門道歉，並鼓勵孩子去

照顧被打傷的孩子等。讓孩子明白，任何人都別想推卸自己的責任，讓別人替他們收拾殘局是不可能的。

1929 年 7 月 4 日，美國國慶前夕，一個 11 歲的美國男孩弄到了一些被禁止燃放的煙火炮，其中包括一種威力巨大的鞭炮，叫做魚雷。一天下午，他走近一座橋邊，在橋邊的磚牆上放了一個魚雷大鞭炮。一聲巨響，讓男孩神采飛揚，可就在這時，員警來了，把男孩帶上了警車。儘管員警認識這個男孩和他的父親，但他依然嚴肅地執行煙火禁令，判定這個男孩要交 14.5 美元的罰金。

男孩交不起，只好由父親代交。讓人感慨的是，這位父親當場沒說太多的話，回到家後，他跟兒子說：「這件事是你惹出來的，你必須對這件事負責任。到了 16 歲後，你要透過打工來還我替你付的錢。」這個男孩就是後來的美國總統雷根（Ronald Reagan），他在回憶錄中寫道：「我做了許多零工活，才還清了我欠爸爸的那筆罰金。」顯然，這件事讓雷根懂得了什麼叫責任 —— 那就是一個人要對自己的行為負責。

雷根的父親讓孩子自己承擔過失的責任，看起來似乎有點「殘酷」和不近人情，其實這才是父親深沉的愛。一般來說，當孩子有了過失，恰好是家長教育孩子的最有利時機。不論孩子有什麼過失，只要他有一定的能力，就應該讓他承擔責任，而不是由家長全權負責。

與孩子進行平等的交流，讓孩子了解家長所承擔的生活責任

與孩子進行平等的交流，也是培養其責任心的一種方式，不但要傾聽孩子的心聲、感受，也要和孩子講些自己的喜怒哀樂，當然內容應是孩子所能接受的。談談家庭建設的計畫，在孩子長大後，甚至可以與孩子商討家庭財政安排。

如果家長能夠多向孩子敞開交流的大門，向孩子講一講成年人的苦惱、家務事的繁瑣、工作的困惑，使孩子從小就懂得做家長之不易、生活之艱辛，使孩子產生為家長分擔憂慮的使命感，而家長應捕捉住孩子的心願，對他們的理解與分憂的願望表示欣賞，並且為有這樣懂事的孩子而感到驕傲。

讓孩子對家長的工作經歷及家庭的日常事務進行了解與分析，也是使孩子洞察世事、了解生活的好途徑，鍛鍊他們的分析、判斷與處理事務的能力，為孩子將來走向社會打好基礎。

聆聽孩子的意見，採納孩子有價值的建議，欣賞孩子幫助家長和做家務事的舉動，這些都能激發孩子的責任感。

家長應做好孩子的榜樣

孩子對自己喜歡和崇拜的人有模仿的心理傾向，而家長在小孩子心目中一般都具有絕對的權威。家長的言行舉止對孩子的影響是深遠的、巨大的。家長的一些所作所為，孩子通常看在眼裡、記在心上，長期的耳濡目染不由得孩子不受影響，家長只有在生活中嚴以律己，給孩子做好表率，才能更好地影響和教育孩子。

世界著名化學家、炸藥的發明者阿爾弗列特‧諾貝爾（Alfred Bernhard Nobel）具有強烈的社會責任感就是來自父親的言傳身教。

一次，諾貝爾問父親：「炸藥是傷人的可怕東西，為什麼還要製造它？」父親這樣回答他：「雖然炸藥會傷人，但是我們要用炸藥來開鑿礦山，採集石頭，修築公路、鐵路、水壩，為人民造福。」

聽了父親的話，諾貝爾接著說：「我長大了，也要製造炸藥，用它造福人類。」

可見，父親所具有的責任感極大地影響了諾貝爾以後的人生。

某教育家說：「我希望我的兒子要成為一個什麼樣的人，那我自己就該首先成為那樣的人。」同樣，要培養子女的責任感、事業心，首先家長就要盡忠職守，有強烈的責任感、事業心。

與孩子約定責任內容

家長應該和孩子約定責任的內容，讓孩子明白該做什麼、怎樣做，否則將會受到哪些懲罰。孩子做事往往憑興趣，要讓孩子對某件事負責到底，必須清楚地告訴他做事的要求，並且與處罰連繫在一起。例如，把洗青菜的家務承包給孩子，要是他沒做好，便不能吃所有的菜。這樣，孩子才知道一個人是要對自己的行為負責的。

讓孩子品嘗挫折學會承擔

孩子處於成長之中，對一些事情表現出沒有責任感也是正常的，因為許多時候他不知道責任是什麼，所以，為了培養孩子的責任感，家長可以適當地讓孩子品嘗一下做事情不負責任的後果，教孩子如何面對並接受這次失敗的教訓，從中獲得成長。例如，孩子在學校違規受罰，一定要支持老師的做法，不要想方設法替孩子解圍。孩子接受懲罰後果的同時，承擔能力也就增強了。

責任心是孩子健全人格的基礎，是能力發展的催化劑，是孩子今後立足社會、擔當重任的重要條件。因此，家長應加強對孩子自身的管理，讓孩子做一個有擔當、有責任心，生活態度積極、熱忱的人。

教孩子管理自己的目標

潛能大師博恩・崔西（Brian Tracy）曾說過：「成功等於目標，其他都是這句話的注釋。」對於任何一個人來說，目標就是動力，就是方向盤，一個人要想獲得成功，就必須有明確的目標來指引。

在 1980 年代，日本有個馬拉松選手，其貌不揚，他代表日本參加 1984 年的東京國際馬拉松比賽，很多觀眾都不看好他。但是，就是這個其貌不揚、而且不為人所熟悉的人奪得了當年馬拉松的冠軍，他就是後來聞名世界的日本選手山田本一。

有一名記者問他：「你覺得你能夠奪冠的祕密是什麼？」生性靦腆的山田本一說出了他奪冠的祕密：「沒有什麼祕密。當我比賽前，我都會把比賽的路線仔細研究好，然後親自在路線上走一遍，把路線經過的每一個標誌性的建築都記下來，這樣，我就可以給自己的比賽制定幾個小的目標，比如，路線經過一家銀行，我就可以用百米的速度，先跑到這家銀行，然後，再用普通的速度跑向第二個目標……這樣，我一個目標一個目標地跑下去，按照目標跑到終點，不會感覺終點遙遠，並能一步一步走向成功。」

目標是動力，是方向盤，是一個人成功路上的指明燈。當一個人的行動有了明確的目標，並能把行動與目標不斷地加以對照，進而清楚地知道自己的行進速度與目標之間的距離時，行動的動機就會得到維持和加強，就會自覺地克服一切困難，努力達到目標。對於孩子來說，目標同樣重要。有了目標，孩子才能更好地管理自己，反之，一個孩子在成長路上如果沒有目標指引，最終必定渾渾噩噩，一事無成。因此，家長要讓孩子確立自己的目標，在此基礎上，還應教孩子學會如何管理自己的目標。

第三章　自我管理能力—成功者的特質

　　要想讓孩子確立自己的目標，並懂得管理目標，家長需要做到：

家長應讓孩子自己確定目標

　　所有的管理從目標出發，以達到目標為終點。孩子要學會管理自己的目標，首先要確立自己的目標是什麼。例如，國語要考九十分；每週學會一首鋼琴曲等。有了目標以後，還應知道為了這個目標自己應該付出多少努力，對於任何一個人來說，目標越明確，行動就越有力。

　　楠楠最近在學鋼琴。可是，她是一個缺乏定性的孩子，剛要彈琴，一會又去看動畫片了，以至於很長一段時間她的技藝都沒有進步。

　　如何才能讓孩子學有成效呢？

　　有一天，楠楠的媽媽對她說：「妳每天需要彈半小時的鋼琴，剛回家的時候彈也行，吃完晚飯彈也行，但是，彈的時候你不能半途而廢，一定要彈足半小時。」孩子想了一下，因為晚飯前有一個她喜歡看的動畫片要播放，於是她選擇了吃完晚飯再彈。結果，她確定自己的計畫後，居然一直執行得非常好。

　　過了一段時間，媽媽對楠楠說：「妳計畫每天練琴半個小時這件事情做得很好，但是我不知道妳打算用幾天的時間把一首曲子彈得熟練呢？」

　　楠楠想了想，很有把握地說：「照我目前練習的情況來看，我覺得一週練習一首曲子，而且把曲子彈好是沒有問題的。」媽媽聽了，讚許地說：「那我們就以一週為目標，每週練好一首曲子，如果沒有練好，妳自己要付出更多的努力哦！」

　　楠楠認真地回答：「沒有問題！」

　　從此以後，為了練好一首曲子，楠楠更加用心了，有時候超過了每天計畫的半個鐘頭，她還是會繼續練習。

家長應教會孩子確立適合自己的目標

體壇明星姚明，身高兩百多公分，如果做別的事，無疑會不太靈活。他正確地選擇了打籃球作為自己的奮鬥目標，這樣身高就成了優勢，再加上自己的刻苦努力，使他在 NBA 籃壇上風生水起。因為姚明善用自己的優點，並找準了適合自己發展的方向，所以才能讓特長發揮到極致，取得了非凡的成績。大家會認為愛因斯坦（Albert Einstein）是天才，但如果當初他不是選擇做科學家，而是選擇當一名公務員或者經商，不知會取得怎樣的成就呢？

人才和庸才最大的區別在於：當初是否選對了方向，設定了正確的目標。每一個孩子都有自己的優點和弱點，做家長的一定要合理利用孩子的優點，引導孩子從小選好前進的方向，最終才能讓孩子擁有適合自己的職業，綻放出他們應有的、最亮麗的光彩。

讓孩子養成把計畫和目標寫在紙上的習慣

美國著名的商業大學哈佛大學，在 1979 年對應屆畢業生作了一個調查報告。在調查中，他們詢問應屆畢業生中有多少人有明確的人生目標，結果只有 3% 的人有明確的人生目標並且寫在了日記本上。他們把這些人列為第一組；另外有 13% 的人在腦子裡有人生目標但沒有寫在紙上，他們把這些人列為第二組；其餘 84% 的人都沒有明確的人生目標，他們的想法是畢業典禮結束後先去度假放鬆一下，這些人被列為第三組。

10 年後，哈佛大學又把當初的畢業生全部召回來做一次新的調查，結果發現第二組的人，即那些有人生目標但沒有寫在紙上的畢業生，他們每個人的年收入平均是那些 84% 沒有人生目標畢業生的兩倍。而第一組的人，即那些 3% 把明確的人生目標寫在日記本上的人，他們的年收入是第

二組和第三組畢業生收入相加後的十倍。也就是說，如果那 97% 的人加起來一年賺一千萬美元，那麼，這 3% 的人加起來的年收入是一個億。

　　這個調查很清楚地顯示了，確定明確人生目標並寫在紙上的重要性。白紙黑字，具有巨大的開發潛能的力量。如果你不把目標寫下來，並且每天溫習的話，它們很容易被你遺忘，它們就不是真的目標，而只是願望而已。實踐證明，寫下自己目標的人比沒有寫下目標的人更容易取得成功。要制訂一個詳細的達到目標的計畫。如果沒有一個切實可行的計畫，你的目標只能是空中樓閣、海市蜃樓。

用紀律約束孩子

　　沒有規矩，不成方圓。光有美好的理想卻不為之奮鬥，如同臨淵羨魚，那等於零，只有老老實實地結網打魚才是正確的做法。要想讓孩子達到自己的目標，就要讓孩子從小遵守紀律，這是絕對必要的。因為只有保持行動，才能確保得到想要的結果。只有堅持不懈、持之以恆，才能獲得成功。

讓孩子有「不拋棄、不放棄」的堅定信念

　　孩子在成長過程中，在追求理想和目標的過程中，遇到挫折時有可能會放棄原定的目標。因為在他的內心深處，理想召喚的聲音會讓他向前，但也會有另一種聲音讓他想要放棄。所以，家長要鼓勵孩子為了達到自己的目標，要有「不拋棄、不放棄」的信念，堅持下去才能獲得最終的勝利。

　　孩子的意志力畢竟還是薄弱的，再美好的理想也有暗淡無光的時候，何況向上的路總是坎坷而崎嶇的。所以，必須讓孩子堅定信念，遇到困難不能氣餒，要永不言敗，要樂觀向上、努力進取。只有這樣，才能在坎坷中不斷前進，在逆境中獲得一絲希望之光，最終到達光輝的頂點。

　　孩子的自我管理離不開大大小小的生活目標，讓孩子先給自己定好方

位，確定好目標，然後圍繞目標執著前行，每個孩子都能活出自己的風采，活出自己的亮麗，最終到達成功的巔峰。

▌讓孩子學會安排和做計畫

小蔣和小東一起參加了「徒步橫穿沙漠」的比賽，從沙漠的起點到沙漠的終點需要 8 天的時間。比賽開始後，兩人各自帶足 8 天所需要的食物和水就出發了。

沙漠裡酷熱難敵，剛開始，小蔣還能忍受住少喝水、少吃東西，然而，半天過去了，小蔣就不管三七二十一了，餓了他就吃，渴了他就喝，到了第四天，所帶的水已經全部喝光了，而吃的東西也所剩不多了，在缺乏水資源的情況下，小蔣最終放棄了比賽。

小東則不同，一開始，他就把水和食物分成了八份，每天一份。在途中，無論他有多麼口渴，多麼飢餓，也堅決按照計畫吃飯、喝水，最終他順利穿過了沙漠。

「凡事豫則立，不豫則廢。」對於一個人來說，學會合理地安排和計劃，不僅是一種做事的習慣，更反映了一個人做事的態度，它是一個人能否取得成功的重要因素。對於孩子來說，做事有安排、有計劃是一種終生都要保持的良好習慣。它可以幫助孩子有條不紊地處理學習和生活中的事情，而不至於手忙腳亂、無從下手。如果一個孩子從小缺乏統籌安排和計劃將來的意識，不僅無法很好地料理自己的生活，也無法很好地進行學習！如果孩子在長大成人之後，做事依然沒有條理、不會安排、不懂得計劃，肯定會比其他人走得更辛苦、更艱難，在成功的路上也更容易遇到障礙。所以，要讓孩子從小學會籌劃安排和計劃將來，家長要有意識地鍛鍊孩子的這種能力。這對孩子的一生將大有裨益。

那麼，家長應如何讓孩子學會安排和做計畫呢？

教育孩子做事之前先「計劃」

德國人非常注意做事的計劃性，在子女教育問題上，他們也十分注重引導孩子做事講究計畫。

如果一個孩子對爸爸說：「爸爸，我週末想去郊遊。」他的爸爸不會直接說「好」或者「不好」。他會問孩子：「你的計畫呢？你想跟誰一起去？到什麼地方去？怎麼去？要帶上什麼東西？」如果孩子說：「我還沒想好。」爸爸就會對他說：「沒想好的事情就不要說。如果你要去，就要先做計畫。」

從這個例子可以看出，德國人以養成做事嚴謹、有計劃的態度，與他們從小開始接受的家庭教育有著很大的關係。

德國家長的這種做法是值得我們借鑑的，在日常生活中，我們同樣要讓孩子養成做事之前先「計劃」的習慣。比如，當孩子提出某項請求時，家長可以問孩子：「你的計畫呢？」給孩子零花錢之前，家長還可以問孩子：「你準備怎麼安排自己的零用錢呢？」不僅如此，作為家長，還應該耐心地與孩子討論他的計畫和安排，並使計畫切實可行，安排合情合理。久而久之，孩子就會懂得安排和計劃的重要性，就會養成良好的習慣。

讓孩子按計畫辦事

當家長和孩子一起制訂了某項計畫後，必須讓孩子按計畫辦事，不能隨意更改，也不能半途而廢。對學齡前的孩子來說，家長應該要求他們在玩的時候把玩具拿出來，玩完以後自己把東西收好；對小學生來說，家長應該要求他們看書、做作業的時候要認真，完成以後才能出去玩；對於中學生來說，應該要求他們做事有責任心，自己掌握做事的進度。

當然，有些時候，因為事前對任務的難度和所需時間估計不足，家長可以引導孩子學會調整計畫，使其更合理。

教孩子做事情要分清主次

要讓孩子養成有計畫做事的好習慣，家長就應該讓孩子知道，任何時候做任何事情，都要有主次之分，一般情況下，主要的、重要的事情要先做，不重要的、次要的事情可以放在後面完成。如果孩子懂得了這一原則，做事就會變得有條理。

讓孩子學會做事有條理

在日常生活中，家長要經常指導、督促孩子有條理地做事。告訴孩子，房間擺設要井井有條，用過的東西要放回原處，以免需要的時候找不到；晚上睡覺之前，要整理好書包、準備好第二天要穿的衣服，並督促他們做到、做好。這些對幫助孩子養成做事有條理的好習慣很重要。此外，家長還要引導孩子向做事有條理的人學習。因為在生活中，有的孩子往往無法接受家長的意見，這時，家長就要用身邊的榜樣來引導孩子。

需要注意的是，教育孩子做事要周密有計劃，要有條理、有理智地生活，這些都離不開科學的態度。也就是說，要遵循客觀規律，而不能衝動蠻幹，制訂不切合實際的計畫。

和孩子一起計劃和安排

要想孩子養成做事有計劃的好習慣，家長還應該讓孩子學會有計劃地做事，家長可以把自己在工作和生活中制訂的計畫示範給孩子看，讓他們觀摩領會。把自己的家庭計畫告訴孩子，徵求孩子的意見，讓孩子幫忙做計畫。比如，連假來臨了，可以這樣對孩子說：「我們一起規劃一下這幾

天的計畫吧。第一天去看望你的奶奶，第二、第三天去郊遊，第四天去動物園、海洋館參觀，第五天去書店購書，第六天到兒童活動中心去玩，第七天在家休息。你注意觀察和學習，把這一長假的見聞記下來，你覺得這樣安排好不好？」

　　如果孩子對家長的計畫提出了疑問或者孩子有了計畫的意識後，那麼，家長就可以讓孩子自己安排和做計畫了。比如，郊遊時，孩子喜歡到有動物、有果園的地方去，家長可優先安排去這樣的地方；去公園遊玩，孩子往往會喜歡玩一些新奇刺激的項目，如碰碰車之類的。因此，家長可以讓孩子將一些活動，如划船、拍照、玩碰碰車、釣魚，按次序和時間來安排，既要照顧大家，也要考慮個人的喜好。如果孩子安排得合理，就按照孩子的安排去做；如果安排得不合理，就要告訴孩子為什麼。

　　這種實踐性的鍛鍊最能培養孩子做事有計劃的習慣。這樣不僅可以幫助孩子理解計畫的重要性，而且，孩子也能夠在日後的學習和生活中學著去安排自己的事情。

在家務事中培養孩子做事情有計劃的習慣

　　在日常生活中，一些小事不能輕視，因為這些小事有助於培養孩子有計劃做事的好習慣，特別是一些家務勞動。當然，讓孩子養成做事有條理的習慣不是一朝一夕的事，需要家長的耐心和恆心，還要善於抓住教育的契機進行適時引導。

教育孩子，做事情不僅要有計劃還要克服惰性

　　有計劃地做事，還需要克服惰性，當天的事要當天做完。如果難以完成的事情不斷累積，最後越積越多，計畫就會被打亂，很可能要花費數倍的時間完成要做的事情，這樣做事很容易不了了之。

讓孩子品嘗無計畫帶來的嚴重後果

有一個美國母親，給了自己的孩子足夠坐車的零用錢並和他一起外出，然而孩子太貪玩，他用所有的零用錢買冰淇淋、玩遊戲，等需要坐車回家時卻發現沒有錢了，孩子向母親求救，母親卻毫不客氣地讓他自己走回了家。這個經歷讓孩子吸取了一個教訓，讓他學到了非常重要的一課：一定要善於合理安排手中的資源，以便籌劃將來的生活。

在日常生活中，家長可以定期給孩子一些零用錢，讓孩子自由掌握，讓他學著合理支配自己的財產。比如，可以帶孩子去超市選購一些孩子自己的日用品，小額付款可以讓孩子自己來。家長要告訴孩子日常的必要開支都有哪些，是否要買零食、看電影、買玩具，讓孩子自己作決定，孩子節餘下來的錢可以讓他存好以備不時之需，或者購買自己喜歡的東西。這樣逐漸累積孩子日常消費方面的常識，可以鍛鍊他合理安排和計劃的能力。

▌「拖延」的毛病要不得

生活中，很多孩子都有拖拖拉拉、磨磨蹭蹭的習慣，在他們的觀念裡，沒有輕重、緩急之分，因此總是磨蹭，所以，他們總有做不完的作業，完不成的任務，當然，他們的學業成績也會因此受到影響。羅彥就是這樣一個「小磨蹭」：

羅彥已經上小學三年級了，他是一個讓人心急的「小磨蹭」，做起事來總是慢吞吞的。從吃飯穿衣，到畫畫、寫作業、玩遊戲，他都是磨磨蹭蹭，慢慢悠悠，永遠也不知道著急。

每當需要為某事做好準備時 —— 上學、上床睡覺、洗澡、去親戚家，如果媽媽不沖他大叫「現在，就現在馬上做！」他是絕不會做好準備的。

對此，羅彥的爸爸媽媽很是憂愁，擔心小羅彥比其他孩子「笨」。

第三章 自我管理能力—成功者的特質

小羅彥除了個人生理上的原因之外，與其自我管理能力欠缺關係最為密切。而孩子之所以自我管理能力欠缺，又恰恰是家長干涉過多造成的。如家長不放心孩子做某件事情，家長強迫孩子去做他們不願意做的事情等，都可能導致孩子形成「磨蹭」的壞習慣。因此，要讓孩子遠離拖拉、磨蹭的壞習慣，家長需要從以下幾個方面著手：

讓孩子知道高效率地做事情就是珍惜時間

孩子之所以對自己的行為不加控制，做事喜歡拖延，與他們不懂得時間的寶貴，缺乏時間觀念有很大關係。因此，要想孩子做事有效率，家長需要讓孩子意識到時間是世界上最寶貴的財富，珍惜時間就是珍惜生命，而高效率能幫助自己節省很多時間做自己想做的事情。比如，畫畫、跟小夥伴一起玩等。

讓孩子覺得「快得值」

孩子只有感覺到做事快對他是有好處的，感覺到做事快是值得的，他的動作才能夠「快」起來。這就要求家長不要給孩子過多的負擔，在孩子高品質、高效率地提前完成學習任務時，家長不要再追加任務，要把孩子節約出來的時間還給孩子，讓孩子有自由安排生活的權力，孩子可以用省下來的時間做一些自己感興趣的事情。

增加緊迫感

缺乏適度的緊張感是許多孩子做事拖延的重要原因，所以，家長可以在孩子的生活中「製造」一點緊張的氣氛，讓孩子的神經繃緊一些，使孩子的生活節奏加快一些。根據孩子的具體情況，可以給孩子的洗漱、穿衣、吃飯和做作業等增加一些計時性活動，做這些事情需要多長時間，事

先與孩子一起商定好，然後要求孩子在規定的時間裡按質按量地完成，孩子做得好就給予一定的獎勵，做得不好就給予一定的懲罰。比如，孩子吃飯磨蹭，家長可以在規定的時間到了之後就不許他再吃，而且要狠下心來，不到下頓飯不許孩子吃東西；孩子做作業磨蹭，家長可以在規定的時間到了之後就不許他再做，讓他等著第二天挨老師的罵吧！

拒絕包辦代勞

現在的孩子享受了家長太多的精心照料與服務，生活中的許多事情都由家長代勞了，於是便習慣性地形成了對家長的過分依賴，即使面對一些需要孩子自己完成的事情，他也會在那裡不慌不忙地磨蹭著，等待家長伸出援助之手。比如，孩子早晨起床後磨磨蹭蹭，家長由於害怕孩子上學遲到而急得不得了，可是孩子卻依然在一旁慢條斯理的，因為孩子心裡明白，自己動作慢一點沒關係，到時候媽媽會來幫我的，反正上學是遲到不了的。所以，要想讓孩子不再磨蹭，家長就必須剔除對他多餘的關愛，讓孩子遠離對家長的依賴，更不能因為孩子做得慢就包辦代勞。

給孩子多一些鼓勵和獎賞

表揚和鼓勵比責罵和指責能更有效地激發孩子的積極動機，孩子受到的表揚越多，對自己的期望也就越高。一般的孩子都較為看重來自外界的承認或認同，所以，要想讓孩子不再磨蹭，家長必須改變對孩子的評價。

如果家長能經常對孩子說：「你如果再快一點就會更出色」、「你看你做得多快」、「真好，現在用不著一直提醒你了」孩子便會受到正面的外部刺激，而這些真誠的鼓勵是能夠打動孩子的，孩子為了不讓家長失望，下次做事就會有意識地提醒自己快點。

另外，為了使孩子更有動力，當他做事的速度比以前加快時，或者當他達到了大人的要求時，家長還可以適當地給予一些物質獎勵，比如給孩子加一顆小星星、帶孩子外出遊玩、給孩子買他想要的玩具等。用鼓勵和獎賞來「催」孩子做事，往往能獲得較好的效果。

讓磨蹭付出代價

孩子只有在體會到磨蹭會給自己帶來損失之後，他才能夠自覺地「快」起來，因此，讓孩子為自己的磨蹭付出代價，讓孩子自己去品嘗磨蹭所帶來的後果，不失為一個改掉孩子磨蹭毛病的好方法。比如，孩子早晨起床後磨磨蹭蹭，家長不要急，也不要去幫他，可以提醒孩子一下「再不快點可要遲到了」，如果他依然在那裡磨磨蹭蹭，不妨任由他去，不必擔心孩子上學會遲到，其實我們恰恰就是要讓孩子親身體驗上學遲到的後果；孩子如果真的遲到了，老師肯定會詢問他遲到的原因，孩子挨了罵之後，就會意識到磨蹭給自己帶來的害處，這樣孩子以後自然就會自己加快速度。

▌做事應養成「專注」的習慣

所謂「專注」，就是集中精力、全神貫注，把意識集中在某種特定的行為上。一個專注的人，往往能夠把自己的時間、精力和智慧凝聚到所要做的事情上，從而最大限度地發揮積極性、主動性和創造性，努力實現自己的目標。

對於孩子來說，「專注」不僅僅是一種習慣，一種做事的態度，更是他們獲得優質人生的一大重要因素。一個善於控制自我、管理自我的孩子，才能做到「專注」。因此，要想孩子做事專注，家長需要做到以下幾點：

家長以身作則

　　家長的言行舉止、行為方式對孩子的成長起著舉足輕重的示範作用。由此，家長培養孩子專注的習慣，首先要從自身做起。例如，做事情的時候專心投入，玩的時候也能盡情盡興。家長的這些做法會給孩子留下很深的印象，並以此為做事的準則加以遵循。

讓孩子集中精力做一件事

　　家長除了自身示範之外，還應該要求孩子集中精力，一次只做一件事情。家長需要讓孩子知道，一次只做一件事情的意義所在：一次只做一件事情，並且認真做的話，就可以省去做錯了重新再來的麻煩，這有利於提高自己的辦事效率。此外，這種只關注自己完成情況的工作態度，會幫助我們獲得營造一種輕鬆愉快的心情，在自己的成就感中快樂地完成任務。

要求孩子做事不要三心二意

　　很多孩子都有做事三心二意的壞習慣，比如，他們喜歡一邊吃飯一邊看電視；一邊寫作業一邊聽音樂；手裡做著功課，可心裡想的卻是課外活動。做事情三心二意最終將一事無成。因此，家長要告誡孩子，一定要一心一意地做事情，比如，做作業的時候不要想著玩，而玩的時候則要痛痛快快地玩，不必想自己的功課有沒有完成，會不會被爸爸媽媽罵等。孩子一旦養成一心一意做事情的習慣，就能防止自己走神、不專注。

排除分心因素

　　為了讓孩子養成專注做事的習慣，家長一定要將那些容易使孩子分心的誘因排除，使孩子能夠專心於一件事情上。比如，孩子進餐的時間可能正好是電視裡播放動畫片的時間，於是許多孩子會不時地被動畫片所吸

第三章　自我管理能力—成功者的特質

引，情不自禁地邊吃邊看起來了，這樣一來孩子當然會吃得很慢，這時，家長的正確做法是，關掉電視機，或者把進餐的時間提前或推後。再如，在孩子學習時，家長應當盡量給他創造一個較為安靜的、不受干擾的學習環境，這時家長不要上網玩遊戲，不要給朋友打電話聊天，不要不時地去噓寒問暖，即使是在做家務也要盡量防止發出很響的聲音。

培養孩子的自制力

孩子專注的習慣建立在自我控制能力上，因此，家長應培養孩子的自控能力。

培養孩子的自我控制能力可以在日常生活中有計劃地進行。應從幫助孩子控制外部行為做起，要求孩子在一段時間內專心做一件事，不要一會做這，一會做那（如不要邊吃飯邊玩）；看書、繪畫時要保持正確的姿勢，不亂動、不亂摸。還可以讓孩子透過某項專門訓練，如練琴、書法、繪畫等來培養自制力。訓練時最好固定時間、固定地點，因為這樣可以形成心理活動定向，即每當孩子在習慣了的時間和地點坐下時，精神便條件反射地集中起來。

還可以用獎勵的辦法鼓勵孩子提高自制力。例如，一個平時寫字總是拖拖拉拉、漫不經心的孩子，如果你許諾他認真寫字，按時完成任務之後就送一件他一直想得到的禮物，他一定會安下心來，集中注意力認真地寫字。

孩子要在規定的時間內完成作業

如果家長要求孩子在規定的時間內完成家庭作業，孩子就會按照家長的要求在規定的時間內完成。在這一限定的時間內，他就會集中注意力，努力認真地完成作業。

　　研究顯示：不同年齡的孩子的注意力集中時間是不一樣的。一般來說，5～10歲的孩子能集中注意力20分鐘左右；10～12歲的孩子能集中注意力25分鐘左右；12歲以上的孩子可以集中注意力半小時以上。可見，如果讓一個10歲的孩子坐在那裡60分鐘，專注地完成作業幾乎是不可能的。要根據孩子的年齡特徵，給孩子安排合理的時間，讓孩子在適當的時間內集中注意力，以保證完成作業或學習任務。

　　如果家長給孩子布置的作業過多，超過了孩子注意力集中的時間，則應該讓孩子一部分一部分地完成，使孩子的學習有張有弛，這樣有利於孩子集中注意力，提高學習效率。如果家長不允許孩子中途休息，長時間地讓孩子做作業，甚至坐在孩子的旁邊監督，還嘮叨個不停，這樣容易使孩子產生抵觸的心理，從而失去學習的興趣，注意力越來越不集中。

教給孩子專注的方法

　　劉煒的爸爸聽老師說，劉煒在上課的時候經常精神不集中，很多時候，對於老師的問題他都答非所問。為此，爸爸給劉煒下了強制命令，要求他上課的時候必須全神貫注，具體地講，就是：

◇ **眼睛盯著老師**：老師的動作、老師的板書、老師的推導和演算過程，一樣都不許落下。

◇ **耳朵跟著老師**：老師突出的重點、講解的難點、強調的細節都必須聽清楚，弄明白。

◇ **筆記要跟上**：聽課時的一些要點、聯想、感受，甚至迸出的火花要隨手記下來，在書上也要有標注。

◇ **注意力集中**：要邊看邊聽邊思考，注意相關知識的連繫，想得廣一點、深一點，總結出規律和方法。

爸爸意味深長地對劉煒說：「眼在、耳在、神在，那才叫上課。」

劉煒按照爸爸說的那樣，上課注意力集中以後，再認真做作業，到了期末考試，好像不用怎麼複習，拿出課本和筆記本一翻，老師講的就都在眼前了。正因為如此，劉煒的學業成績直線上升。

為此，劉煒深有感觸地說：「如果我的爸爸與其他人一樣只會要求我說『上課要集中精神，要聽老師的話，考試要考 100 分』卻不告訴我具體怎麼做，我想我必定一頭霧水。爸爸的高明之處就在於，他告訴我怎麼做才是全神貫注的表現。而我按照爸爸說的做了，自然也就做到了把注意力集中到學習上！」劉煒的例子告訴我們，只有教給孩子專注的方法，孩子才能更好地執行，並使之成為一種習慣。

總之，孩子專注的習慣是在學習和生活中循序漸進，慢慢養成的。家長對孩子的要求要有個梯度，不能要求孩子一下子就做到「心無旁騖」。如果孩子一時還不能達到自己的要求，家長應耐心引導，給予信任。只有經過長期的訓練，孩子的注意之窗才能灑入更多陽光。

▌告訴孩子「想到就要做到」

生命從新生開始，收穫從播種開始，一天從清晨開始，路從腳下開始，一切都從行動開始，這是亙古不變的法則。因為只要想到就去做，才不至於讓等待在寂寞中哀怨；想到就做，才能將風箏用不斷的絲線拉回；想到就做，才能讓新鮮空氣時刻流通，讓生活充滿光彩，讓世界充滿祥和。一個人如果只是心中有目標卻從不付諸行動，不去努力嘗試，那麼，成功的大門就永遠不會向他敞開。反之，如果一個人行動力強，想到就去做，那麼，他就有可能獲得成功的青睞。

某地，一個日語學習班新一期開學報名時，來了一位滿頭銀髮的老者。

「給孩子報名？」負責接待的小姐問道。

「不，給我自己報名。」老人回答。

小姐愕然。

老人解釋道：「兒子娶了個日本媳婦，他們每次回家來，說話嘰裡咕嚕，我不懂，聽著著急，就想學習日語以便能夠和他們交流。」

「您今年多大年紀了？」小姐問。

「68 歲。」

「您想聽懂他們的對話至少要學習兩年的時間。可是兩年以後您都 70 歲了呀！」

老人笑呵呵地反問：「姑娘，妳認為我如果不學，兩年以後就是 66 歲嗎？」

想到就要做到，是對一個人意志力與堅韌性的一種考驗，是一個人自我管理能力強的體現。現實生活中，那些懂得管理自我、積極主動的人，往往能夠取得成功。反之，那些光想不做的人，注定一生庸庸碌碌，毫無作為。

古時候，有兩個和尚，他們都想到南海去朝拜。但是此行路途非常遙遠，交通也極為不方便。

窮和尚身無分文，但他沒有被這些困難嚇倒，他只有一個目標，一定要到南海去，他邀請富和尚一起上路，路上有個同伴，也好互相照顧。

富和尚說：「我要建造一艘大船，路途這麼遠，我還要帶足路上所需要的水和食物。你還是等著和我一起出發吧，像你這樣，連南海的影子都沒看到，就會被餓死了。」

窮和尚沒有接受富和尚的邀請，獨自出發了，靠著在沿途化緣，一步一步往南海的方向邁進。

兩年以後，窮和尚從南海返回了，富和尚卻還在建造他的大船。

兩個和尚的故事告訴我們，無論多麼遠大的目標，如果不付諸實行，都是毫無意義的。生活中有很多富和尚式的孩子，他們總是想法很多，但就是不見其行動，是語言的巨人，行動的矮子。如果因此責備他們，他們便會為自己的拖延找千百種理由，如行動的時機還沒有來臨，這件事情最終不會有結果等。因此，要想讓孩子行動起來，家長應讓孩子加強對自身的管理，要求孩子想到就要去做。

具體地說，家長應該讓孩子做到以下幾點：

讓孩子做到鬧鐘一響，馬上起床

在早晨，讓孩子離開溫暖、舒服的被窩是一件很難的事情，但「賴床」不僅會助長孩子體內的「懶惰」細胞，而且會使孩子的行動力大大減退。例如，一個喜歡「賴床」的孩子不論做什麼事情，都會「拖」：

家長讓他們做作業，他們會說「等五分鐘再去」；

家長讓他們鍛鍊身體，他們會說「等一會再去」；

老師讓他們打掃衛生，他們會說「等兩分鐘再去」；

因此，就是在這種「等一會」、「等幾分鐘」的拖延過程中，孩子的行動力在一點點地減退。當拖延成為孩子的一種習慣時，他們就會把拖延當成是一種理所應當，當他們在拖延時，他們的內疚感也會消失。也就是說，「懶惰」會毫不費力地戰勝「理智」，這對成長中的孩子來說，是一件很可怕的事情。

其實，在很多情況下，孩子的這種「懶惰」行為往往是由家長造成的。孩子早晨不起床，家長為他們準備兩個或三個鬧鐘，再不行，家長會親自執行鬧鐘的「職責」，親自叫孩子起床，而家長的這一做法，便成了

孩子「再睡兩分鐘」的理由。第一個鬧鐘響了，孩子心想：「反正有第二個鬧鐘呢，再睡幾分鐘吧！」第二個鬧鐘響了，孩子會想：「我不起床，爸爸媽媽也會來叫我起床，再睡兩分鐘吧！」在這種心理下，孩子的行動力永遠不會變強。

所以，要想鍛鍊孩子的行動力，家長只需要送孩子一個鬧鐘，這個鬧鐘只能定一次鬧鈴。鬧鈴響過之後，起不起床是孩子自己的事情，起床晚了就讓孩子接受自然後果的懲罰吧。

要求孩子每天按時整理自己的書桌

要培養孩子的行動能力，最簡單的辦法就是讓孩子收拾自己的書桌，並養成習慣。很多孩子看到書桌亂七八糟，心裡會覺得難受，可就是懶得動手。讓孩子每天按時整理自己的書桌，不但能保持環境的整潔和秩序，還能讓孩子的學習、生活變得更有條理，從而提高孩子的行動力和做好繁瑣事務的能力。同時也能增強孩子處理事情的信心，讓孩子從中得到更多樂趣和成就感！

讓孩子想好了就不要猶豫

有個孩子在外出路上撿到一個鳥巢，裡面還有一隻麻雀。小孩決定把牠帶回去餵養。走到家門口，忽然想起媽媽不允許他在家裡養小動物。於是，他把小麻雀輕輕地放在門後。急急忙忙回到屋內，請求媽媽的允許。在他苦苦的請求下，媽媽答應了兒子的請求。小孩興奮地跑到門後，不料，小麻雀已經不見了。一隻黑貓正在那裡吃著美味的食物。小孩為此傷心了很久。

從這件事可以得到以下啟示：

第三章　自我管理能力—成功者的特質

✧ 只要是自己認為對的事，絕不可優柔寡斷，必須馬上付諸行動。不能做決定的人，固然沒有做錯事的機會，但也會失去許多成功的機遇。

✧ 機遇不是總有的，當機遇出現時一定要及時抓住。

✧ 想法與行動之間有距離，有想法了就應儘快行動。

✧ 行動與當機立斷是成功的前提條件。

因此，家長應鼓勵孩子，有了想法之後，就應該果斷地作出決定，不要將時間耗損在無聊的事情上。因為一個具有遠見卓識並善於立刻行動的人，才有最大的機會贏得成功。

教育孩子把握現在，馬上行動

家長對孩子的「身教」非常重要。在孩子面前，只要有了目標，家長就應該立即行動起來，即使尚未準備就緒也不要管它，重要的是行動本身。孩子耳濡目染，自然會意識到：立即行動，才能真正把握「今天」和「現在」。這樣可以讓孩子對時間產生一種緊迫感，做事不拖沓延宕，意識到時間是一逝而過的，抓不住，時間就溜走了。記得大畫家柯洛（Jean Baptiste Camille Corot）曾對一位向自己請教，並表示「明天全部修改」的年輕人激動地說：「為什麼要明天？你想明天才改嗎？要是你今天晚上就死了呢？」所以，家長應該告訴孩子：「如果你決心珍惜時間並想有所作為，那麼，現在就行動起來吧！」

要求孩子做到「今日事，今日畢」

大多數孩子都屬於「性情中人」，高興的時候，他們會把該做的事情統統都做完；不高興的時候，他們乾脆手一甩，該做的事情也不去做。從孩子的長遠發展來講，這將十分不利於孩子的成長。同時，這顯示孩子身

上至少存在著兩個缺點：一、沒有時間觀念；二、沒有做計畫的觀念。要想培養孩子的行動力，讓孩子按部就班地完成每天的任務，家長應讓孩子遵守「今日事，今日畢」的原則。孩子該做的事情沒有做完，即使拖到了晚上十一點，也要等他們把事情做完後，才允許他們睡覺。這一過程培養的不僅是孩子的意志力、自控能力，而且還會使孩子明白：明天要想早點休息，就要早點把該做的事情做完。由此，孩子的行為就會進入「自控能力增強 - 效率提高 - 行動力強」的良性循環中。

教孩子管理好自己的時間

孩子的自我管理，除了自我情緒的管理、目標的管理等之外，還包括時間的管理。對於孩子來說，如何有效地管理和利用自己的時間，是他們必須學會的一種極為重要的能力。每個人每天只有 24 個小時，不會變多，也不會變少，善於管理和利用時間的孩子，能讓這 24 個小時過得有效而精彩；不善於管理時間的孩子，似乎一整天都在忙，忙得焦頭爛額，可所獲甚少。金松就屬於那種不懂得管理時間的孩子。

金松的時間觀念不強，小學的時候應付兩門課程，倒還輕鬆，還有時間做自己想做的事情，可上了國中以後，隨著課程的增多，他開始有些忙不過來了。金松的口頭禪是：時間怎麼過得這麼快呀！

實際上，金松做事有些不分輕重緩急，他總是把時間浪費在一些小事上，而重要的事情卻沒有時間去做。

比如，早上起來，他總是這裡磨磨，那裡蹭蹭，找衣服，穿衣服，洗漱，等到媽媽不耐煩地催促他了，他才開始著急，匆匆忙忙地吃幾口飯就往學校趕。

每天都有那麼多功課要做，那麼多內容要記，在金松看來，每一科都

那麼重要，英文單字要背，數學公式要背，國文注釋要背，歷史需要記憶、梳理，金松真不知道該怎麼辦了。金松目前的狀態，是缺乏時間觀念，不懂得如何安排時間所造成的。

小燁是金松的鄰居，他比金松大一歲，比金松高一年級，跟金松不同的是，小燁能把自己的學習、生活安排得井井有條，他似乎並沒有出現手忙腳亂的狀況，他依然有時間出去踢足球，依然每週都去圖書館……小燁到底是怎麼做到的呢？

原來，小燁有個習慣，就是做什麼事情都事先做好安排，在他的床頭貼著學習課程表、計畫表和時間安排表，每一週的學習進度、學習安排他都規劃得清清楚楚，每天應做的事情他心裡也有數。比如，他把鬧鐘定在6點，每天早上6點鬧鐘一響，他就迅速離開床鋪，很快就把昨天晚上已經準備好的衣服、褲子穿好，然後洗臉、刷牙，把自己整理得清清爽爽的。接著又按照時間表上的要求背誦英文單字或是數學公式等。

因為計畫鮮明，輕重緩急分得清，因此，小燁的學習效率高，學業成績好，還有休閒、娛樂的時間，生活得充實而愉快。

金松和小燁不同的學習經歷告訴我們，要想讓孩子管理好自己的時間，做時間的主人，使每一天都過得忙而不亂，使每一天的學習、工作都有效率，就應該讓孩子學會計畫、安排自己的時間和生活，讓自己的生活有序，讓自己的時間有效率，讓每一件事情都落到實處。

那麼，家長應如何引導孩子管理時間、掌控時間、利用好時間，做好時間的主人呢？以下是編者的一些建議：

讓孩子遵循一定的作息規律

如讓孩子按照一定的時間睡覺、起床。如果孩子沒有時間觀念，連最基本的生活作息都一團混亂，這樣，孩子上學遲到、曠課的事情就會經常

發生。只有孩子掌握了一定的作息規律，才能夠變得勤快而有效率。

　　家長可以和孩子一起制訂一張作息時間表，如什麼時間起床，洗漱要用多長時間，吃早餐要用多少時間，放學後先做什麼，然後做什麼，幾點睡覺等，都可以讓孩子做出合理的安排。只有把作息時間固定下來，形成習慣，孩子才能對時間有一個明確的認識，才能養成良好的時間觀念。

讓孩子制訂一張適合自己的時間表

　　試著讓孩子制訂一張適合自己的時間表，裡面可以包含一天的作息時間，如幾點起床，幾點完成作業，幾點參加娛樂活動等。

　　制訂的時候，家長應該尊重孩子的意見，一起商量，讓孩子有發言權，不能橫加干涉。這樣才會大大養成孩子的積極性，孩子在實施計畫表的安排時才會更嚴格要求自己。

讓孩子養成良好的生活習慣

　　在生活中，要常教育孩子不亂放東西，有序的生活有助於節省清理、打掃雜物的時間；讓孩子不要對著電視機吃飯，這樣做，非但對消化不好，而且還會無意中延長了吃飯的時間；有意培養孩子果斷的判斷力，做事不拖拖拉拉，處理問題不優柔寡斷，果斷的性格有助於節約出思考的時間做更為有意義的事；告誡孩子要勤奮，所有的成功，更青睞於有所準備的人。良好的生活習慣，有助於孩子節省出一些無意識浪費的時間。

指導孩子按照任務的輕重緩急安排學習順序

　　孩子往往分不清自己要做的事情的重要程度，他們的事情往往是由家長和老師來安排的。這是造成孩子不善於利用時間的一大原因。

　　事實上，只有充分意識到自己要做的事情與自己的關係，才有可能把

這些事情都處理好。家長可以指導孩子每天把自己要做的事情按照重要程度和緊迫程度排列順序，從而確保把重要的事情都完成，把自己的時間和生活安排得井井有條。

每天尋找一個贏得時間的新技巧

培養孩子節約時間的意識能夠輕易地讓孩子對時間產生一種珍惜之情。如告誡孩子不要把時間浪費在對沒有做的事情的內疚上，也不要因後悔失敗而浪費時間。同時教孩子逐步養成一種習慣，那就是努力讓自己不要浪費別人的時間，從而也為自己節約了時間。另外，也可以將手錶撥快幾分鐘，以使孩子每天都能趕在時間的前面。還可讓孩子在閒暇時有意識地問自己：「此時此刻，如何才能最好地使用時間？」

讓孩子給自己留出休息和運動的時間

每個家長都希望自己的孩子學業成績好，能夠上明星高中、頂尖大學，這些殷切的希望都可以理解，但不要老是催促孩子：快點去學習！還在玩，還想上第一志願嗎？不准看電視，快做作業……這些督促會讓孩子很有壓力。

家長要給孩子留出休息時間，讓孩子多鍛鍊身體，不要只顧著學習，不懂得休息和鍛鍊。運動能讓孩子身體好，精力充沛，有利於提高學習效率和成績。

給孩子玩的時間

許多家長認為，孩子由於作業做得太慢而沒有了玩的時間，因此就不斷地催促孩子、埋怨孩子，甚至懲罰孩子更長時間地學習，其實，孩子是因為家長把自己的時間安排得過滿，完全沒有自己支配的時間，才會不珍

惜時間，才會拖拖拉拉。在這種沒有希望、沒完沒了的學習過程中，孩子的心態是消極的，沒有目標，沒有興趣，往往心煩意亂、錯誤百出，時間又拖得很長，結果造成了惡性循環。

給孩子一定的自由支配時間，讓孩子去做自己想做的事，注重培養孩子的學習興趣和主動性。比如，有的家長要求孩子每天放鬆一小時。在這一小時內，孩子可以玩耍、聽音樂、休息等，不管做什麼，家長都不去干涉，等孩子的情緒比較穩定和愉快，有了學習的興趣和主動性時，就會願意開始較長時間的艱苦學習，學習效果也會更加理想。

只有從小讓孩子養成正確的時間觀念，教孩子管理好自己的時間，孩子才不會沉溺在玩樂之中，最終一事無成。

▌讓孩子遵守規則

規則，就是規定出來讓大家遵守的制度或章程。規則意識即是遵守這些制度或章程的良好態度和習慣。規則意識較強的孩子，自律精神也較強，較容易適應團體生活。沒有規則意識的孩子，將來無法在社會中立足，更談不上成才了。因此，作為家長，在提倡尊重孩子個性的同時也要對他們提出明確的行為規範，讓他們懂得是非對錯，知道什麼可做，什麼不可做。從小培養孩子的「規則」意識，這是家長贈與孩子充滿愛心、最經得起時間考驗的禮物之一。

那麼，我們應該讓孩子遵守哪些規則呢？

✧ 遵守交通規則。教育孩子不得騎車載人，過馬路要走斑馬線；乘車要購買車票，按秩序排隊上車。

✧ 遵守學校的各項規章制度。上課認真聽講，遵守課堂紀律；尊敬老

師；關心同學、團結合作；愛護公物，損壞公物要賠償；課間不得在樓道內打鬧，不得大聲喧嘩；保持教室整潔，不得亂扔紙屑雜物。

✧ 讓孩子明白在購物時，要自覺遵守超市、商場等公共場所的秩序，購物要排隊。

✧ 當你帶孩子參觀文化場館或到公園、名勝古蹟等地遊覽時，要讓孩子明白，應該自覺維持公共秩序，參觀遊玩要排隊；注意保護公共場館設施，保持文化場館、名勝古蹟的環境整潔，不亂寫亂畫、亂扔雜物，不踐踏草坪、毀壞花草樹木等。

✧ 教育孩子在觀看話劇時，要遵守劇場秩序，不得大聲喧嘩，不得起哄吹口哨、喝倒彩等。

✧ 讓孩子知道不管在任何地方，都不應該隨地吐痰，要保持公共衛生；上廁所後應該沖馬桶；飯前洗手、飯後漱口等。

✧ 如果有事情需要出門，要跟家長打招呼，這不僅僅是禮貌，更是一種社會常規！

個人的成長離不開社會，只有人人遵守規則，我們的生活才會有序，我們的權力才能得到充分地享受，我們的人身安全才能得到充分的保障，我們的個人成長才能順利，我們的生存環境才能清新、清淨……

孩子規則意識的形成需要一個循序漸進的過程，要經歷一個從被動到主動的過程，要由成人管理、約束與引導，最終達到孩子的自我管理，並形成習慣。一般來說，家長可以從以下幾個方面培養孩子遵守規則的習慣：

以身作則，樹立良好形象

家中大人的一言一行、一舉一動，都是孩子模仿的內容，因此，家長要時刻注意自己的言行，做好孩子的榜樣，所有給孩子制定的規則，家長自身要先遵守。家庭生活中的一些規則，如作息制度、衛生要求、禮貌習慣等；社會生活中的規則，如交通規則、公共秩序等，家長要求孩子做到的，自己首先要做到、做好。

曉之以理，加強引導，跟孩子講規則的用處

家長應該經常給孩子灌輸這樣一個觀念：規則無處不在，一定的規則能保證人們更好地生活。例如，人們要遵守交通規則、遊戲規則、競賽規則。家長可以時常反問孩子，如果不遵守規則會怎樣？讓孩子設想違規的後果，引起他對執行規則的重視。

多提醒孩子

孩子的規則意識需要在日常生活中慢慢被強化，家長要細心觀察孩子，如果發現孩子的言行不符合規則，應該及時給予提醒，要知道孩子的成長離不開家長的督促。

培養孩子的自律精神

他人制定的規則是強加的，屬於外力約束，而自己制定的規則有內省成分，屬於自律。家長不妨和孩子一起商量制定家庭規則，以便共同遵守。例如，物品用後要歸回原處；離家出門要和家人打招呼；進別人房間前要先敲門；按一定的時間作息（定時進餐、睡眠、起床），下棋、玩遊戲要按規則決定勝負；說錯話或做錯事時要禮貌道歉；看電視時不要干擾別人等。即使家長違規也要自覺受罰，讓孩子懂得規則的嚴肅性。

第三章　自我管理能力─成功者的特質

規則一旦制定就要遵守

當你給孩子制定規則後，無論是在什麼時間和地點，都應該讓孩子嚴格遵守。比如，不允許孩子在吃飯前吃零食，在家裡是這樣規定的，到外面也應該這樣執行。哪怕其他人試圖來破壞這個規則，你也應該冷靜地對孩子說：「我們說好了吃飯前是不能吃東西的。」同時告訴其他人：「請你配合一下，謝謝！」

如果我們說：「必須這樣！」而孩子違反了又不追究，他下次就知道，即使抗命，家長也只能讓步，姑息的結果就是使孩子的規則意識喪失。

規則要統一

孩子需要一定程度的限制，但是，一個規則最好只有一個標準，否則會讓孩子覺得混亂，無所適從，也有可能有機可乘。

比如，媽媽要求孩子吃飯前不能吃零食，爸爸卻說吃一點也沒關係；媽媽說不可以吃糖，奶奶卻私底下給孩子吃糖；幼稚園要求孩子不要吃湯泡飯，家裡為了讓孩子吃飯快則天天準備湯泡飯。

從教育心理學來看，孩子的心靈開始並無是非觀念，無法判斷出家長究竟誰對誰錯。對於自己的錯誤，孩子一般是在家長的教育和指責中才有所發覺，同時會在以後加以改正。儘管孩子有時會撒嬌，那只不過是對於家長指責的一種表面對抗而已。但是，如果這個時候，家長中的一方指責孩子做錯了，而另一方卻當場提出異議，這實際上是庇護了孩子的缺點。孩子會立即認為自己並沒有做錯，也用不著改正。比如，昨天爸爸反對或者制止的事情，今天又得到了奶奶或者外婆的鼓勵。這樣重複幾次，就會完全搞亂孩子的是非判斷能力，縱容孩子的錯誤行為，造成孩子情緒的乖戾無常。於是，孩子變得越來越不聽話，叛逆現象也會越來越嚴重。

讓孩子透過自己的努力獲得自己想要的東西

要告訴孩子，如果自己想得到什麼，必須透過自己的努力去獲得，特別要讓孩子清楚地意識到，透過「走後門」、「拍馬屁」、「投機取巧」等手段獲得自己想要的東西，都是違反規則的，是錯誤的行為。

美國一位心理學家為了研究母親對子女一生的影響，在全美國選出 50 位成功人士和 50 名有犯罪紀錄的人，分別給他們寫信，請他們談談母親對他們的影響。其中有兩封信談的都是一件事：分蘋果。

一封信是一個來自監獄的犯人寫的：小時候，有一天，媽媽拿來幾個蘋果，大小不同，我非常想要那個又紅又大的蘋果。不料，弟弟搶先說出了我想說的話。媽媽聽了，瞪了他一眼，責備他說：「好孩子要學會把好東西讓給別人，不能總想著自己」。於是，我靈機一動，立即說：「媽媽我想要那個最小的，把最大的留給弟弟吧。」媽媽聽了非常高興，於是把那個又紅又大的蘋果獎勵給我。從此，我學會了說謊。

另一封信是一位來自白宮的艾森豪寫的：小時候，有一天，媽媽拿出幾個蘋果，大小不同。我和弟弟們都爭著要大的。媽媽把那個最紅最大的蘋果舉在手裡，對我們說：「這個蘋果最紅最大最好吃，誰都想得到它。很好！那麼，讓我們來做個比賽，我把門前的草坪分成三塊，你們一人一塊，負責修剪好，誰完成得最快最好，誰就有權利得到它。」我們三人比賽除草，結果，我贏得了那個最大的蘋果。我非常感謝母親，她讓我明白了一個最簡單也最重要的道理：要想得到最好的，必先付出最多。

投機取巧，無視「規則」，最終必定受到懲罰。而遵守規則，努力爭取自己想要的東西，才能收穫累累的果實，這是家長應始終灌輸給孩子的一個道理。

給孩子建立規則要耐心

　　對於孩子來說，由於自我意識和自我控制能力還沒有發展成熟，內心缺乏規則意識，他不可能很好地理解和接受家長的教誨，也不可能很好地去執行規則，這是必然的。而自律不是來源於強制的行為，但也不是自發的，需要家長的指導與不斷重複，這是一個漫長的過程。對於家長來說，如果我們理解了孩子的心理，我們就能夠耐心地對孩子說：「這樣做是不行的，你已經知道了。」或「媽媽已經說過，這樣做不可以。」

　　同時，我們應當允許孩子透過試探來獲知什麼是規則。當孩子不按規則做事的時候會發生什麼？比如，孩子把房間弄亂後會怎樣？孩子在床上蹦會怎樣？孩子只有在對規則和後果的不斷體驗中，才能逐漸學會遵守規則，並為自己負責。

第四章
學習力 ── 未來人才的第一競爭力

　　談起學習，很多家長很自然會聯想到成績。其實，對孩子而言，學會學習、獲得學習能力才是關鍵的，才是第一位的。這是因為，成績的高低起伏只是一時的，學習能力卻會伴隨人的一生。學習力強的孩子能像海綿一樣吸收更多對自己有益的養分，讓自己變得更充實，更強勁，更有競爭力。而一個學習力低下的孩子，終將會被淘汰出局。

　　較強的學習能力，不僅能讓孩子在學生時期成績優秀，還能使其在以後任何充滿競爭的環境中脫穎而出。因此，我們說，學習力就是競爭力，是未來人才取得成功的祕密武器。

▌要明確學習的目的性

　　蘇城在一家外商公司上班，一路奮鬥，終於升到了中高層。在這種情況下，要想繼續攀升並非容易的事情，那麼，他所能做的就是積蓄力量，等待時機。積蓄什麼力量呢？蘇城的英語程度不錯，但法語就不太在行了，他所接觸的客戶裡有法國人，他想，如果自己的法語能有所提高，與法國客戶溝通就不必那麼費事了。於是，他決定先學習法語。

　　說做就做，蘇城馬上報了一個法語培訓班。

　　剛上培訓班的那一陣子，蘇城熱情高漲，每天都練習法語，可是，一段時間以後，他發現生活中瑣碎的事情太多了，比如，出外旅遊，輔導孩子學習，出席單位的酒會等，使得他分散了學習的精力。又過了一段時間，蘇城的熱情過了，他發現其實法語也是可學可不學的，因為當需要跟法國客戶溝通時，另一個擅長法語的負責人就可以幫忙搞定。於是，他便把學法語的計畫擱在一邊了。

　　蘇城之所以沒能堅持學習法語，與其內心的需求是有關係的。有需要才有動力，當他意識到法語可學可不學時，最終在困擾、困難面前本能地選擇了不學。人都是有惰性的，只有到了非學不可時，才有可能克服困難，認真去學。成人尚且如此，孩子學習同樣也是這個道理。

　　生活中有很多孩子，他們學習的目的性並不明確，背起書包上學，完全是出於「學生都要到學校學習」的慣性認識。而他們不得不完成作業，也都是因為學生都需要做這些事情，父母、老師要求他（她）必須這樣做，不做就會受到指責。因為學習並非自己內心真正的需求，因此，學成什麼樣，學得好不好也就無關緊要了。

　　孩子在需求不是很強烈的情況下，迫於外界壓力而學習，是為別人學習，學習也就成了一種被動而無奈的事情。只有萌發出為自己學習，且一

定要學好的意識，孩子才有可能產生持久的學習熱情，才會自覺克服學習中遇到的困難與挫折，認真去學。

這裡就有一個真實的故事：

誰也沒有料到，小洋居然在高二、高三這兩年裡一鼓作氣，以優異的成績考上了外語大學。

在大家的印象中，小洋的學習態度一直都懶懶散散，他對什麼都沒有興趣，做什麼事都無精打采。高一期末考試，他的成績班排第 35 名，這一學業成績在班級處於中下游水準。對於自己的學業成績，小洋並不在意，但是，他的爸爸卻非常著急。這該如何是好呢？怎麼做才能養成孩子學習的積極性呢？正在他一籌莫展之際，機會到來了。國外留學回來探親的外甥來看舅舅，外甥用一口流利的英語，給他們描繪了許許多多的國外風情，也講述了許多自己經多年奮鬥而小有成就的經歷。在一旁的小洋表現出了極大的興趣，他對父親表示，高中畢業以後，也要去國外留學！父親於是說：「你怎麼去啊？」

兒子說：「你給我籌錢啊！」父親因勢利導：「有錢就可以了嗎？你英語過關了嗎？到了那裡別說上課什麼也聽不懂，恐怕出門問個廁所也做不到吧！」留洋的外甥也在一旁說：「英語過關是起碼的要求，否則你怎麼生活？我們在國外全靠自己謀求生存，沒人能真正幫助你。我們讀書都很勤奮，要在國外站穩腳跟，就要學習、學習、再學習，因為我們每個人都知道，學習是為了自己。」

就這麼一句「學習是為了自己」，深深地烙在小洋的心中。從此以後，小洋完全變了，常常說學習是為了自己，要學一口流利的英語，要考上一流的外語大學，還要出國深造。可見，還有什麼比「我自己要」更明確，更有動力呢？

最終,小洋利用兩年時間衝刺,最終實現了自己的夢想。

小洋的例子說明了,每個孩子都有學習好的潛能,而要激發這一潛能,則要培養孩子學習的積極性,激發孩子「我自己要學習」的念頭。如果內心有迫切的需求,有渴望,孩子何愁不認真學習呢?

家長如何讓孩子明確學習的目的性呢?

首先,家長要激發孩子求知的欲望,讓孩子明確自己學習的動機是什麼。比如,在孩子還小的時候,在孩子對周圍的世界充滿好奇的時候,家長要充分利用孩子的「好奇心」,養成孩子學習、探索、求知的熱情。例如,孩子問:「月亮為什麼那麼亮呀?」家長要耐心地回答孩子:「月亮自己並不發光,是因為太陽光照射在月亮上,所以月亮才變得光亮起來。」如果孩子繼續問:「你怎麼會知道的呀?」那麼,家長不妨抓住這樣的機會,告訴孩子:「爸爸(媽媽)知道的這些知識都是從書中學到的,你要想知道很多自己不知道的知識,就要多看書,認真學習,這樣你就會變成一個非常有學問、有智慧的人。」總之,家長應抓住每一個誘導孩子學習的機會,讓孩子意識到自己學習是為了什麼。

其次,家長要激發孩子的進取心,使其具有強烈的學習內驅力。孩子的進取心大多是由外在的要求轉化為自己內心的願望的。因此,目標教育是必須的。目標可以樹立孩子的雄心,雄心可以引導孩子追求,拿破崙(Napoleon Bonaparte)曾說「不想當元帥的士兵不是好士兵」,實際上是有激勵作用的。

應該注意的是:短期目標應按照孩子的能力來定,長遠目標是明天的,短期目標則是今天的。目標定得太高實現不了時,會挫傷孩子的積極性,從而影響其上進心。

最恰當的短期目標是稍微高於孩子的能力,讓孩子經過努力能達到的

目標。例如,孩子過去一直考 15 ～ 20 名,那麼,短期目標可以定在考到 10 ～ 15 名之間。

孩子一旦有了自己進取的目標,學習的目的性就明確了,他的好勝心也就被激發出來了,好勝心催生力量,這股力量就會慢慢地轉化為一種慣性的推力,轉化為孩子自身前進的內驅力。

再者,家長還可以透過自己的言行,給孩子潛移默化的影響。積極進取的家風對孩子的影響很大,因為榜樣會潛移默化地影響著孩子。

最後,家長應喚醒孩子的危機意識。沒有危機感,躺在安樂窩中難以激發出強烈的上進心和求知欲,也就不可能克服困難,認真學習。

日本非常重視對小孩子進行危機感教育,讓孩子從小就知道,日本地少人多,資源匱乏,只有靠人,靠高素養的人才能在世界上立足,否則就會沒飯吃、沒水喝。因此,日本的孩子從小就有很強的進取心,就有為自己學習的意識。我們同樣也可以對孩子進行危機感教育,讓孩子意識到,不學習,就會被淘汰;而學習,不僅能讓自己變得更聰明,更有能力,更善於解決問題,而且還更有競爭力。此外,學習還能讓自己體驗到知識增長的樂趣。

▌正確的學習目標和學習方法

每個人都很在意別人對自己的看法,孩子也同樣如此。因為在意自己在別人看來是否聰明,所以,很多孩子會努力表現得使自己看上去聰明,至少他們會避免讓人覺得自己很愚笨。若體現在學習生活中,則表現為:他們以表現自我為目標,以取得一個漂亮的學業成績為自己學習的動力。他們渴望自己所學的知識和取得的成就得到周圍人的認可,這對他們的學習來說是一個巨大的鼓勵,這本是無可厚非的。然而,如果一個孩子過於

喜歡「表現自己」，過於在意別人對自己的看法，那麼，他（她）的表現反而會越來越差。這是因為：

◇ **過於強調「表現自我」，讓孩子的「注意力」變得狹隘**：為了更好地「表現自我」，為了考出好成績贏得別人的誇獎，他們往往只重視考試的內容，而忽視了學習是為了獲得知識，這在很大程度上束縛了孩子的注意力。在日常生活中，我們經常會聽到孩子這樣的「高見」：「媽媽，我要聽寫單字，因為老師考試肯定會考單字的，我不想看閱讀，這次考試沒有閱讀題。」這些以考試為出發點的態度局限了孩子學習的深度和廣度。為了應付學習，孩子會在一些自己已經掌握的內容上死纏爛打，把本該花在學習新知識上的時間和精力都低效地投入到了自己早已掌握的東西上。這樣，最後雖然考出了好成績，滿足了自己的虛榮心，可實際上，學習能力卻沒有得到提高。

◇ **過於強調「表現自我」，讓孩子變得患得患失，焦慮不安**：以「表現自我」為目標會給人帶來巨大的焦慮感和不安感。比如考試中，當孩子還在為某道難題苦思冥想時，就有一些同學交卷後，接二連三地走出教室，這時候，孩子就會緊張得坐立不安，難以集中注意力。這個時候，孩子注意力都集中到了別的同學身上，而不是試卷上。

渴望表現自我，希望讓人覺得自己聰明的學生，會長時間受這種緊張和焦慮的折磨。在課堂上，他們總是擔心老師忽然點自己的名，而他們卻不知道答案，這樣就不是把注意力集中到老師的講課內容上。他們的腦子始終承受著焦慮的重壓。他們很多時候都在擔心自己看上去是否聰明，而較少把精力投入到真正能使自己變得聰明的學習上。

◇ **過於強調「表現自我」的孩子會為了走捷徑，而作出一些錯誤的選擇**：比如，強調「表現自我」的學生，會使用一些「被動」和膚淺的

學習方法，比如抄襲、猜測，或者乾脆跳過難題；他們很喜歡走捷徑，或者只學習與考試有關聯的內容；在萬不得已的情況下，他們甚至可能選擇作弊。

總之，在學習過程中，當孩子想要表現自我的欲望過於強烈時，對孩子的學習乃至生活都是有害而無益的。因此，為了讓孩子真正學到知識，為了更好地提高孩子的學習能力，家長應糾正孩子的學習態度，讓孩子懂得學習應該以「學習知識為目標」，而不要以「表現自我」為目標，當學習成了個人表演秀時，孩子的學習能力無論如何是不可能提高的。

要引導孩子樹立正確的學習目標，家長要讓孩子明白，勤奮努力能使人變聰明，學習的重要性遠遠大於表現自我。在日常生活中，家長應做到這些：

✧ **激勵你的孩子**：我寧願你用心學一些有用的知識，得到85分的成績，也不希望你漫不經心地來回翻看你早就熟悉的內容，然後考出98分的成績。

✧ **告訴孩子**：你沒有考100分不要緊，重要的是，你知道自己哪些部分有遺漏，存在哪些不足。你可以從自己的錯誤出發，認真思考，直到真正掌握知識。這樣做比你考了100分還讓我感到高興。

當孩子拿著一張分數不高的考卷回家時，作為家長，不要過多地責備，而要鼓勵他弄懂做錯的題目，並且將沒來得及做的題目做完。孩子在思考、理解這些題的時候，他對知識的理解進一步加深了，而思考能力也進一步加強了。

✧ **鼓勵孩子**：不要只做那些能讓自己考出好成績的題目，而應該接受挑戰，做一些自己可能會出錯的題目，錯了不要緊，重要的是自己的能力是否得到了鍛鍊。

◇ **引導孩子**：要主動向人提問，不要擔心別人認為自己能力不足，也不必認為向人提問就顯示「自己比別人笨」。孩子只有跨過這樣的心理障礙，才能坦然地承認自己的不足，從而積極地向他人學習，以學到知識為自己的最終目標。

◇ **要求孩子**：對於自己不懂的地方，要反覆研究，多向老師和同學提問。要將自己所學的知識融會貫通，不要滿足於自己考了好的成績，就不再認真學習。

　　當孩子的學習目標不再是「表現自我」，而是「學習」的時候，孩子的學習能力也將不斷得到增強。

▍學習要有專注力和定力

　　小洲與小航是同學。小洲的成績不太好，上課恍神是家常便飯。通常是老師正在上課，他聽著聽著就胡思亂想起來，要知道，小洲曾經也是個要求上進的好學生，他對自己三心二意的狀態非常惱火。他發現自己的同學小航上課就特別專注，狀態也特別好，這是為什麼呢？

　　「專注」意味著專心致志，把注意力集中到一個問題上，完全鑽進去。要做到注意力高度集中，「專注」地做一件事情，也是需要方法的。有經驗的人，只要用幾分鐘到半小時就能進入注意力高度集中的狀態，而且這種狀態一口氣能持續幾個小時。而沒有方法，缺乏經驗的人，要達到這樣的程度是不可能的。比如，故事中的小航就屬於那種懂得專注的人，而小洲想專注，可苦於沒有辦法。因此，要想孩子「專注」地學習，家長應適時教給孩子「專注」的方法。

　　那麼，家長應教給孩子哪些專注的方法呢？以下是專家的建議：

清理桌面

這個方法非常簡單，也就是讓孩子在上課或者在家中複習功課的時候，將桌子上那些與自己學習內容無關的其他書籍、物品全部清走，不讓它們停留在自己的視野裡，以免讓自己心存雜念。這是一種空間上的處理方式，是訓練孩子專注的最初階段的一個必要手段。如果孩子一坐在書桌前，就能把與自己此時要做的事情無關的內容置之腦後，這就是高效率。

保持「適度地緊張」

過於緊張容易導致情緒焦慮，但過度散漫無疑會耗損寶貴的注意力。而保持適度的緊張感則往往能夠讓注意力集中起來，提高辦事效率。

從醫學角度來看，適度的緊張可以增強人類大腦的興奮程度，提高大腦的生理功能，使人思維敏捷，反應迅速。而且，當一個人處於適度緊張的生活或工作狀態時，心臟就會增強收縮以排出更多的血液來供給全身器官組織的需求，血管舒張、收縮功能也隨之改善，帶動人體各方面機能的發展。簡單來說，適度的緊張，會讓人體進入一種興奮狀態，這種興奮會刺激我們懶惰的頂葉皮層，促使它延長工作，讓人可以持續地在長時間內集中注意力。

因此，家長應告訴孩子，要想做到上課集中精神，就應該讓自己保持適度的緊張狀態，不要過於放鬆。例如，不要靠在椅背上聽課，不要趴著聽課，過於鬆懈、放鬆的狀態不利於專注。

給自己集中注意力的心理暗示

有的孩子對自己上課不能集中精神倍感著急，自己也想專注聽講，但就是會不由自主地分心。實際上，這是潛意識消極暗示的結果，總是在

第四章　學習力—未來人才的第一競爭力

心裡對自己說：「我怎麼就集中不了精神呢？」結果就真的集中不了；相反，如果告訴自己：「上課了，我要集中精神了！」那麼，就可能很快地進入狀態。因此，家長應教孩子多給自己積極的心理暗示。

積極行動

當老師開始講課了，有的孩子還沒找出來書本，在這樣的狀態下讓他快速集中注意力是不可能的。注意力有賴於積極行動的引導，鈴聲一響就應回到座位上，並立刻找出本節課要用的書和資料，迅速看一下老師要講的內容，哪些是重點，哪些自己理解有困難，這些問題會促使孩子專注起來，在老師開講後便能全神貫注地投入學習。

把注意力集中在老師身上

若是在課堂上，能快速收起玩心、集中注意力的最簡單方法就是讓孩子的注意力快速集中在老師身上，讓老師牽著孩子的精神走，隨著老師的講授思考，自然而然就進入到了專心學習的狀態中。尤其是某些授課風格幽默的老師，更容易吸引孩子們的注意力，而對於孩子們來說，這無疑是個不用費太多力氣的好辦法，值得一試。

適當的壓力

我們常說「化壓力為動力」，這是有道理的，完全沒有壓力的狀態，勢必帶來散漫；適度的壓力，則會帶來高度的注意力。如果孩子習慣上課聽 60%，家長可以拜託一下老師，多給孩子一些課堂提問；又或者，在孩子做家庭作業時採取一些監督措施。

讓孩子多做一些有時間限制的事情

在一定時間內，快速完成一件事，對精神集中狀態要求極高，這是很好的提高注意力的方法。這裡給家長介紹一種在心理學中用來鍛鍊注意力的小遊戲。在一張有 25 個小方格的表中，將 1 ～ 25 的數字打亂順序，填寫在裡面，然後以最快的速度從 1 數到 25，要邊讀邊指出，同時計時。

研究顯示：7 ～ 8 歲兒童按順序找到每張圖表上的數字的時間是 30 ～ 50 秒，平均 40 ～ 42 秒；正常成年人看一張圖表的時間是 25 ～ 30 秒，有些人可以縮短到十幾秒。家長可以幫孩子多製作幾張這樣的訓練表，每天訓練一遍，相信孩子的注意力一定會逐步提高。

教孩子不要在難點上停留

很多時候，孩子對自己理解的事物、有興趣的事物，會比較容易集中注意力。反之，如果缺乏興趣且又缺乏足夠的了解，就有可能分散注意力。

因此，家長應該引導孩子在遇到自己不理解的問題，即難點時，不要有過多的停留，這一點不懂，沒關係，接著聽老師往下講，慢慢地就會理解了。如果還是不理解，等課後再請教老師也不遲。如果這個時候就被難點擋住，進而對之後的內容望而卻步，就不可能做到專心致志。

要靜下心來

靜下心來是學習的第一步，也是成功的第一步。良好的學習定力從「平靜的心」開始，只有靜下心來，孩子才能專心致志地學習，也才有可能學而有效。

按照自己喜歡的方式學習

強迫只會換來抵抗，學習如此，做其他任何事情都是如此。一個長期做自己不喜歡的事的人，會感到壓抑和不快，而且會越來越討厭這樣做。相反，如果是做自己喜歡的事，則不僅會在當時感覺愉快、舒心，而且還會越來越喜歡做這樣的事。因此，作為家長，只有尊重孩子，尊重孩子的意願，讓孩子按照自己喜歡的方式學習，孩子才能對學習產生興趣，才能學到知識，獲得好成績。這正是我們每位家長與孩子共同期望的結果。具體地說，家長應做到以下幾點：

家長應了解適合孩子的學習方式

每個孩子都有自己獨特的學習方式，這種方式能使他們學得更快更好。比如，有些孩子在比較自由的情形下更容易獲得最佳學習效果，他們不喜歡墨守成規，而是喜歡多一些自由選擇的機會，如自己決定學什麼、從哪開始學等。而另一些孩子在按部就班的情形下學習效果最好，他們需要老師或家長告訴他們每一步該怎麼做。因此，家長應了解適合孩子的學習方式，並加以引導。這樣，才能讓孩子取得良好的學習成效。

關注孩子的喜好

家長應該了解孩子，了解孩子的成長變化，包括內心世界，生理發育，社會活動，人際交往及各種適應能力。給孩子提供必要的心理援助和精神支持，讓孩子順其自然，因勢利導，形成趣味型特質和快樂型學習風格。

教育孩子的過程要像軍事化訓練一樣，整齊有序，統一標準，統一行裝，它要順乎孩子心理發展的運動軌跡，關注屬於孩子自己的天賦。我們要知道孩子喜歡什麼，需要什麼，他在想什麼，哪種方式是他成長的最佳

方式。使孩子在玩耍中獲得樂趣，獲得經驗，獲得成就感和滿足感，體驗喜悅和快樂。在邊學邊玩的過程中釋放疲勞，疏導心理，以良好的心態積極主動地投入和承擔某種活動。在學習中，他能將玩樂時的方法、思維集中起來變成學習樂趣，激發學習興趣，形成自樂而得，得而自學，學而自樂的特質，這是孩子形成獨立人格，自主學習的良好方法。

讓孩子選擇自己喜歡的學習方式

在生活中，我們往往會有這樣的發現：有些孩子用這一種方法會學得更好，有些孩子則用另外一種方法會學得好一些；有些孩子在一個人閱讀的時候記得又快又牢，一旦被人影響，就沒有辦法安心學習、閱讀，而有些孩子在團體中則更容易使自己融入學習中，從而高效學習；有些孩子喜歡坐在椅子上學習、看書，而另一些孩子則喜歡在樹蔭下，靠在樹幹上閱讀才能心平氣和……

這些學習方式中．哪一種才是最好的呢？答案不是絕對的，只要是孩子最喜歡、最適應的，就是最好的。因為，學習是孩子個人的行為，家長要做的，就是尊重孩子的個性發展，注意培養孩子自主學習的意識，讓孩子用自己所喜歡的方式去掌握學習技巧，合理分配時間和精力，形成獨特高效的學習風格。

引導孩子利用自己喜歡的學習方式

學習最重要的技巧，就是善於利用自己最喜歡的方式。如果孩子只知道循規蹈矩、按部就班地照著那些所謂「最好的」學習方法來學習，效果可能會更差。同時，家長還應該讓孩子知道，在平時的學習中不要一味尋求最好的學習方式，只要是孩子喜歡的就是最好的。比如，孩子喜歡看電影、電視，就讓孩子從影像資料中學習；如果孩子喜歡看報紙雜誌，那就

讓孩子從閱讀中學習。但必須牢記一條：這種辦法一定要和孩子所學的課程有連繫起來。

力求學習活動的多樣化

多樣化、現實的、有趣的、指導性的學習活動已成為孩子學習的重要內容。家長應培養孩子的主動性，讓孩子感覺學習是件快樂的事情，在學習中樹立起主人翁的地位，從而愛上學習，取得高效的學習效果。

此外，還要告訴孩子，不要盲目追求那些所謂的「快速學習法」或「超級學習法」，因為，最重要的學習技巧，就是善於利用自己最喜歡的模式。只有利用自己感覺最合適、最有興趣的方法學習，才能把自己從學習中真正「解放」出來，才能讓孩子極大地提高學習效率，取得好成績。

養成獨立學習和思考的習慣

在孩子學習的過程中，家長們常常產生這樣的矛盾心理：一方面要求孩子自覺主動地學習，對待學習和生活中的問題要自己想辦法解決；另一方面卻對孩子沒有信心，擔心孩子在沒有家長監督的時候做小動作，怕孩子不能解決問題，因而就想方設法幫助孩子。

獨立學習和思考是孩子是否具備良好學習能力的一個衡量標準。一個離開他人的幫助就沒有辦法學習和思考的孩子，是沒有學習力的。因此，家長應該信任孩子，讓孩子從小學會對自己負責，養成獨立學習和思考的習慣。事實上，充分地信任孩子，讓孩子獨立學習，不但能培養孩子獨立分析和解決問題的能力，還能培養孩子的專注力，穩定心態。

在日常生活中，家長應有意識地培養孩子獨立學習和思考的習慣，而不是直接干涉孩子的學習過程。建議做到：

讓孩子獨立完成作業

不管孩子提出什麼理由或藉口，當天的作業必須讓孩子當天完成。孩子做作業遇到困難，家長只能給予講解和啟發誘導，鼓勵他自己克服困難，找到答案，絕不能包辦代勞。

不要打擾孩子的專心

孩子專心在做某一件事時，不要打擾他。第一件事還沒完成之前，不要叫他做第二件，也不要讓他做太多或做一些超乎他能力的事，否則，孩子在匆忙、心急的情況下，很容易養成放棄的習慣，怎會有始有終呢？

讓孩子獨立去思考、去判斷

要培養孩子的獨立思考能力，就要提供一些機會讓孩子獨立去思考、去判斷什麼是對，什麼是錯，什麼應該做，什麼不應該做。一個人的與眾不同有許多表現，其中最有意義的方面在於能夠展示並表達其獨具特色的思想。一個成功人士，也許有多方面的建樹，但最引人注目的應該是他那極具個性的思想，以及獨立思考與判斷的能力。能否全面而深入地思考問題，決定了一個人思維的深度和廣度，也決定了結論的正確與否。

美國物理學家雷恩沃特（Leo Rainwater）小時候非常善於思考，他能夠從其他人熟視無睹的事物中想到一些更深層的問題。

雷恩沃特上小學的時候，在一次語文課上，老師問道：「同學們，你們說 1 加 1 等於多少？」

「等於 2」，同學們異口同聲地回答。

只有雷恩沃特若有所思地看著老師，沒有回答。

老師感到疑惑，就問他：「雷恩沃特，你怎麼不回答呢？難道你不知

道這個問題的答案嗎？」

雷恩沃特想了想，對老師說：「老師，我不是不知道 1 加 1 等於 2，可是，您為什麼要問我們這樣一個簡單的數學題呢？您是不是有其他的答案？」

聽了雷恩沃特的話，老師感到非常高興。因為，老師提這個問題的目的被雷恩沃特言中了！老師微笑著對大家說：「同學們，雷恩沃特說得沒錯。從數學的角度來說，1 加 1 等於 2，但是，從其他角度來說，1 加 1 未必等於 2。就像我們今天要學的這篇文章裡所說的，兩個人互相幫助，兩人的力量就大於單個人力量之和。所以，我們要互相幫忙，互相關心，做個樂於助人的人。」

在鼓勵孩子獨立思考方面，家長有很多事情可以做，最簡單的就是傾聽孩子敘述自己的想法。儘管孩子的想法常常是天真、幼稚，甚至可笑的，但家長一定要按捺住想糾正他的衝動，而抓住他談話中有趣的、有道理的論點，鼓勵他深入「闡述」，讓他體驗思考的樂趣，增強自我探索的信心。

讓孩子掌握學科的自學方法

家長要讓孩子對自學產生信心，可根據孩子的狀況，找出孩子學習的強項和弱點，透過制訂計畫和指導孩子掌握學科學習方法，教孩子學會自學。

小華的英語成績不是很好，總是在 70 分上下徘徊，在單科成績裡算是中下水準。他的其他成績還不錯，但是總分平均下來，連前十名都進不了。

媽媽對他這一科目也很擔心，於是幫助小華制訂了學習英語的計畫，又幫他找了幾種改進薄弱學科的方法。在媽媽的鼓勵和監督下，小華的英

語成績有了很大提高，總體分數也提高了許多。

在孩子遇到問題，又沒有多少主動性的情況下，家長應該幫助孩子找到自學的方法，讓孩子按照方法去做，等取得成效後，孩子就有了自學的經驗，也就能解決以後遇到的問題了。

陪孩子討論難題，按思考的點打分數

家長可以陪孩子一起討論難題，孩子只要想出了一個角度或者一個步驟，都要給予加分。這樣可以鼓勵孩子從不同角度思考問題，明白只要多思考一點，就離成功近了一步。

給孩子一個機會，讓他在嘗試中獲得經驗，並學會運用已有的經驗解決問題。這種經驗對於孩子來說，可能是成功的，也可能是失敗的，但這些經驗卻會在他今後的生活中起重要作用。因此，家長如果要鍛鍊孩子解決問題的能力，就應該更多地為孩子提供體驗的機會，讓他們自己去面對各種問題，時間長了，機會多了，他們就學會了解決問題的方法。

對孩子的進步多給予表揚

當孩子做出一些良好的行為或比以前有進步的行為時，如做作業比以前專注、小動作比以前減少時、獨立解決了一道難題等，家長都要給予表揚、獎勵（可以以喜歡他、關懷他作為表揚，可用孩子非常喜歡的活動作為表揚，也可用他喜歡的東西作為表揚）。多注意孩子的長處，多表揚他的優點。

總之，孩子的學習能力是培養出來的，只要家長注重培養孩子獨立學習和思考的習慣，孩子一定能夠成長為人格獨立，有良好思考能力，善於學習的人。

第四章　學習力—未來人才的第一競爭力

▎培養孩子的自學能力

所謂自學能力，就是孩子不依賴教師、家長，透過獨立學習、鑽研而獲取知識的能力。對於孩子來說，自學能力的培養意義重大，它不但能讓孩子更加主動地學習，而且能讓孩子的學習變得更加輕鬆和有效。

自學能力包括以下幾個方面：

利用課本資源的能力

利用課本來學習，這似乎是最起碼、最「土」的學習方法，按理說應該人人都懂的。然而現在有不少孩子或者一天到晚看參考書，做怪題、難題，把課本丟在一邊；或者沒有掌握使用課本的技巧，書讀了好幾遍，可都是囫圇吞棗，書中的重點卻一點也沒有掌握；或者拿起課本只知道用眼睛看，卻不懂得用心去思考……以上這些都是孩子在使用課本時的錯誤習慣。要想避免孩子養成這種錯誤地使用課本的習慣，家長們應該引導孩子用好「課本」資源。做到：課後不要急於做題，而是要先看一遍書，邊看邊回憶課上老師所講的內容，對照筆記，抓住重點，把書上的內容釐清，進一步弄懂不理解的問題，記住一些必需的概念和公式。這樣，做題時就用不著做一道題，翻一次書了。

預習的能力

「預習」即孩子要在老師上課之前把學習的內容預先溫習一遍。預習讓孩子連繫以前的知識，發現新問題，思考怎樣解決問題，能把自己理解不了的問題帶到課堂上更好地聽老師講解。這樣既能培養孩子的自學能力，又能提高孩子聽講的興趣和效果。要做好預習工作，家長應讓孩子掌握好預習的步驟和方法。

◇ 課前運用工具書看注釋，整理閱讀或理解的字、詞等一般障礙。

◇ 找出本堂課所學知識的重點和難點，並根據已掌握的知識展開聯想。動筆用不同符號畫出重點和難點。重點對知識的銜接記憶和複習有益；難點清楚，就會打好有意定向注意的基礎，可以有針對性，集中精力予以突破。把自己對知識的理解和產生的聯想，用簡單的詞語或圖示，寫或畫在書的空白處，透過教師的講授或同學的回答印證自己的理解、體會。

◇ 看相關課外書籍，查閱有關資料，以達到對知識的深入理解、融會貫通，提高文化素養的目的。

值得注意的是，預習要掌握好「度」，一般來說，預習時間不宜超過20 分鐘。對於難點，不要費很多時間去突破，帶著難題上課，課堂上教師一點就通，可能很快就解決了。

複習的能力

一個人要做到把課堂上所學的知識全部掌握下來是很困難的，因此，必須透過課後複習進一步鞏固所學的知識，才能將其牢牢地印在心中。對於孩子來說，課後複習能加深他們對所學知識的印象，幫助他們記憶。此外，課後複習還能夠幫助孩子儘快彌補不足，激發靈感，梳理知識的鏈條，形成系統，為學習新知識奠定基礎。因此，家長應讓孩子養成複習的習慣。

一般來說，課後複習應遵循這樣的步驟：

◇ **嘗試回憶**：嘗試回憶，就是讓孩子做到獨立地把老師上課所講的內容像在頭腦中放電影一樣再回顧一遍。也就是說，課後不妨考一考自己：今天老師主要講了幾個問題？有哪些已經搞懂了？哪些不懂？

哪些不完全懂？這樣做可以及時檢查當天聽講的效果，提高記憶力，增強看書和整理筆記的針對性，養成善於動腦思考的習慣。

✧ **回歸課本**：看教科書時，要根據前面回憶的內容，特別注意當時想不起來、記不清楚或印象模糊的部分。同時，可用記號筆把書上的重點部分、新概念或容易忽略的部分勾畫出來，並在書的四周空白處記下簡要的理解，高度概括課本的內容以及有利於記憶、帶提示性的語句，以便日後複習時，能快速抓住要點，回憶起關鍵內容。

✧ **精讀教材**：所謂熟能生巧，反覆閱讀的目的就是透過熟讀而達到對內容的理解。對學習內容理解得越深越透，作業就會做得越快越好，越節省時間。精讀教材，既要全面，也要突出重點。對課堂上沒有完全理解的問題更要作為重點來看，直到弄懂為止。如果孩子掌握學校的功課比較吃力，父母也可以在家裡幫助他。有時，幾分鐘就可以把一個問題解釋清楚；當然有時候家長需要預先做一些準備。

✧ **整理筆記**：筆記不僅包括課堂筆記，還包括預習時發現自己不太理解或已經忘記的舊概念、定理、公式、生字、句子，以及聽課或看書時發現的問題，對某個觀念的聯想、感悟等。這些都要做好整理，理清思路。整理筆記的過程既是重溫課堂內容，也是整理思路，提出看法的思考過程。

✧ **看參考書**：在把課本知識弄懂弄通，整理清思緒後，為了加深對課本知識的理解和延伸，可選擇一些好的參考書看看。

✧ **做練習、作業**：當孩子完成了以上五個複習步驟後，家長可以引導孩子在已經把所學知識內化了的基礎上，動筆做練習。做練習是為了鞏固所學的內容，為了能夠活學活用，舉一反三，做練習時既要強調掌握基礎知識，也要注意訓練孩子的各種能力。

以上幾個步驟是課後複習的一般過程。只要孩子能夠堅持按照這些複習步驟，持之以恆地進行複習訓練，對促進學業成績就能有很大的幫助。

做筆記的能力

「最淡的墨水勝過最好的記憶」這句話就道出了做筆記的重要性。做筆記是學習的一種好方法，能夠幫助孩子更好地理解老師講解的內容。記筆記不僅有助於集中注意力，活躍思維，克服頭腦中的記憶和儲存的局限性，更重要的是，記筆記還能夠防止遺忘，累積資料，便於今後的複習和鞏固。

筆記如何做？記什麼？筆記一般記以下幾類內容：第一，規律、定律、準則等總結性的東西。第二，典型例題和重點知識的詳解。第三，解題技巧，自身理解和容易犯的錯誤。筆記如何使用？可以在課後用作複習，也可以在考前用作複習，也可以在預習的時候和課後穿插著看。總結和歸納好的筆記，就是濃縮的精華。

使用工具書的能力

有學者認為：從某種意義上說，知識就是知道怎樣去學習，怎樣去查找，怎樣去運用工具書。也可以這麼說，能正確、熟練地使用工具書，知道自己所需要學的東西在哪裡，這就是知識。

在日常生活中，很多孩子讀書看報時，總習慣向家長問這問那，而家長們如果總是對於孩子的問題有問必答，勢必沒有辦法讓孩子養成自己使用工具書的習慣。所以，專家建議家長應把解決問題的途徑告訴孩子，讓孩子自己透過查閱工具書獲得答案。例如，家長可以問孩子：「你查過了嗎？」或者回答他說：「我記得在某某字典上說得很清楚，你自己去查一查。」等孩子發現依靠自己查詢工具書可以解決學習上的疑難問題後，慢慢地，他就會養成積極查閱工具書的習慣。而孩子的學習能力也就隨之增強了。

▌「學習」不僅僅是學「課本」

說起學習，大多數人會想到「課本」，很多人甚至認為，學「課本」才是學習，讀課外書是「不務正業」。為了讓孩子能夠專心「學習」，家長們把孩子的課外書沒收了，取而代之的是厚厚的練習冊、複習題。在家長們和老師們的「控制下」，有些小學確實有這樣一種現象，一些孩子從來不讀課外書，考試成績很高，而一些孩子經常讀課外書，可他們在考試中並沒有顯出優勢。這就更加堅定了家長們的看法：讀課外書是無用的。

可是，讀課外書真的無用嗎？無數名人成才的故事告訴我們，家長只重視眼前小利，只重視孩子的學業成績，而不拓展孩子學習的廣度的做法是錯誤的。

縱觀古今中外，我們不難發現，但凡有傑出成就者，無一不是博覽群書、學識淵博、才智過人的人。我們無法想像：諸葛亮如果沒有廣泛閱讀的習慣，何以知天文、曉地理，戰勝心懷妒意的周瑜；魯迅如果不是博聞強識之人，又怎麼可能執筆為匕，化文字為力量，點燃意欲改變黑暗現實的年輕人的心火？正是廣博地閱讀鍛鍊了他們的心智、開闊了他們的視野、陶冶了他們的情操，使他們思維敏銳，能力突出。

因此，家長們應糾正「學習就是學課本」的錯誤想法，讓孩子從「題山題海」中掙脫出來，讓孩子從狹隘的課本視野中突圍出來，培養他們的閱讀能力，鼓勵他們廣泛吸收課外知識和資訊。只有這樣，孩子才能擁有學習的後勁和潛力，也只有這樣，孩子才能更通曉事理，更熱愛知識。

對於孩子而言，「閱讀」的好處具體體現在：

✧ **閱讀能彌補個人經驗的不足，增添生活感受**：透過閱讀，可以把孩子引入一個神奇、美妙的圖書世界，使他們的生活更加豐富多彩、樂趣

無窮。同時，閱讀還能讓孩子學到課本上學不到的知識，獲得長遠的知識效益。一本好書，就是一個好的老師，不僅讓孩子學習到更為廣闊的書本知識，更重要的是，還可以讓孩子從書中獲得人生的經驗。對孩子來說，不可能事事都去親身體驗，書中的間接經驗，將有效地彌補孩子經歷的不足，為孩子的學習和生活增添新的感受。

✧ **閱讀能豐富孩子的想像力**：孩子在上學的時候想像力是最豐富的，而想像的過程又是孩子對大腦中已經存在的表象進行加工改造形成新形象的過程。因此，想像的產生離不開表象的累積，表象的累積又多來源於文學作品。一般來說，孩子可以從文學作品中累積各種各樣的人物形象和景物形象，孩子的表象累積越快、越多，想像也就有了越豐富的原料，聯想起來就越容易。因此，閱讀書籍可以大大提高孩子的表達能力，而文字沒有固定的形象，孩子在閱讀時，可以充分展開想像的翅膀，這也就是我們常說的「一千個讀者心中有一千個哈姆雷特」。

✧ **閱讀能提高孩子的語言表達能力**：孩子只有多讀書，才能讓自己的語言逐漸累積起來，才能擁有豐富的語言，才能提高口語表達能力和作文能力，才能出口成章。教育家說過：「小學生今天寫作文，其實就是綜合地表達他今天以前的知識、思想、語言等方面的累積。」這很明確地指出寫作與累積的關係：閱讀多了，累積也就多了，作文的表達也就強了，語言自然也就豐富了。這些都要歸功於閱讀，因為孩子書讀得多了，就會把讀過的知識內化為自己的語言，隨著閱讀量的增加，他的語言累積也就會越來越豐富，下筆自然也有「神」了。

總之，廣泛地閱讀是孩子成才的必經之路，是孩子累積知識、培養能力和增強素養的最佳手段。因此，家長應給孩子創造廣泛閱讀的機會，培養孩子閱讀的能力。以下是具體的辦法：

第四章　學習力—未來人才的第一競爭力

家長要言傳身教

　　父母的讀書興趣對孩子有著潛移默化的影響，那些音樂世家、書香門第等正是這樣產生的。實際上，興趣教育比強迫孩子去做連家長自己都不感興趣的事更容易，效果也要好得多，所以，培養孩子讀書的興趣，父母的言傳身教至關重要。

　　所謂「言傳」，就是盡可能早地讀書給孩子聽並養成習慣。因為要培養孩子讀書的興趣，就得把書的魅力展示給孩子，就像要讓孩子吃梨，得先讓他看到或嘗到一樣。隨著孩子年齡的增長，還要在讀完書後進行思想引導，如：

　　「書可以給我們打開一扇窗，讓我們發現另一個美麗的世界。」

　　「世界上誰的力量最大？有智慧的人。有智慧的人是無法戰勝的。那智慧從哪裡來？從書裡來。」

　　「將來我們都會變老，無論長得美的醜的，老了大家都差不多，不同的是什麼呢？用一生累積智慧財富的人，也就是一生都在讀書的人，即使老了，也是美的。」

　　在思想引導之後，孩子自然會更喜愛讀書了。

利用孩子的好奇心誘導孩子與書交朋友

　　6歲的楓楓好奇心很強，對什麼都有興趣，無論走到哪裡，他都喜歡這裡摸摸那裡看看，然後問別人，「這是什麼？」「為什麼會這樣呢？」他一天有一千個為什麼！

　　一天，媽媽帶他到動物園去玩，他這裡看看，那裡摸摸，一雙好奇的大眼睛忙碌個不停。

　　「獅子吃蛇嗎？」

「企鵝為什麼生長在寒冷的地方？」

楓楓的媽媽微笑著告訴他：「你問的這些問題書上都有，等我們回家以後去查查這些問題好不好？」

回到家後，楓楓迫不及待地要求媽媽給他拿書看。媽媽拿出有關動物的書給楓楓看，楓楓高興極了，「哇！裡面有這麼多動物呀！」書上的動物圖片使楓楓看得入了迷，他一邊看，一邊要媽媽讀書上的文字，楓楓就這樣開始了讀書識字。以後，他只要在外面看到什麼，聽到什麼，就要媽媽給他找有關的書，不知不覺中，楓楓讀書的興趣越來越濃了。

孩子好奇的提問是一種借助成人的力量對周圍環境進行認識上的探究行為，是孩子求知的萌芽。這個時候，家長可以抓住孩子好奇的契機，讓孩子去讀書，透過讀書尋找答案，慢慢地，孩子的讀書興趣就培養起來了，其探索的興趣亦會越來越濃厚。一個喜歡探索與求知的孩子，怎麼可能不愛讀書呢？

利用孩子愛聽故事的特點引起孩子閱讀的興趣

每個孩子都喜歡聽故事，特別是童話故事，因此，媽媽可以利用講故事來引起孩子的閱讀興趣。對孩子來說，故事無論講多長，永遠沒有結束。他希望媽媽永遠講下去。他們會經常問媽媽：「後來怎樣了？」、「白雪公主現在在哪裡？」這時，媽媽可以針對孩子的心理，先將故事講一半，在孩子急欲知道故事結局時，再藉此時機把書拿給他看。未知的故事吸引著孩子，促使他迫不及待地想看書。

為了讓孩子始終保持閱讀的熱情，家長不能急功近利。要盡量滿足孩子的閱讀要求，不要讓自己的世俗想法扼殺了孩子讀書的興趣。

另外，家長不能把讀書、學習看成是一種得到某種榮譽的途徑和工

具，而應把它作為生活的一部分、生命的一部分。這樣，才能用正確的心態教孩子去閱讀。

引導孩子把閱讀作為一項消遣活動

在輕鬆的氛圍下，家長可以跟孩子一起看有趣的漫畫書，談論書上的內容。也可在外出時，帶上一兩本書，在公園裡，在郊外，在河邊，在清新的空氣下，在鳥語花香的環境裡，與孩子一起讀上幾段。

善於利用時間

愛因斯坦認為，人與人之間的最大區別就在於怎樣利用時間。因為每個人對時間的處理態度、安排內容、使用方式不同，所以，他們的收穫也就不同。善於管理時間的人，能把一分鐘變成兩分鐘，一小時變成兩小時，一天變成兩天，能用有限的時間做很多事，最終換來了成功。而不懂得管理時間的人，就只能任光陰虛度。

生活中，不善於利用時間的孩子有很多。比如，一些孩子在做功課時，沒有養成專注、集中精力的習慣，他們容易把本來一個小時可以完成的作業，拖到數個小時，並且越拖心裡越覺得膩煩，越拖越懶得學習、懶得寫作業，就越不能專心。因此，要想改變孩子做事沒有效率、不專心這一壞習慣，家長應從小培養孩子的時間意識，幫助孩子學會合理、有效地利用時間，做時間的主人。

一般來說，家長可以從以下幾個方面入手：

讓孩子認識「時間」，從小培養孩子的時間觀念

家長應該讓孩子從小就意識到「時間」是每個人都擁有的，但也是最易失去的資源。把握時間、珍惜時間，就是把握住現在，不浪費時間。

正反利用孩子的「大腦興奮階段」

珍惜時間，不等於說「學習時間越長越好」，不分晝夜，有張無弛，疲勞轟炸，只會導致神經衰弱，影響身體健康，學習效果自然也不會好。須知貪玩是孩子的天性，家長可以透過定期與孩子交流對「時間」的認識來準確了解其大腦皮質的最佳興奮時段。

每個人的最佳興奮時段都是不一樣的，比如福樓拜（Gustave Flaubert）習慣通宵寫作，有人喜歡挑燈夜戰，有人則早上詩興大發。家長可與老師配合，把一天中比較重要的學習任務在這一時段交給孩子完成，這樣花較少的時間可以完成較多的工作，讓孩子產生一種有效利用時間的成就感。與此同時，有意識地將孩子「玩」的時間擠在大腦皮質的興奮處於抑制狀態的時間段，長期如此，會讓孩子產生出一種「玩原來也這麼沒勁」的心理，從而在一定程度上截斷其貪玩費時的心理路徑。培根（Francis Bacon）說得好：「合理安排時間，就等於節約時間。」此種方法亦有功效，而且長此以往還能促使孩子培養一種高效利用時間的習慣。

利用榜樣的力量

曉波剛上小學的時候，沒有時間觀念，在時間的分配上，沒有太多的輕重緩急之分，經常是玩累了，才想起還有遺留的作業沒有完成。爸爸媽媽經常督促他，但效果也不明顯。

後來，爸爸媽媽發現曉波喜歡和一個比他大幾歲的小哥哥一起玩。可是這個小哥哥很自覺，如果他沒有做完作業，哪怕曉波打電話約他出來玩，他也會斷然拒絕。曉波的媽媽趁機因勢利導，用讚賞的話語誇獎那個小哥哥懂事、有時間觀念，輕重緩急分得清。

從那以後，曉波漸漸有了時間觀念，不再像以前玩起來什麼都不顧了。

可見，要想孩子學會珍惜時間，做事有效率，家長應該清楚孩子的喜好，只有了解孩子，才能更好地教育孩子。比如，曉波的爸爸媽媽就是利用孩子的榜樣作用達到了教育的目的。

採用獎勵制，促進孩子有序安排

田田三年級以前，放學回家後，經常先看課外書或玩，然後看喜歡的電視劇。電視劇看完後吃晚飯，晚飯後再做作業。這樣有兩大弊端：一是當作業較多，同時身體疲勞的時候，導致做作業不能集中精力；二是不能促進他提高學習效率，使得他做事拖沓、品質不高。

從三年級開始，媽媽要求他放學後，抓緊時間獨立完成作業。晚飯後再完成需家長配合的作業，比如聽寫、背誦等。晚上9點睡覺前，多餘的時間可以自己安排，比如看電視、上網等。而且，每星期都會根據他的表現給予獎勵，比如，一週內，如果每天表現都很棒，週末就帶他去吃一次肯德基。這樣一來，他的積極性一下子提高了很多。漸漸地，他做事情、做作業的效率提高了，基本上每天都能有一小時左右的時間可自由支配。

田田媽媽的做法無疑是值得大家效仿的，但有一點需要注意，那就是給孩子的獎勵不要過於頻繁。俗話說，物以稀為貴，分寸掌握得好，教育效果才會好。

好記憶也是學習力

記憶力是指人的大腦對經歷過的事物進行儲存和再現的能力。記憶能力的高低直接影響一個人的學習能力以及學習效率，可以說，記憶力是孩子學習的關鍵因素。掌握高效的記憶技巧和記憶方法，能讓孩子記東西更快，學習效率更高，這也意味著孩子的學習能力更強。

　　要強化孩子的記憶力，提高孩子的學習能力，家長能做的就是教給孩子記憶的方法。一般來說，每個人都有自己擅長的記憶方式，如有的人擅長視覺記憶，有的人擅長聽覺記憶，還有的人擅長混合型記憶，即各種感官並用的記憶方式……不管採取哪一種記憶方式，方法科學與否都將影響到其記憶效果。

　　對孩子來說，學習面臨最多的就是記憶問題，各個學科內容不同、特點各異，因而記憶的形式更是多樣化的。而孩子往往沒有經驗，需要家長教給他們一些科學的記憶方法，以幫助他們達到記憶的目的。

　　具體地說，孩子應該掌握以下幾種基本的記憶方法：

利用直觀形象進行記憶

　　小學生擅長具體形象記憶。直觀、形象的東西，尤其是視覺影像，容易給孩子留下深刻的印象。因此，如果能將孩子所要記憶的一些抽象的東西盡可能地與具體形象的東西結合起來，讓孩子在形象的基礎上進行記憶，記憶效果就會非常重要。

有意記憶法

　　有意記憶法是一種有明確的目的或任務，憑藉意志努力記憶某種材料的記憶方法。學生為了系統掌握各門學科的知識，必須進行有意的記憶。進行有意記憶，首先要有明確的任務，任務越明確，越能養成心理活動的積極因素，全力以赴地實現記憶的任務。任務越具體，記憶效果越好。

　　心理學家做過這樣一個實驗：先讓老師給同一年級兩個班的學生布置默寫課文的作業，並說明第二天要進行測驗。第二天的測驗結果顯示：兩個班的測驗成績差不多。測驗後，只讓甲班的老師告訴學生兩個星期後同樣的內容還要測驗一次，但不要複習；而乙班什麼也不通知。兩個星期

第四章　學習力——未來人才的第一競爭力

後，進行第二次測驗，甲班學生的測驗成績比乙班要好得多。這個實驗證明一個道理：只有明確記憶目標，才能有良好的記憶效果。另外，有意記憶需要意志力的參與。

聯想記憶法

聯想記憶法是利用聯想來增強記憶效果的記憶方法。美國著名的記憶術專家哈利·洛雷因曾說過：「記憶的基本方法是把新的資訊聯想於已知的事物。」

當一種事物和另一種事物類似時，往往會從這一事物引起對另一事物的聯想。而把聯想運用於記憶過程中，即把記憶的材料與自己體驗過的事物連繫起來，記憶效果就好。例如，在背英文單字的時候，可以大膽運用自己的想像，巧用想像加深印象，增強記憶效果。莉莉就是個善於想像的女孩，英文一直都學得很棒，下面，我們來看一下她是如何背英文單字的。

isolate（vt）使孤立、使隔離

註記：i（愛）+ so（如此）+late（晚）「當你發現你愛他時，已經晚了，他已娶妻，你只能孤立。」

campus（n）校園，大學教育

註記：camp（營地）+us（我們）「我們在大學校園裡露營。」
看看是不是很有意思？您不妨也鼓勵孩子試一試！

理解記憶法

理解記憶法，是指在積極思考、達到深刻理解的基礎上記憶事物的記憶方法。理解記憶是以理解事物為前提的。透過對事物的理解進行思維加工、分析綜合，弄懂事物各部分的特點以及內在的邏輯關係和該事物與以前知識

經驗之間的連繫，使之納入已有的知識結構中，以便保存在記憶庫裡。

　　簡而言之：先理解，後記憶。因此，理解記憶的全面性、牢固性、精確性及有效性，依賴於學習者對記憶事物的理解程度。

　　在孩子學習的過程中，有些學習材料是需要理解記憶的。如數學概念、定理、法則等，孩子在學習國文課文時，通常要介紹作者以及文章的歷史背景，其目的就是幫助學生理解課文。當然對於理解的東西，還需要不斷地重複才能記住。在重複的過程中，還需要使用有意記憶法。

精選記憶法

　　每個人每天接觸的資訊有很多，但這些資訊並不是都需要記憶的。要記的內容太多，大腦得不到休息，反而什麼都記不住。因此，記憶必須有所選擇，選擇那些最重要、最有意義、最有價值的資訊。精選記憶法是對記憶材料加以選擇和取捨，決定哪些資訊重點記憶，哪些資訊可以略記的一種記憶方法。

　　要將所有的教科書都背下來是不容易的，也是不現實的。讀教科書時，選擇教科書中哪些資料應該記憶很重要。有時候需要讀完一整段，甚至一篇文章才能知道哪些資料是重要的，哪些是無關緊要的。因此，不妨把整篇文章大略看一遍，不必急於把它背下來。這樣做一方面能幫助了解各段落間的關係，另一方面也增進了專注力。下一步才把注意力放在細節上，把整章的內容再看一遍。這一次慢慢看，並且仔細地讀。找出書中要表達的重點，將它畫線，或標注記號，以便記憶的時候能很快找到它們。但是不要把整篇文章的每一句都標注記號。畫的重點太多等於沒有重點，或者說還沒有找到重點。

分類記憶法

如果所要記憶的材料內容較多，您可以試著讓孩子將記憶的內容按一定的要求進行分類。實際上，分類過程本身就是一個理解和記憶的過程。

要記憶下列十種物品：貓、帽子、狗、時鐘、桌子、衣櫃、眼鏡、鸚鵡、鞋子和戒指。您可以讓孩子把上述十種物品先加以分類，如貓、狗、鸚鵡是動物；帽子、眼鏡、鞋子、戒指是穿戴在身上的東西；時鐘、桌子、衣櫃則是家裡的擺設。這樣一分類，記憶就容易多了！

限時記憶法

讓孩子在規定的時間裡背誦一些數字、人名、單字等，可以鍛鍊他們博聞強記的能力。比如，在 3 分鐘內，背誦圓周率 π 小數點後 30 位數字：3. 141592653589793238462643383279；在 2 分鐘內背誦十個陌生的人名等。

關於記憶的方法還有很多，這裡不可能一一詳述，還需要家長在實踐中發現並教給孩子。總而言之，將孩子引入記憶方法之門，讓他知道用有趣的記憶方法可以提高記憶力，促使他去探索、交流、創造適合自己的記憶方法，以達到提高記憶的目的，這些都是孩子提高學業成績的必要因素。

勤奮和努力也是一種學習力

勤奮努力是家長必須培養孩子從小就具備的一種特質，它能讓天資聰慧的孩子早日成才，也能讓天資稍遜的孩子同樣取得成功。所以，擁有勤奮的孩子，就擁有了幸福生活的源泉！猶太人教育孩子：勤勞的人，造物主總會給他最高的榮譽和獎賞；而那些懶惰的人，造物主不會給他們任何禮物。

勤奮和努力也是一種學習力

美國週刊《行列》中報導過這樣一個例子：

美國新罕布夏州的查維斯夫婦的 5 個孩子先後考入了著名的哈佛大學，其中大兒子馬蒂在哈佛大學讀了生物化學學士和電腦學碩士後，又在史丹佛大學讀完了醫療資訊學博士；大女兒安德列婭從哈佛大學畢業後，又在史丹佛大學獲得了電腦碩士和法律方面的學位。只有高中教育程度的查維斯夫婦認為，一個孩子擁有的知識多寡、取得的成就高低，完全取決於他的勤奮程度。

無數成功人士的例子告訴我們：在天賦、能力、機遇、勤奮、鬥志等成功要素中，排在第一位的一定是勤奮。一個人的成就與他所投入的時間、精力、勤奮程度是成正比的。即便一個人資質平庸，但因為勤奮，也一定能彌補不足。而一個人即便聰明，但如果不勤奮，也同樣一事無成。

我們的孩子今後無論走哪一條道路，只要有「勤奮」相伴，成功也將如影隨形。正如狄更斯（Charles Dickens）說的：「我所收穫的，是我種下的。」所以，如果你希望自己的孩子能有所作為，那就從現在開始在他的思想上撒下「勤奮」的信念和種子吧！

那麼，家長應如何培養孩子勤奮努力的特質呢？專家建議：

❖ **要嚴格要求孩子**：做事情，無論大小，都應該要求孩子認真對待，培養孩子做事情踏實、勤奮的習慣！如果孩子沒有勤奮的意識，就需要家長協助孩子建立起這種意識。並在孩子有所表現的時候給予孩子積極的肯定，讓孩子嘗到「勤奮」的甜頭！

❖ **對孩子循循善誘**：基於年齡的特徵，一般孩子的意志力都不太強，為了讓孩子養成勤奮的習慣，家長不妨採用循循善誘的辦法，有步驟地引導孩子去學習。

✧ **對孩子的要求要根據孩子的表現而提升**：孩子總是比較容易滿足於當前的成績，在取得優異成績後容易不思進取。這時候，家長應該及時根據孩子的表現而提出高一點的要求，讓孩子永遠有前進的方向和目標。

✧ **透過勞動培養孩子勤奮的特質**：勤奮不僅表現在學習上，還表現在工作和勞動上。當孩子走向社會後，他的勤奮就直接體現在工作中。因此，家長要有從小就透過勞動來培養孩子勤奮工作的好習慣。如平常讓孩子多做力所能及的事情，洗一洗自己的衣服等。

✧ **用立志激勵孩子勤奮**：俗話說：「有志者，事竟成。」如果孩子確定了明確的目標，樹立了遠大的志向，他就能夠用這個志向去激勵自己勤奮，從而實現自己的理想。所以，父母要多鼓勵孩子，與孩子一起立志！

✧ **重視孩子的勤奮教育**：從某種意義上說，孩子勤奮與否，與家長的教育與引導是分不開的，如果孩子一直都對成功缺乏欲望，對許多事情缺乏熱情，家長就應該檢討一下，自己的教育是否有以下的問題：

　· 對孩子的事情漠不關心，缺乏引導與教誨，認為勤奮與否只是孩子自己的事情！事實上，孩子的勤奮努力是需要得到家長的肯定的，如果家長能多站在孩子的立場上肯定孩子的用心，孩子將因為有家長的關愛，變得更加勤奮起來。

　· 要求孩子要勤奮，自己的態度卻過激，浮躁，急於求成！事實上，引導孩子勤奮，家長的態度要平和，要有一個階段性的進展過程！

　· 經常向孩子潑冷水，認為孩子再怎麼勤奮都沒有用，「天才」是自生自長的，自己的孩子這麼笨，勤奮是解決不了問題的！其實，這樣的想法是錯誤的，任何一個人，即便天資不聰明，但因後天的努力，他還是可以取得成績的。

‧ 自己貪玩，經常出去打麻將，看電視到半夜，每天上班都沒有精
  神……實踐證明，身教的力量勝於言傳，作為家長，如果自己的人
  生態度是鬆懈的，怎麼能教出一個勤奮的孩子呢？

總之，每個孩子的身上都深深地印刻著家庭教育的痕跡，因此，要想
孩子養成勤奮、努力的習慣，家長應給予孩子勤奮、努力的教育。

第四章　學習力—未來人才的第一競爭力

第五章
創新力 —— 孩子超越自我的能力

　　人的創新思想就像一粒種子，在醞釀階段時，是多麼平凡和不顯眼。如果把它放在合適的泥土裡，加入養分和水，讓陽光照耀著它，它就會發芽生長，成為動搖世界、影響眾生、造福萬物的神奇力量。

　　創新力是人最重要和最有價值的一種能力，一個孩子將來有多大的成就，關鍵在於他的創新能力如何。作為家長，培養孩子的創新力，就是培養孩子創新的意識、創新的思維、創新的態度等，對於孩子的發展具有重大意義。

第五章　創新力—孩子超越自我的能力

▎保護孩子的好奇心

好奇心是創新的推動力，是創新思維的萌芽。它可以激發人的興趣，開發人的潛能，使人能夠全身心地投入到創新活動中。

每個孩子都是富有好奇心的，在他們的頭腦裡充滿了十萬個「為什麼」：

「為什麼鳥會飛？」、「為什麼魚會遊？」、「為什麼太陽從東方升起，從西方落下？」、「為什麼時鐘會『嗒嗒』作響？」⋯⋯

因為這麼多「為什麼」，孩子會熱情探索，積極尋求答案。他們的思維也在好奇心的推動下開出絢麗的創造之花。

愛迪生（Thomas Alva Edison）從小就是一個好奇心很強烈的孩子，他總是不停地問爸爸媽媽一些讓人忍俊不禁的問題，如：

「為什麼颱風？」

「我為什麼不能像隔壁的阿姨一樣生小孩呢？」

「母雞可以孵小雞，我可以嗎？」

為了得到答案，愛迪生常常付諸行動，積極尋覓探索答案。

有一天吃晚飯的時候，媽媽到處找愛迪生，最後在場院邊的草棚裡發現了愛迪生。

媽媽見他一動不動地趴在放了好些雞蛋的草堆裡，就非常奇怪地問：「你這是幹什麼？」

愛迪生不慌不忙地回答：「我在孵小雞呀？」

原來，他想知道自己是不是也能像母雞一樣孵出小雞來。

類似的小故事還有很多很多，正是有了強烈的求知欲和好奇心，愛迪生的一生才有了無數的發明創造。每個孩子都是在好奇心的驅使下才會生

出探索與發現世界的熱情的，作為家長，我們應該讓孩子的好奇心不斷地向正確的方向擴張，使孩子探索、發現事物的興趣和精神得到更好的發展。

家長耐心地回答孩子的問題，時常參與孩子的活動，並且給予孩子正面的獎勵，都會使孩子的好奇心朝正面的方向發展；而斥責、處罰或無理地制止孩子，則會阻礙孩子好奇心的發展或將其引向負面的方向。因此，家長應該從以下幾個方面保護和培養孩子的好奇心：

提供孩子一個豐富多彩的認知環境

豐富多彩的認知環境，能讓孩子從中獲得新穎而神奇的感覺，使他對這個世界充滿嚮往。因此，家長應把孩子引向大自然。例如，在日常生活中，家長可以多帶孩子到野外走走，到大自然中觀察日月星辰、山川河流。春天可帶孩子去觀察小樹以及其他植物的生長情況；夏天帶孩子去爬山、游泳；秋天帶孩子去觀察樹葉的變化；冬天又可引導他們去觀察人們衣著的變化，看雪花紛飛的景象。父母可以和孩子一起猜雲彩的形狀會如何變化；聽鳥啼婉轉，猜唱歌的小鳥長什麼樣；為什麼螞蟻要搬家；為什麼向日葵總是朝著太陽等。

神奇的大自然可以容納孩子無窮而強烈的好奇，把孩子的好奇心變成對知識的渴求和探索。

抽時間多為孩子介紹周圍的世界

父母不管多忙，都應該盡量抽出時間給孩子介紹周圍的世界。孩子對周圍世界了解得越多，對世界的好奇感就越強烈。因為孩子的求知欲很強，在掌握一定的知識技能後，能注意到、接觸到的新事多，反而會大大

地激發孩子的好奇心。孩子喜歡做沒做過的事，喜歡玩新遊戲，並能從中表現出他們的創造力。因此，父母可在各種場合，盡量多給孩子介紹周圍的世界。

耐心回答孩子的每一個問題

　　孩子有可能會問一些家長認為非常幼稚可笑的問題，如：「種下穀粒到秋天就收到很多稻穀，如果我把小魚種下去，會收到很多小魚嗎？」對於這種問題，我們不能回答：「胡說，魚是不能種的！」或「你煩不煩，這種可笑的問題你也問？」這種斥責、嫌煩、拒絕的態度，都會使孩子感到失望。

　　我們可以這樣說：「嗯，這個問題真有趣……」然後再把原因和結果一一道來。親切地、不厭其煩地回答孩子提出的問題，會使孩子覺得自己有了了不起的發現。孩子好問，表示他在思考問題，善於發現問題，家長應當認真對待，給予支持，不要拒絕，這樣，才能培養孩子好問的積極性。

用書本知識誘發孩子的好奇心

　　對於大一點的孩子，可以用書上的知識來誘發他們的好奇心．讓它提高和激發孩子的好奇心。其實，孩子愛搞「破壞」屬天性使然，是其創造萌芽的一種體現。他們對各類陌生事物充滿新鮮、好奇，並身體力行，欲用自己的雙手探求這個未知世界。合理利用孩子的這種天性，多方引導、鼓勵，孩子的創造萌芽就會得到進一步深化。反之，老實文靜聽話的乖孩子，家庭雖少了「破壞」氣氛，大人安心，但孩子的天性被抹殺了，培養出的孩子多半循規蹈矩，缺少頭腦，依賴性強，因而泯滅了孩子愛動、好奇和勇敢，甚至是冒險的天性。

鼓勵孩子多動手

在動手的過程中，孩子會不斷地有新發現，他們的好奇心也會得到保持和發展。而且，孩子在動手的過程中，手的動作會在腦的活動支配下進行，這也是孩子觀察、注意等能力的綜合運用過程。同時，手的動作又能刺激腦的活動支配能力，促進觀察、注意等能力的發展。動手做事不僅可以激發和滿足孩子的好奇心，也是孩子成長發展的基礎，是開發孩子智力的基礎。

除此之外，父母還應該指導孩子實踐，如讓孩子自己收集各種種子，做發芽的試驗，栽種盆花；也可以飼養一些小動物。隨著孩子年齡的增長，可以啟發他們把看到的、聽到的畫出來，並鼓勵他們閱讀有關圖書，學會提出問題，學會到書中找答案。這樣，既滿足了孩子了解新事物的好奇心，又擴大了他們的知識面。這無疑為孩子的創新，創造了前提條件。

▌會想像才會創新

所謂「想像」，就是利用以往的感知材料，經過改造和組合創造新形象的過程，它不是表象的簡單再現，而是對表象的誇張、拓寬和昇華，是對表象理想化的改造。

每個孩子天生都是幻想家，在他們幻想的世界裡，蝴蝶會唱歌，花兒會跳舞，太陽是藍色的，河流是紅色的，自己是無所不能的大俠、是飛行員、是火車司機……對於孩子天真、浪漫的想像，很多大人往往會一笑而過，認為只有不切實際的孩子才有這樣幼稚、無知的想法。其實，過於務實的人是不可能產生想像，也不懂得創新的，只有保持一份天真、一份爛漫、一份暢想遨遊的無拘無束，才能突破現實的框架，創造出新的事物。

第五章　創新力—孩子超越自我的能力

正因為如此，有人說，想像是創造之母，它能推動世界進步。

幼兒時期是孩子想像力最為豐富的時期，也是培養孩子想像力的關鍵時期，家長要抓住這一時期，訓練孩子的想像力，培養孩子的創新意識。

家長應豐富孩子對表象的認知

想像能力的高低與孩子視野是否開闊有關。孤陋寡聞的孩子缺少實踐的機會，想像力必然受到影響。因此，從孩子幼小時起，家長就應該盡可能多地帶孩子走出家門，開闊孩子的視野，以便孩子頭腦中累積大量的真實事物的形象。

公園、遊樂場、鄉間田園等都是擴大孩子觀察範圍的地方，父母要多擴展孩子的活動空間，讓孩子在優美的自然環境中遊戲、玩耍，帶他們走訪名山大川，看河畔落日、秀山麗水的自然風景；帶他們到名勝古蹟、主題公園參觀、訪問、遊戲等，讓美麗的自然景色和人文景觀陶冶孩子的性情和情操，以便提高他們的審美能力，啟動孩子靜態的想像思維。

此外，家長還應給孩子提供適合他們年齡特點的讀物和視聽資訊，這些同樣有助於豐富孩子的表象，為發展孩子的創造力打下扎實的基礎。

家長應尊重孩子的想像

教育要順乎天性，崇尚自然。對於孩子的想像，無論怎樣怪異離奇，原則上都要尊重他們自由幻想的權利，這是對孩子創造天性的最大保護。

孩子的想像是豐富而大膽的，他們常常會和小兔子說話，還喜歡問「為什麼」，這是發展想像力的起點。爸爸媽媽一定要抓住這樣的機會，不僅不要對孩子不理不睬（更不能嘲笑），還要給予孩子合理的解釋，並且試著反問孩子：「這個你是怎麼想的呢？」尤其要注意提孩子感興趣的

問題，引導孩子進行主動想像。

以下是一個家長的教子案例：

六歲的小溪在塗塗畫畫，爸爸饒有興趣地走到她身邊，指著畫問小溪：「妳畫的是什麼呀？」

小溪頭也不抬，若有其事地說：「我在畫風景。這是小河，河邊有一群鴨子，有石頭，還有山，我和爸爸媽媽在河邊玩！」

「哦，是這樣的嗎？那奶奶去哪裡了呢？」

小溪想了想，在旁邊添了一座小房子，對爸爸說：「奶奶在房子裡準備吃的東西呢！」

「真的嗎？奶奶準備什麼好吃的東西呀？」爸爸好奇地問。

小溪又沉思了一會，高興地說：「奶奶在小河邊摘到了草莓，她在洗草莓呢！」說完，她立刻又在畫上補充了一塊草莓地。

爸爸興奮地拍了拍小溪的頭，說：「這小腦瓜裡裝了好多東西呀！」

爸爸這樣做的好處顯而易見，他保護了孩子的好奇心，參與到孩子的想像中，與孩子一起想像。爸爸的這種做法是值得家長們借鑑的。

家長可以對孩子進行「情景描述」訓練

父母可以經常和孩子做這樣的遊戲。例如，父母說：「這是一個下雪天，想想看是什麼樣子？」孩子根據他們的想像進行描述。反過來，孩子也可以問父母：「這是一個下雨天，想想看是什麼樣子？」此時，父母應盡量認真細心地描述一番，從中給孩子一些啟發。諸如此類的問題有許多。在想像時，孩子的畫面會有差別，父母要引導他們講述更加豐富的內容，讓孩子盡情地說出他的想法。即使他的答案很滑稽，甚至不合邏輯，也不要責罵，唯有你們的傾聽、接納才能引導出更好的答案。

第五章　創新力—孩子超越自我的能力

鼓勵孩子編故事發展想像力

　　故事作為一種形象的語言藝術，深受兒童喜愛，兒童在聽故事的過程中，透過詞語的描繪，會聯想到相應的形象與活動。為發展兒童的創造想像，家長在講故事時，要注意訓練兒童續編故事的結尾，問後來又發生了什麼事？故事中的主角怎麼樣了？……引導孩子展開想像，從多角度續編。

　　德國詩人歌德（Johann Wolfgang von Goethe）幼年時，母親就常常給他講故事。講到最驚險處就停住了，以後的情節讓歌德自己去想像。幼年時的歌德為此有過多種設想。有時，他和媽媽一起談論故事情節，然後再等待第二天故事情節的「公布」。第二天，母親在講故事前，會先讓歌德說一說自己是如何設想的，然後再把故事情節講出來。這樣，歌德的想像力和思維能力得到了發展，這也為他以後的創作打下了良好的基礎。

鼓勵孩子多聯想

　　聯想，就是賦予若干事物之間一種微妙的關係，從中展開想像而獲得新的形象的心理過程。

　　畢卡索（Pablo Ruiz Picasso）有一輛破舊的自行車。有一天，畢卡索對著這輛自行車凝視了片刻，在頭腦中浮現出一幅構思巧妙的藝術形象。畢卡索把自行車的坐墊和車把拆下來，重新拼合在一起，便構成了一個惟妙惟肖的牛頭：坐墊的前部是牛的嘴巴，後部是牛的額頭，車把則是兩隻牛角。經過畢卡索的重新組合，原先破舊的自行車有了新的意象，這個意象有著巨大的藝術魅力。

　　人們思考問題的時候，往往會把與某個物體相關的一些事物聯想起來，孩子尤其如此。針對這種情況，父母一定要鼓勵孩子，讓孩子透過聯想來提高想像力。

用繪畫啟發孩子的想像力

　　圖像能夠激發孩子的想像力，父母應有意識地讓孩子多接觸各種圖像，並鼓勵孩子試著以此為基礎畫出來。

　　繪畫最易誘發兒童的想像力，也是最為兒童所喜歡的一種形象表現形式。孩子的畫技雖然不高，但卻能表達其思維活動過程。對兒童的畫，不要只追求畫得多麼「像」，而應鼓勵其「想」得越多越好。如在紙上畫出許多圓，讓孩子按自己的想像添加內容，看圓能「變」成什麼？孩子可能會從單一的一個太陽、一塊餅乾、一個頭像、一朵花、一個皮球……聯想到用圓組合出熊貓、一束氣球、一群小雞、一堆鵝卵石、天上的星球等情節畫。另外，還可播放不同情緒的音樂，讓兒童根據音樂的表現畫出自己對樂曲的理解。對孩子的畫，家長先不要做鑑賞家，而要先做想像力的評論家，不要著眼於孩子能否成為一個畫家，而要先看孩子的想像力是否得到了充分的發揮。

用遊戲啟發孩子的想像力

　　孩子在遊戲中模仿成人的多種活動，憑藉想像扮演多種角色，表現多種生活情境，自己動手解決遊戲中遇到的困難和問題。例如，用積木搭娃娃床，用杯子當鍋給娃娃做飯，用圓環做方向盤開汽車，把紙撕成條做麵條等；還與小夥伴共同商議分配角色、安排活動。在孩子認真思考這些問題的過程中，遊戲的情節也就具體化了，孩子的創造力也隨之得到了發展。

　　猶太人家庭中最常玩的遊戲就是讓孩子揀圓豆。方法是：把綠豆、黃豆或其他圓形的、體積小的、顏色不同的物體混合放在一個盤子裡。再準備四五個不同顏色的小碗，讓孩子從盤子裡取出豆子或其他物體，並把它

們分門別類地放入不同顏色的小碗裡，這個遊戲可以讓孩子透過辨別顏色、形狀和大小來激發想像力。

當然，家長培養孩子創新能力的方法還有很多，因為家庭生活和社會生活是豐富多彩、千變萬化的，具體的經驗只能從具體的生活中得來。這有待於家長以及老師和專家們進一步探索和總結。

▎讓孩子展開聯想

什麼是聯想？所謂聯想，就是由此想到彼，並同時發現了它們共同的或類似的、規律的思維方式。每個人都會經常自覺不自覺地產生各種聯想。

聯想是心理活動的基本形式之一，它是連繫記憶和想像的紐帶，是二者的過渡和仲介。聯想與回憶密切相關：許多回憶片段常以聯想的形式銜接和轉換，而積極的聯想是促進記憶效果的一種有效方法。美學家曾指出：「聯想和想像當然與印象或記憶有關，沒有印象和記憶，聯想或想像都是無源之水，無本之木。但很明顯，聯想和想像，都不是印象或記憶的如實複現。」實際上，在「聯想」一詞中代表了兩種力的合成：若「想」代表記憶力，則「聯」代表想像力。透過「想」從記憶倉庫中把兩個記憶中的元素提取出來，再透過想像把它們「聯」在一起，即形成「聯想」。當然，在現實的聯想中，「聯」和「想」並不是分開進行，而是「一氣呵成」或轉瞬之間完成的。比如，從嫦娥聯想到登月飛船，就是由想像力的作用把它們連繫在一起的。所以，聯想並不單純是回憶，而是有想像力的微妙作用。對於創意而言，重要的是，把表面不相干的事物連繫起來，而非單純的回憶、回想。

聯想會將令人深感意外的事物連繫起來，從而產生奇特的想像。奧斯本（Alex Faickney Osborn）曾談到一件小事引起的聯想：

讓孩子展開聯想

有一次我去看牙齒，當醫生給我鑽牙的時候，我的一隻手臂觸到了輸送氣體的小膠皮管子，我想橡膠管子多麼柔軟細膩，簡直就像孩子的臉蛋一樣。觸摸橡膠管子這一事實使我聯想起向德國反攻，在諾曼地登陸前夜，正是那些看起來像軍船、坦克和一門門大炮的充氣氣球欺騙了德國人。在不到一秒鐘之內，我手底下這條膠皮管子使我聯想到美國人所使用的這個圈套。

生活中這類奇特的聯想還有很多很多。有則笑話：「如果大風吹起來，木桶店就會賺錢。」這是如何聯想的呢？當大風吹起來時，沙石就會漫天飛舞，以致瞎子增多，琵琶師大量增多，越來越多的人以貓毛代替琵琶弦，貓會減少，老鼠增多，老鼠會咬破木桶，木桶需求量大增，木桶店就會賺錢。

請看，每一段聯想都很合乎情理，所得結論也頗有意外的趣味性。在創意過程中思路不暢時，這種聯想會給有效的解決方案以啟示或暗示。

總之，聯想是創意思維的基礎。奧斯本稱創意活動中的聯想是「依靠記憶力進行想像，以便使一個設想激發另外一個設想。研究問題產生設想的全部過程，主要是要求我們有對各種想法進行聯想和組合的能力。」聯想在創意設計過程中起著催化劑和導火索的作用，許多奇妙的新的觀念和主意，常常由聯想的火花首先點燃。事實上，任何創意活動都離不開聯想，聯想又是孕育創意幼芽的溫床。善於聯想，常常可以由已知達到未知，實現各種創意。所以，有人說「發明就是聯想」。

瑞士人梅斯倬（George de Mestral）上山打獵回到家裡時，發現自己的褲子上黏了許多草籽，他靈機一動，能否人工造出一邊是鉤形刺另一邊是紡織環的東西呢？不久，這種被稱為「魔術帶」的新鮮玩意很快被人們所接受，慢慢地演變成今天人們常用的魔鬼氈。

第五章　創新力—孩子超越自我的能力

與梅斯倬有相同經驗的是美國的布希耐。

有一天，布希耐發現有幾個孩子在玩一隻昆蟲，這只昆蟲不但滿身污泥而且長得十分難看。由此，他聯想到：市場上都是形象優美的玩具，假如生產一些醜陋的玩具投入市場會如何呢？說做就做，他馬上生產了一些醜陋的玩具投入市場，結果這些玩具給他帶來了豐厚的利潤。

再如，英國北部兩地間架設的電話線在冬天結了霜，導致通話困難，要儘快除掉霜，恢復通話，該怎麼辦呢？為此，有關部門召開了一個會議。與會成員提出了許多方案，當「給飛機捆上掃帚把霜除掉」的方案被提出時，引起了哄堂大笑，但正是這個設想對解決問題起到了至關重要的作用。後來進一步提出了「讓直升機飛近電話線，用它轉翼的風力把霜除掉」的方案。事實證明這是最佳方案，以最低的成本解決了最困難的問題。

類似的故事告訴我們只有善於聯想的人，才能抓住契機，才能有所創造。生活中，有許多孩子很擅長運用他們的聯想。

毛毛是一個聰明的小女生，她的聯想能力十分了得。有一天，媽媽從市場買回了娃娃菜。

毛毛看見媽媽買菜回來了，就蹣跚搖晃地跑過去問媽媽：「媽媽，妳今天買的是什麼菜呀？」

媽媽耐心地告訴毛毛：「媽媽買的是娃娃菜！」

毛毛聽了媽媽的話，似乎有些恍然大悟了，她自顧自地點點頭說：「我知道了！」媽媽用充滿疑惑的眼神看著她。

只見，毛毛飛快地跑進自己的臥室，拿出布娃娃，邊跑邊喊：「娃娃，娃娃菜！」

原來，毛毛是由此「娃娃」想到了彼「娃娃」，當然，不管是「布娃娃」還是「娃娃菜」，它們不都有個「娃娃」的美稱嗎？

讓孩子展開聯想

孩子把一件事情引申到其他地方，和其他相關的事情串聯起來進行思考的能力就是聯想力！毛毛就屬於那種聯想力不錯的孩子。當然，生活中，類似於毛毛這樣的孩子還有很多，他們喜歡聯想，且善於聯想，從而做到舉一反三。

聯想力是一種思考上的聯結能力，它能促使孩子產生水平思考、跳躍思考、逆向思考等重要能力，聯想力豐富的人，其思路敏捷，反應快速，創意不斷。當然，孩子的聯想能力是可以透過訓練獲得的。要訓練孩子的聯想力，家長可以抓住以下幾個方面：

✧ 透過「圖形」對孩子進行聯想思維訓練。家長向孩子展示兩種圖形，讓孩子選擇其中一種圖形聯想與其相關的事物。透過「圖形」引導孩子聯想到相關事物，其目的是讓孩子掌握聯想的最基本方式，相似聯想。這樣，今後孩子看到某些形狀，自然而然就會聯想到與這個形狀相關的東西。

✧ 透過「詞語」對孩子進行聯想思維訓練。例如，家長出示一組詞語「圓形」，讓孩子從空間角度延伸聯想的內容，如想到了「地球」、「月亮」、「包子」……這樣的訓練方式，能讓孩子的思維變得越來越敏捷和活躍！

✧ 透過「圖畫」對孩子進行聯想思維訓練。例如，家長給孩子出示一幅圖，讓孩子說出圖畫上的內容，進而展開想像。

✧ 透過若干沒有任何關係的物體對孩子進行聯想思維訓練。例如，家長出示「鉛筆」、「小白兔」、「汽車輪子」等詞語，讓孩子圍繞這些詞語展開聯想。所想像的故事情節中，必須涉及這些物體！

當然，對孩子進行聯想思維訓練的方式還有很多，在此編者不一一敘述，只要家長用心思考，一定能夠找到適合自己孩子的聯想思維訓練方法。

第五章　創新力—孩子超越自我的能力

▌訓練孩子的觀察力

觀察力是孩子認識周圍事物的一種能力。透過觀察，孩子可以獲得對周圍世界的認知。同時，透過觀察，孩子還可以對周圍的世界進行重組與創新。可以說，觀察是孩子進行創造的眼睛。

觀察是一種有目的、有計劃、有步驟的知覺。它是透過眼睛看、耳朵聽、鼻子聞、嘴巴嘗、手觸摸等去有目的地認識周圍事物的過程。

俄國生物學家巴夫洛夫（Ivan Pavlov）說：「觀察，觀察，再觀察。」這句話充分表達了認真觀察的重要性。不管是誰，沒有觀察，便不可能有發現，更不可能有創新。歷史上許多有成就的人，都以突出的觀察力而著稱於世。

英國生理學家埃德加‧艾綴恩（Edgar Douglas Adrian）小時候非常喜歡解剖小動物，他經常抓一些小動物進行解剖，不僅細心觀察，而且把觀察結果轉化成圖畫。

有一次，他正在河邊解剖一隻死狗，恰好被母親看到了。由於埃德加‧艾綴恩的父親是王室的法律顧問，曾榮獲第三級巴斯勳章，作為貴婦人的母親覺得兒子的行為不體面，於是便埋怨起艾德里安來。

艾綴恩說：「媽媽，沒什麼，我解剖的是一隻死狗。我正在觀察狗的肚子裡都裝著一些什麼。老師告訴我們，觀察是科學研究的第一步。」

1908 年，艾綴恩獲得科學獎學金，進入劍橋三一學院學習生理學。

1932 年，艾綴恩獲得了諾貝爾生理學及醫學獎。

觀察是創造的基礎，具備觀察能力對一個人的創造能力發展至關重要。

巴夫洛夫說：「在你研究、實驗、觀察的時候，不要做一個事實的保管人。你應當力圖深入探求事物根源的奧祕，應當百折不撓地探求支配事實的規律。」這就是說，巴夫洛夫主張觀察不但要準確，而且還應做到透

過現象看本質。

　　牛頓（Isaac Newton）從小就是一個能透過現象看本質，善於觀察的人。

　　牛頓在很小的時候，就喜歡對各種事物進行仔細的觀察，而且都力圖透過現象看本質，把不懂的地方徹底弄明白，夜晚，牛頓仰望天空，眨著眼睛觀察滿天繁星。心裡想，星星月亮為什麼能掛在天上呢？克卜勒（Johannes Kepler）說，星星、月亮在天空是轉動的，那它們為什麼不會相撞呢？刮大風了，狂風席捲著沙石，人們都躲進了屋子裡。牛頓卻沖出屋子，獨自在街上行走。一會，隨風前進；一會，逆風行走。他要實地觀察順風與逆風的速度差，到底有著何種本質的差別？

　　像牛頓那樣，觀察能力較強的孩子，觀察問題時也能透過現象看本質。比如，有的孩子寫作文「我的媽媽」，他不僅注意到了媽媽的音容笑貌、言談舉止等現象，還能透過這些現象，發掘出媽媽的內心世界。有的孩子觀察大自然的景色，不僅注意到花草樹木、氣溫雲彩以及鳥類的活動、土壤的變化，還能從這些變化中找出哪些景色是春天到來的象徵，哪些景色是寒冬來臨的預兆……

　　孩子的觀察能力，影響著孩子對外界環境的感知程度。只有觀察能力較強的人，才善於捕捉瞬息萬變的事物，才能夠發現那些看上去細微卻十分重要的細節。換句話說，觀察是孩子認識世界的基礎，更是孩子日後走向成功的關鍵所在。因此，家長應從小注重對孩子觀察能力的培養。

　　那麼，家長應如何培養孩子的觀察能力呢？我們的建議是：

培養孩子觀察的興趣

　　觀察力，就是指一個人對事物的觀察能力。思維在觀察中起著重要的作用，所以，有人將觀察稱為「思維著的知覺」。

第五章　創新力—孩子超越自我的能力

　　觀察興趣必須在觀察的實踐中培養。家長可以有計劃、有選擇地引導孩子去觀察他所熟悉、所喜愛的事物，如經常帶領孩子觀察大自然，參加旅行、參觀等實踐活動，不斷豐富孩子的觀察內容。在孩子進行觀察時，要圍繞所觀察的事物或現象，講一些相關的科學道理或傳說故事，以激發他的興趣。例如，孩子發現樹葉有稠密的一面，也有稀疏的一面，原因在哪呢？家長可引導孩子進行有關的思維活動。在引導孩子觀察時，還要注意啟發孩子對觀察到的現象多問幾個「為什麼」，這就容易使孩子養成有目的、有計劃、有選擇的觀察習慣。

明確觀察目的

　　家長應幫助孩子擬訂觀察計畫，讓孩子明確觀察的東西、任務、步驟和方法，有計劃、有系統地進行觀察。觀察目的越明確，孩子的注意力就能越集中，觀察也就越細微、深入，觀察的效果也就越好。孩子在觀察中，有無明確的觀察目的，得到的觀察結果是不相同的。比如，父母帶孩子去公園，漫無目的地東張西望，轉半天，回到家裡，也說不清看到的事物。如果要求孩子去觀察公園裡的小鳥，那麼，孩子一定會仔細地說出小鳥的外形，羽毛的顏色，眼睛的大小，聲音的高低等。這樣，孩子就能有的放矢去觀察，從中獲得更多的觀察收穫。

讓孩子利用多種器官進行觀察

　　在培養孩子的觀察能力中，家長最好讓孩子透過多種感覺器官參加活動，如用眼睛看、用耳朵聽、用手摸、用鼻子聞等，親自進行實際操作，以增強觀察效果。比如，聽一聽水流聲和鳥叫聲有什麼不同？摸一摸真花和塑膠花有什麼不同？聞一聞水和酒的味道有什麼不同？還可以和孩子一起種些花草樹木，養些小動物，指導他們對此留心觀察，如看看花草的幼

芽如何破土出來？花謝後會出現什麼結果？蟲兒是怎樣吃食物的？鳥兒
是怎樣飛翔的？……

教育孩子觀察與思考相結合

在培養孩子觀察的同時，還應引導孩子在觀察中積極思考，把觀察過
程和思考結合起來。科學家看到某種奇特現象，也需要經過一番思考才能
有所收穫。接收資訊而不處理資訊就沒有創造。父母應該教育孩子養成觀
察與思考的習慣，只有這樣才能讓孩子的觀察能力一天天敏銳起來。

教給孩子觀察方法

觀察方法是取得觀察效果的必要條件，孩子年齡小，知識經驗少，思
維具體化，自己不善於觀察，所以，需要家長教給他必要的觀察方法，才
能提高觀察力。

✧ 制訂觀察的任務和計畫。每次觀察活動，制定明確的目的和指向，預
　先規定觀察任務，以保證觀察的全面、細緻、清晰、深刻。
✧ 從不同角度進行觀察。只從一個角度、方面去看事物，無異於盲人摸
　象。應多啟發、鼓勵孩子嘗試從另一個角度、另一個觀念去看同一問
　題，改變了思維定式，使孩子能發現更多的問題，也就產生了更強的
　觀察興趣和能力。
✧ 注意細節。讓孩子注意細節，觀察到別人沒發現的問題，久而久之，
　也就形成了勤快觀察、認真觀察、會觀察的良好習慣。
✧ 養成寫觀察記錄的習慣。讓孩子多動筆，隨時記錄觀察情況，有利於
　整理和保存觀察結果，以便於日後利用。
✧ 多動腦思考。在觀察時，要邊看邊想，學會分清主次，本質與現象，
　觀察力也就從中得到了提高。

▌培養孩子質疑的精神

創造力的特徵就是獨特性和開創性。一個人如果習慣了在學習和工作中，跟著別人亦步亦趨，將永遠都不可能有創造力。因此，要培養和提高孩子的創造力，家長應該鼓勵孩子勇於發表自己的意見，勇於質疑。

然而，現實生活中，我們的孩子卻缺乏質疑的精神。他們迷信權威，對老師存在心理上的依賴，認為老師說的都是對的，最重要的是，他們還缺乏自信，正因為如此，我們的孩子在生活中難有創新。

實際上，質疑是必要的，只有有「疑」，才可能有發現，有創新。

一個善於懷疑，而且能堅持自己信念的人，才能夠獲得真正的知識，贏得榮譽。因此，家長要培養孩子質疑詰問的勇氣。以下的做法可供借鑑：

為孩子創設良好的質疑環境

心理學認為：「疑，最易引起定向探索反射」。質疑是批判性思維的體現，質疑需要勇氣和膽量，更需要有質疑的時間和機會。因此，家長應為孩子創設質疑的環境。

首先，要創設安全的心理環境，使孩子的質疑成為可能。美國著名心理學家和人本化教育思想的代表羅傑斯（Carl Ransom Rogers）認為：「適度的心理安全和心理自由是創造性活動的一般條件。」質疑就是一種創造，質疑的欲望和意識極容易在自卑與膽怯中夭折。安全、自由、穩定的內在環境，就是羅傑斯提出的「心理安全」、「心理自由」，它是培養孩子的獨立人格，促使其質疑潛能充分發揮的前提保證。我們要建構一種安全、自由的意識，營造一個舒適、寬鬆、暢所欲言的心理環境，讓孩子「感到自己被人承認、信任、理解，受到別人尊重」，為孩子自由地表

達、自由地思考掃除障礙。

其次，為孩子創設民主的質疑氛圍。很多孩子不敢質疑，是因為畏懼權威，怕自己的疑問太傻，被大人嘲笑。因此，在日常生活中，家長要為孩子創設民主的家庭氛圍，認真傾聽孩子的「疑問」，並予以解答，不要武斷地否定孩子的想法。

鼓勵孩子多思多問

當孩子向我們提出問題時，應盡量給孩子以較圓滿、正確的答案，並不失時機地肯定、表揚孩子愛動腦筋。

答案和表揚一方面滿足了孩子的求知欲；另一方面更激發了孩子的好奇心。如果孩子提出的問題較深奧，家長自己也弄不明白，或者有些問題的答案可能不健康，或不便於直接告訴孩子，遇到這種情況，也要正確處理，而不能打擊孩子質疑的積極性。正確的做法應該是，謙虛地告訴孩子：「你提的問題真好，但這個問題我也不懂，等我查完書再回答你，或者你自己查書找答案，好嗎？」

激發孩子質疑的興趣

在日常生活中，家長應鼓勵孩子對客觀事物進行提問和思考，尤其是當孩子憑自己的經驗作出了判斷，並發表意見的時候，家長要表現出關注和興趣。這樣能使孩子對客觀事物的濃厚興趣轉變為強烈的求知欲望。而強烈的求知欲望能刺激孩子的大腦進行積極的思維活動，促進孩子的智力開發。

除了盡量滿足孩子的各種提問外，家長還可以主動地、經常地向孩子提一些問題，引導孩子觀察事物，發現問題，從而進行思考和探索。

第五章 創新力—孩子超越自我的能力

區別對待孩子的問題

對孩子的問題，家長應注意區別對待，不一定一一作答。有的問題只要孩子自己動腦或者查閱書籍就可以得到解答的，家長應鼓勵孩子自己解決，並教給他（她）解疑的方法。這樣做既教給了孩子解疑的方法，又提高了孩子質疑的能力。

不要嘲笑孩子的問題

許多時候，孩子會問出一些似乎很荒誕、很幼稚的問題，這時候，家長不能嘲笑孩子，責罵孩子：「好好學習吧，別胡思亂想了，書上說的怎麼會是錯的呢？」、「老師怎麼說你就怎麼做吧，你這孩子怎麼這麼煩呢？」、「你若比老師還厲害，還學習幹什麼呢？」對於孩子來說，類似的言語不僅會刺傷他們的自尊，還可能澆滅他們質疑的火花，導致他們缺乏求知的欲望和興趣。

家長還要教給孩子質疑的方法

質疑還應掌握方法，家長應教給孩子質疑的方法，示範、啟發提問，提示思路和方法，讓每個孩子都善於提問。另外，家長應因勢利導，啟發孩子提出新問題，掌握新知識。要求孩子遇到疑問時及時提問；也要訓練孩子先思後問，切不可只管提問不動腦，他們稍動腦筋就能回答的問題，讓他們自己解決。

在規定的範圍內找出問題是培養孩子質疑能力的有效途徑。在日常生活中，家長可以為孩子創造一些提問的範圍，引導他們善於發現問題。

▌訓練孩子的發散思維

有一個有趣的小測試 ——

有一家人決定搬進城裡，於是去找房子。

夫妻二人帶著一個 5 歲的孩子在外面跑了一天，直到傍晚，才看到一張公寓出租的廣告。他們趕緊跑去，房子出乎意料的好。於是，就前去敲門詢問。這時，溫和的房東走出來，對這三位客人從上到下打量了一番。

丈夫鼓起勇氣問道：「這房屋出租嗎？」

房東遺憾地說：「啊，實在對不起，我們公寓不租給有孩子的住戶。」

丈夫和妻子聽了，一時不知如何是好，於是，他們默默地走開了。那 5 歲的孩子，把經過從頭至尾都看在眼裡。他想：真的就沒辦法了嗎？他用小手又去敲房東的大門。這時，父母已走出 5 公尺遠，回頭望著兒子。門開了，房東又出來了。

這孩子精神抖擻地說：「……」

房東聽了之後，高聲笑了起來，決定把房子租給他們。請問：這個 5 歲的孩子說了什麼話，終於說服了房東？

對於這一測試題，如果我們局限於習慣，用慣常的思維方式來考慮，必然得不到答案。真正的答案是 —— 5 歲的孩子說：「老爺爺，這個房子我租了。我沒有孩子，我只帶來兩個大人。」

這個聰明的孩子聽老爺爺說大人不能帶小孩，但並沒有說小孩不能帶大人，因此，他機智應對，自己出面把問題解決了。這一思考方式就是英國的愛德華·狄波諾（Edward de Bono）所說的「水平思考」。

在生活中，我們經常很努力地解決難題，但往往不見成效。究其原

第五章　創新力─孩子超越自我的能力

因，那都是因為我們沒有辦法跳脫權威的經驗法則。而「水平思考」則是打破思維定式，透過轉換思維角度和方向來重新構建新概念的思考方法。這種方法其實也就是右腦的創新思維方法中的發散性思考法，即橫向思考法。

發散思維又稱「輻射思維」、「放射思維」、「多向思維」、「擴散思維」或「求異思維」，是指從一個目標出發，沿著各種不同的途徑去思考，探求多種答案的思維。從資訊加工的觀點來看，發散思維是將已有的資訊作為基點，然後運用已有知識、經驗和資料，透過分析、綜合、推導、想像、比較等，從不同方向和不同層次進行思考，重新加工組合頭腦中儲存的資訊，從而得到多種思路，想出多種可能，加工出新的資訊。可見，發散思維的目標是多側面、多角度、多方位的，體現出立體型特點。不少心理學家認為，發散思維是創造性思維的最主要的特點，是測定創造力的主要標誌之一。

美國心理學家基爾福（Joy Paul Guilford）認為，發散思維具有流暢性、靈活性、獨創性三個主要特點。

流暢性是指智力活動靈敏迅速，暢通少阻，能在較短時間內發表較多觀點，是發散思維的量的指標；靈活性是指思維具有多方指向，觸類旁通，隨機應變，不受功能固著、定式的約束，因而能產生超常的構思，提出不同凡響的新觀念；獨創性是指思維具有超乎尋常的新異成分，因此，它更多地表現了發散思維的本質。可以透過從不同方面思考同一問題，如一題多解、一事多寫、一物多用、一項工程多種設計圖案、一項工作多種計畫方案等，可以培養發散思維能力。第二次世界大戰期間，當有人向英國首相邱吉爾（Winston Churchill）提出問題時，他能立即說出解決這個問題的十幾種可能，足見他的思維敏捷而廣闊。由於發散思維要求人們對

同一個問題找出盡可能多並出人意料的新奇答案，所以，發散思維是一種重要的創造性思維活動。因此，有人說創造、發明主要是依靠發散思維進行的。

基爾福認為，訓練人的發散思維能力是培養創造力的一種方法。最早應用這種方法開發青年創造力的是瑪麗‧米克（Mary Meeker），她在加利福尼亞州的瑟衷多建立了智力結構研究所，編制了許多練習項目，從事這方面的研究。

還有德尼‧帕斯及其助手進行的一項研究，他們以紐約州大大學布法羅分校的大學生為對象，開設了四個學期創造性研究的課程，結果學生的能力有了顯著的提高。

培養孩子的發散思維能讓孩子的思路活躍、思維敏捷，能提出大量的解決問題的方法，有大量的想法可供選擇，能夠別出心裁，讓孩子思維的火花綻放。那麼，應如何對孩子進行發散式思維訓練呢？以下是專家的一些建議：

✧ 透過大腦激盪法培養孩子的發散思維。大腦激盪法是由創造基金會的創始人奧斯本提出的，它是指在一定時間內，透過大腦的迅速聯想，產生盡可能多的想法和建議。如就某一個問題「講出你所想到的全部辦法」或「列出你所想到的全部事實」等。在用這種方法訓練孩子的發散思維時，家長不要一開始就對孩子的回答作評價，因為，孩子個人的觀點很重要。

用大腦激盪法訓練孩子的發散思維一般步驟如下：

首先，家長要給孩子提出一個問題，如由「蒜苗」你聯想到了什麼？給孩子幾分鐘做思考準備。

記錄孩子的答案，對於孩子不符合標準的答案不會進行指責！

透過大腦激盪法訓練，可以鍛鍊孩子的發散思維。同時，經常引導孩子從事物中獲得某種啟示、感悟，能提高孩子的思想認識，使孩子的想法變得深刻起來。

✧ 與孩子一起討論問題，同樣能夠培養孩子的發散思維。讓孩子參與大人之間的討論，討論的時候，要求孩子必須講清自己的基本思路和觀點，並批駁對方的基本思路和觀點。而要做到批駁對方的基本思路與觀點，就必須積極養成孩子的智慧和積極性，使他們的思維處於高度活躍狀態。

✧ 與孩子一起做一些訓練發散思維的趣味題，讓孩子在愉快的氛圍中達到發散思維訓練的效果。

▎教孩子突破思維定式

有這樣一個故事：

西元 233 年冬天，馬其頓亞歷山大大帝（Alexander the Great）進兵小亞細亞。當他到達小亞細亞的弗里吉亞城時，聽說城裡有個著名的預言：幾百年前，弗里吉亞的國王哥帝安（Gordian）在其牛車上系了一個複雜的繩結，並宣告誰能解開它，誰就會成為亞細亞王。自此以後，每年都有很多人來看哥帝安打的繩結。各國的武士和王子紛紛前來試解這個結，可總是連繩頭也找不到，便無處下手了。

亞歷山大對這個預言非常感興趣，命人帶他去看這個神祕之結，幸好，這個結尚完好地保存在弗里吉亞城的一座廟裡。

亞歷山大仔細觀察這個結，許久許久，他連繩頭都找不到。

這時他突然想到：「為什麼不用自己的行動規則來打開這個繩結呢？」

　　於是，他拔出劍來，一劍把繩結劈成兩半，這個保留了數百載的難解之結，就這樣輕易地被解開了。

　　從這個故事中我們了解到，亞歷山大大帝之所以能夠解開世人長期以來未能解開的難解之結，是因為他並沒有與其他人一樣用定式的思維看待問題，而是改變了常規的思維方式，突破了世人無法逾越的思維障礙，故而成就了自己。可以說，只有善於突破定式思維的人才能有所創新。

　　在最簡單的層次上，創新意味著創造出某種過去並不存在的東西。創新的「新」就在於與眾不同，標新立異。可以說，創造性思維就是一種求異思維，是一種獨創思維。積極的求異心理、敏銳的觀察與聯想貫穿於創造性思維活動的始終。這種求異性是指在認識過程中著力於發掘客觀事物之間的差異性、現象與本質的不一致性、已有知識與客觀實際相比而具有的局限性等，對常見現象和人們習以為常的認識持懷疑、分析、批判的態度，在懷疑、分析和批判中探索符合實際的客觀規律。

　　有這樣一道智力測試題 ——

　　古時候，有個富人在自己臨終的時候立下遺囑，自己死後，家裡的財產由妻子的哥哥主持，平分給兩個兒子。

　　這個富人去世以後，妻子的哥哥按遺囑要求把財產平分了，富人的兩個兒子都認為舅舅偏心，給對方分多了，自己分少了。於是，吵鬧不休。

　　他們族中的幾位長輩調解過很多次，可兄弟倆仍然不服氣，最後訴諸官府。縣令升堂聽了二人的陳述後，沉思片刻便作出了決斷「……」

　　而兄弟倆聽到縣令的判決都立即表示欣然接受。請問，縣令作出了什麼樣的判決呢？

　　其實，縣令的判決很簡單，他不過是把兄弟倆的財產互相換了一下而已。可是，得到的結果卻是皆大歡喜。試想，如果縣令同樣用定式思維思

考問題，勢必依然只能圍繞兄弟倆財產的孰多孰少，如何才能做到真正公平而斟酌不定。縣令的高明就在於他突破了常規的思維，換一思路考慮兄弟倆真正的矛盾所在，從而有效地解決了問題！這就是突破思維定式的妙處之所在。

還有這樣一個故事——

有一個牧師，在準備講道的稿子，可是，他的小兒子卻在一邊吵鬧不休。

牧師無可奈何，便隨手拿起一本舊雜誌，把色彩鮮豔的插圖—— 一幅世界地圖，撕成碎片，丟在地上，說道：「約翰，如果你能拼好這張地圖，我就給你 100 元。」

牧師以為這樣會使約翰花費整整一個上午的時間，那麼，自己就可以靜下心思考問題了。

但是，沒過 10 分鐘，兒子就敲開了他的房門，手中拿著那幅拼得完完整整的地圖。牧師對約翰如此之快地拼好了一幅世界地圖感到十分驚奇，他問道：「孩子，你怎麼這樣快就拼好了地圖？」

「啊，」小約翰說，「這很容易。在另一面有一個人的照片，我就把這個人的照片拼到了一起，然後把它翻過來。我想如果這個人是正確的，那麼，這個世界地圖也就是正確的。」

牧師笑了，給了兒子 100 元，他說：「謝謝你！你替我準備了明天講道的題目—— 如果一個人是正確的，他的世界就會是正確的。」

這個故事告訴我們，達到目標的道路往往不只有一條，無論做什麼事情，我們都不要把目光局限在原有的辦法上。跳出思維的定式，尋求另外的途徑，從另一面看問題，也許，我們能找到解決問題的捷徑！

人類有史以來的一切活動可以歸結為兩種：一是透過思維活動的突破

性把外界觀念化，由此累積起豐富的知識；二是透過實踐活動把觀念外界化，即物化，創造出多彩的世界。前一種情形稱為「自然的人化」，即人類的精神生產；而後一種則被稱為「人化的自然」，即人類的物質生產。沒有創新就沒有這個多彩的世界，而思維的突破正是所有創新的來源。

要想孩子突破思維定式，家長應該做到以下幾個方面：

✧ **對孩子進行擺脫習慣性思維的訓練**：要想孩子不按照固定的思維方式思考問題，家長應對孩子進行擺脫習慣性思維的訓練。擺脫習慣性思維的訓練，被人們稱為「創造性思維的準備活動」和軟化頭腦的「智力柔軟操」。這類訓練的意義在於，促使孩子探索事物存在、發展、連繫的各種可能性，從而擺脫思維的單一性、僵硬性和習慣性，以免陷入某種固定不變的思維框架，使思維更具有多端性（流暢性）、柔軟性（變通性、靈活性）和獨創性（新穎性）。

✧ **鼓勵孩子避免功能固定心理**：在解決問題過程中，能否改變事物固有的功能而適應新的需求，有時是問題能否順利解決的關鍵所在，歐‧亨利（O. Henry）筆下的流浪漢蘇比則想到把報紙塞到單薄的衣衫下來抵禦刺骨的寒風，不能不說這是一種創新。全方位地擴大自身的閱歷，提高自己的感性認識，思維作為一種高級的心理過程，是對客觀現實間接的概括的反映。而這種反映是建立在感性經驗的基礎上，它需要以感性經驗作為材料。在日常生活中，透過旅遊、觀看電影及各種展覽直接參與各種實踐活動，則是我們獲得經驗、擴大自身閱歷的最基本也是最有效的途徑。

✧ **教孩子考慮問題時努力突破定式心理**：定式是由先前的活動而造成的一種對活動的特殊的心理準備狀態。有這樣一道腦筋急轉彎題：有一個人從十樓的窗臺上跳了下去，卻沒有摔死，這是為什麼？由於定式

心理，人們習慣把從窗臺上跳下來理解為從窗臺往外跳，這樣問題當然沒法解決，如果我們理解為向內跳，那問題就迎刃而解了，因此，定式的刻板性強烈地限制了我們解決問題的靈活性。

◇ **鼓勵孩子勇於標新立異，勇於創新**：鼓勵孩子幻想，因為幻想是科學和社會發展的動力，當孩子有了某種新奇的想法以後，讓他們把想法隨手記下來，或許以後隨著經驗的累積，孩子將有可能實現它。如果有條件的話，可以讓孩子經常動手製作一些東西。不必在意這些東西是否具有實用性。

總之，突破思維定式訓練是一個長期的過程，只要做到從易到難，循序漸進，堅持不懈，孩子的創造性思維一定會得到很大的提高！

▊養成動手實踐的習慣

荷蘭數學家弗賴登塔爾（Hans Freudenthal）認為，發現是一種樂趣。「再創造」活動是培養孩子創新思維的主要途徑和方法。人的思維能力只有在活動中才能逐漸得以發展和增強。計算活動，有利於發展學生的邏輯思維；參觀遊覽活動，有利於發展孩子的形象思維；小發明、小模擬活動，有利於發展孩子的創造性思維；參與家務、遊戲活動，有利於發展孩子的發散性思維。

有位日本醫學博士對手與腦的關係進行多年研究後指出：「如果想培養出智力開闊、頭腦聰明的孩子，那就必須讓孩子鍛鍊手指的活動能力。」由此可見，大腦發育對手靈巧的重要性，而手動作的靈敏又會反過來促進大腦各個區域的發育。這就是「眼過百遍，不如手做一遍」的道理。

養成動手實踐的習慣

現代生理心理學的研究顯示，手與思維有著密切的連繫。人體的各個部位在大腦皮質上均有一個相應的區域，而這個區域的大小並不與身體這個部位的大小相當。在大腦中，支配手部動作的神經細胞有 20 萬個，而負責軀幹的神經細胞卻只有 5 萬個。比如，與大腿相比，大拇指很小，但是大拇指在大腦中所占的區域面積是大腿的 10 倍還多。因為大拇指負責的功能要比大腿精細複雜。大腦的興奮程度高，又能更有效地調節手指的活動，提高手指動作的協調性和靈巧性。兒童的手和手指動作的協調性和靈活性，已經成為衡量其智力水準的標準之一。

美籍華人，諾貝爾獎的獲得者朱棣文就是一個善於動手的典範。

小時候的朱棣文活潑好動，他的母親回憶說：「他沒有一刻閒著，很調皮，家裡的沙發，他爬上爬下，但他天資聰穎，酷愛讀書，從小就有很強的動手能力。」童年的朱棣文就有豐富的想像力及一定的思維能力，他經常將軟肥皂捏成各種動物形狀，連大人看到都會感到驚奇。稍大一點，他就能用小刀在木頭上雕刻飛機、軍艦等自己感興趣的玩意兒。朱棣文還用他那雙靈巧的小手製作了一架又一架的「飛機」和「軍艦」，客廳裡到處擺放著他的傑作。

此外，朱棣文還很喜歡玩積木，除了建房子模型外，他還到庫房找零件，將玩具改裝成機器人。在改裝的過程中，他的機械和物理常識更加豐富。更重要的是，他養成了自己動手的習慣，也讓自己的雙手變得更靈巧。

到了小學四年級，朱棣文已經成為一名「合格的」安裝工了。他經常花費許多時間來建造一些毫無目的性的裝置，把一大堆零件組裝到一起，做成一個他也不知為何物的大東西。朱棣文自己回憶說，小時候「我花了許多時間用來製作一些無明確用途的器具。」通情達理的母親允許朱棣文

進行他的「工程創作」，並且給予他鼓勵。父母對孩子的鼓勵，充溢著這個家庭，伴隨著朱棣文的成長。

朱棣文長大後還十分喜歡下廚，可能是他喜歡動手做一些事情的緣故吧。他說：「動手下廚像實驗一樣，可以訓練一個人的專注與解決問題的能力，特別是在冰箱裡找剩菜，拿僅有的材料下廚，在有限資源中求變，這種經驗、能力，對解決我日後所面臨的瓶頸，有很大的助益。」

實踐和創新往往是孿生兄妹，實踐是創新的源泉，創新是實踐的動力。正因為朱棣文善於動手實踐與總結，經過多年的努力，他終於獲得了巨大的成功。

正因為動手實踐有著如此重要的作用，所以，家長應從小培養孩子動手實踐的能力，只有動手實踐，才能驗證真理，做到進一步的創新。

家長應鼓勵孩子大膽進行探索性玩耍

玩是孩子的天性，不會玩的孩子不可能是聰明的孩子。

家長要積極鼓勵孩子進行探索性玩耍。積極鼓勵，就是要創造條件，必要時，也可參與玩耍；探索性玩耍，就是要鼓勵孩子玩出新的花樣，嘗試各種各樣的玩法。

在對孩子的玩耍方面，要糾正三種不正確的做法：

✧ **為了安全，不讓孩子玩**：安全當然是重要的，但不能杞人憂天或因噎廢食，而且安全也有個程度問題。

✧ **怕孩子弄髒衣服而不讓孩子玩**：有些家長把孩子打扮得乾乾淨淨，有的孩子甚至全身穿名牌，生怕因玩耍而弄髒衣服。衛生確實需要講究，但不能影響孩子必要的玩耍。

✧ **怕損壞物品和玩具**：有些家長雖然給孩子買來了各種玩具，但不讓孩

子自由地玩。有些家長不准孩子摸或擺弄物品，動輒以「要弄壞的」相威嚇。教育孩子愛護東西是對的，但不能要求過嚴。

總之，孩子需要自由地玩耍，因為玩不但可以增長智慧，還可以培養孩子的動手能力。

教給孩子各種勞動實踐技能

孩子動手實踐的熱情受打擊，往往是技術不高導致失敗而影響到興趣，因此，父母要不時地將各種生活、勞動技能傳授給孩子。孩子有了嫻熟的技術，在實踐過程中就會得心應手，屢次獲得進步和成功，就會喜歡上動手實踐。

讓孩子在遊戲中提升動手實踐能力

遊戲體現了孩子的興趣點，能激發孩子動手實踐的熱情。如果家長巧於引導，則會讓孩子喜歡上動手實踐。孩子在動手實踐過程中找到樂趣，自然會喜歡上動手實踐。

飛飛放學回家後對爸爸說，今天在數學課上學的是「對稱」，她知道什麼是對稱了，還知道了幾種對稱的類型，可是她對「軸對稱」、「中心對稱」的概念還是感到很模糊。

爸爸拿出了家裡的剪紙書和剪紙所用的材料，鼓勵飛飛透過親手實踐，將這兩個概念理解透徹。

飛飛按照書中所介紹的，剪出了軸對稱的圖形「蝴蝶」，中心對稱的圖形「四葉風扇」，中心對稱和軸對稱的圖形「圓」，透過動手實踐，她將生活中的圖形和書本中的知識結合在一起，加深了對知識的理解和對概念的領悟。

第五章　創新力—孩子超越自我的能力

　　遊戲是受孩子喜歡的一種娛樂方式，透過玩遊戲能讓孩子的動手實踐能力得到提升。孩子的動手能力越強，也就越樂於自己動手，在生活中展示自己的技能。嫻熟的動手能力使孩子獲得了成就感，也提升了孩子動手實踐的信心。

家長要懂得欣賞孩子的「破壞」行為

　　對於孩子的「破壞」行為，家長不要責罵，而是要學會欣賞。孩子出於好奇心，對事物進行探索而造成「破壞」，家長應該給予鼓勵，因為許多喜歡搞「破壞」的孩子，動手實踐能力都很強。

　　旭旭又在拆東西了，這次拆的是鬧鐘。媽媽看見了本想去搶救鬧鐘，卻被爸爸制止了。旭旭先把螺絲擰下來，觀察裡面的結構。他被鬧鐘裡的齒輪和發條線迷住了，試著用手去拉它們。他每拉一次，都會聽到不同的響聲，看上去特別高興。一個下午，他沒有離開桌子，一直在擺弄那個鬧鐘。

　　陳旭喜歡拆東西，家裡人都知道。很多時候，他拆過的東西都報廢了，可爸爸從未責怪過他。現在，他已經成為市裡的小發明家了，獲得了兩項發明專利。他取得的今日的成就，自然少不了爸爸的功勞。

　　孩子喜歡「破壞」並非壞事。孩子的動手能力和創新能力往往是從「破壞」中得來的。因此，家長要懂得欣賞孩子的「破壞」行為。

　　此外，家長還應該培養孩子堅持不懈的創新實踐精神。創新是一個不斷反覆的過程。在創新過程之中，孩子必然會遇到各種各樣的困難和挫折，家長要告訴孩子，只有在困難和挫折面前，誓不低頭，把困難和挫折當作機遇，這樣才能有所突破，獲得成功。

第六章
語言表達力 —— 展示自我的能力

　　語言表達能力，即是人與人之間進行資訊交流的能力，是現代人必備的重要能力。對人們來講，語言表達能力越強，就越容易與他人順暢交流、有效合作，也越容易獲得發展的機遇。可以說，出色的語言表達能力是一個人贏得支持，獲得成功的最重要的能力。從小訓練孩子的語言表達能力，有助於孩子從芸芸眾生中脫穎而出。

▎語言具有重要的力量

　　人類的生活離不開語言，有了語言，人與人之間才可以交流思想和知識，而語言的背後又蘊涵著個人豐富的思想內涵。法國著名文學家雨果（Victor Hugo）說：「語言就是力量。」20 世紀初的俄國著名詩人馬雅可夫斯基（Vladimir Mayakovsky）也說：「語言是人的力量的統帥。」出色的語言表達能力和表達藝術在社會生活和人際交往中具有不可估量的魅力。

出色的語言表達能力能顯示一個人獲得成功

　　戴爾·卡內基（Dale Carnegie）說：「一個人的成功，有 15％取決於技術知識，另外 85％則取決於他的表達能力。」在當今時代，越來越多的人意識到表達能力的重要性，對於任何一個人來說，口頭表達都是一項不可或缺的能力，一種未來成功的資本。一個善於言談，口才突出的人能很快從人群裡脫穎而出，為自己贏得更多的發展空間與成功的機會。

出色的語言表達能力能幫孩子贏得融洽的人際關係

　　每一個人都希望交往順利，都希望透過交往建立起和睦的家庭關係、親屬關係、鄰里關係、朋友關係、同學、同事關係……而這些良好的社會關係可以使個人在溫馨怡人的環境中愉快地學習、生活和工作。在人際交往中，起決定性因素的，不僅僅是個人的行為，還有個人的言語。正如俗話說的「溫言一句三冬暖，惡語傷人六月寒」──怎樣說、多說「溫言」不出「惡語」，不僅僅是個人的品德問題，更涉及口才的好壞。

　　一個善於說「溫言」且能順暢地表達個人意圖的人，在社會交往中往往如魚得水，因為他可以把自己的意識很完美地表達出來，別人聽後便會

非常樂意接受。此外，還可以透過交談推測出對方的意圖，從中受到啟發，從而進一步了解對方並與之建立友誼。因此，在各種各樣的人際交往中備受歡迎便不再是難事。

宋徽宗不但具有繪畫天賦，而且寫得一手好字。為此，他也常常詢問大臣：「我的字寫得怎麼樣？」大臣們也無不奉承地說：「陛下的字好，天下第一。」

有一天，宋徽宗召見著名書法家米芾。於是詢問米芾：「米愛卿，朕的字怎麼樣？」米芾是書法大家，書法勝過宋徽宗，如果恭維皇帝第一，必然要委屈自己，萬一被徽宗發現還會犯「欺君」之罪；如果誇耀自己第一，又必然會使皇帝掃興，這還真是個不好回答的難題。聰明的米芾靈機一動，說：「臣以為在皇帝中，您的字是天下第一；在大臣中，則微臣的字天下第一。」宋徽宗聽了心領神會，不得不從心底佩服米芾的真誠和機靈。

一個人要想在複雜的人際關係圈裡遊刃有餘，就應該擁有良好的口才。因為，好口才具有無窮的魅力。它會讓原本就熟識彼此的人情意更濃，愛意更深；會使陌生的人相互產生好感，產生深厚的友情；可以使意見有分歧的雙方相互理解，消除矛盾；還可以令彼此怨恨的人化解敵意，友好相處。

語言表達能力強的人善於巧用語言，化解自身的尷尬處境

詩人應邀到大學做學術講座。在談到自己的詩作時，他準備朗誦一段給大家聽，由於詩稿放在了一個學生的課桌上，詩人便走下臺去拿。這個學術講座安排在一個階梯式的教室裡，詩人上臺階時，一不留神一個就滑倒在了第二級臺階上，這種情形讓學生哄堂大笑起來。

面對這種窘境，詩人優雅地站起，整理了一下衣服，然後緩慢地轉過身，面對學生，指著臺階說：「你們看，上一個臺階多麼不容易，生活是這樣，做詩亦然。」

莫非話音未落，教室裡頓時響起一陣熱烈的掌聲。

詩人笑了笑，接著說：「一次不成功不要緊，可以再努力！」說著，他擺出一副很用力的樣子，邁步上了講臺，繼續他的講座。

出色的語言能力，不失時機的完美表達，不僅可以讓人有「臺階」下，還會使人有「臺階」上，在大眾面前游刃而有餘。詩人的故事表達的正是這樣一個道理。

總之，一個人要想獲得事業上的成功，擁有融洽的人際關係，過上輕鬆、愜意的生活，就必須具有能應對一切的口才。語言就是力量，善於說話的人，可以流利地表達自己的意圖，也能把道理說得清楚、動聽，並使他人樂意接受。

在今天這樣的資訊時代、文明社會，探討學問、接洽事務、交換資訊、傳授技藝，以及交際應酬、傳遞情感和娛樂消遣都離不開說話。甚至衡量一個人是否有力量，這種力量能否表現出來，在很大程度上都要看他的口才、看他的語言，這時，語言就是力量。

孩提時的口才與長大後的口才有著必然的連繫。因此，家長從小重視培養孩子的口才，就等於為他（她）將來走向社會打下了一個扎實的基礎。這是家長送給孩子的最好的禮物。

▎良好的語言環境是家長營造出來的

每個孩子自出生的那一刻起，就是一個孜孜不倦的「學習者」，他們將在家長精心營造的愛的環境裡開始自己漫長的「學習之旅」，他們將從

良好的語言環境是家長營造出來的

家長——自己的「啟蒙老師」身上習得成長所需要的一切本領。家長的一聲呢喃、一個微笑都將投映到孩子幼小的心靈裡，供他們參照、模仿、學習。孩子口才的學習，也是一樣的道理。因此，要想你的孩子口才出眾，家長應為孩子營造一個良好的語言環境。

首先，家長要營造一個輕鬆愉悅的語言學習環境，讓孩子在濃濃的語言學習氛圍中發揮自己的語言天賦和潛力。對於孩子來說，他們的語言能力的發展有賴於家庭環境。一個在良好語言環境中成長起來的孩子，一般都具有優秀的口才。史丹佛大學心理學和教育學教授羅伯特赫斯博士說：「家庭語言環境可以直接影響孩子的思維能力。」事實確是如此，語言是思維的外衣，什麼樣的思維就會有什麼樣的語言表達方式。

冬冬的爸爸、媽媽喜歡扯著嗓子說話，所以，冬冬表達自己想法的最直接方式就是大喊大叫。如果達不到自己的目的就大吵大鬧。

有一天，冬冬的媽媽在給一個朋友打電話，冬冬卻在這個時候想吃冰箱裡的果凍。於是，他在旁邊一直叫媽媽給他拿果凍。冬冬的媽媽被孩子這樣一鬧立即變得煩躁起來，粗暴地沖冬冬大喊道「別吵啦！看我回頭不修理你！」冬冬聽了，「哇」的一聲，大哭起來。

無獨有偶，娟娟家也發生過這樣的一幕。但與冬冬的媽媽相比，娟娟的媽媽就顯得有耐心多了——

娟娟在媽媽身邊鬧個不停，媽媽小聲對娟娟說：「媽媽在給阿姨打電話，妳先別說話，等媽媽打完電話就給妳拿！」聽了媽媽的話，娟娟果然乖乖地跑到一邊玩去了。

兩個媽媽對孩子吵鬧的方式採取了不同的處理方式，所得到的結果自然也不同。冬冬的媽媽性格比較急躁，平常說話就喜歡大嗓門，所以，孩子也養成了達不到目的就大哭大鬧的習慣，加上媽媽又粗暴地命令他安

第六章　語言表達力—展示自我的能力

靜，所以，他學到了對粗魯命令的服從和對母親的恐懼；相反，娟娟的媽媽有耐心，她使孩子理解和遵守了兩個原則：必須在他人打電話時保持安靜，要懂得與他人合作。赫斯博士認為，僅僅要求孩子「別吵啦」的單一命令，不太可能使孩子把他的行為與正在發生的事情連繫起來。相反，一個比較複雜的口頭請求則能鼓勵孩子去思考自己的行為，並將其行為與周圍的人和事進行連繫。因此，第二個母親的孩子在以後遇到類似的情況時就會以更成熟的方式進行反應。

其次，家長還應該注意自身的說話習慣。正如美國心理語言學家 F. R 施萊伯所言：「要想知道你孩子將來的語言如何，就必須先研究你本人現在的言語。」

家長是孩子最早、最願意模仿的對象，是孩子口才學習的第一任教師。因此，家長一定要注意自己的語言修養。多用正面的、積極的、文明的語言，多用對孩子激勵的、使他們上進的語言。

如果家長在孩子面前隨便說粗話、髒話，對孩子的身心健康和語言發展則會產生不良影響。為此，年輕的家長在孩子面前一定要注意自己的一言一行，萬萬不可粗心大意。

在孩子面前，大人不但要「淨化」自己的語言，禮貌用語，還應該注意引導孩子說話文雅。

再次，多與孩子交談。家長應多讓孩子說話、多聽孩子說話、多跟孩子說話、多給孩子提供表達自己的機會，讓他大膽地表達自己。不給孩子說話的機會和表達自己的機會，對他一生的發展是沒有任何好處的。

只要家長在家，就要主動和孩子說話，哪怕是孩子還不會說話的時候，家長也要有意識地與孩子說話。實際上，孩子儘管不會說，但他會明白家長的意思。而且，家長的善於表達和交流也會對孩子產生影響，孩子

良好的語言環境是家長營造出來的

會學著家長的樣子和別人說話，從交流中得到許多資訊和經驗，也讓他更傾向於願意和別人交流。

遺憾的是，許多家長由於工作忙，沒有時間多和孩子說話，於是，孩子大多時間就和電視作伴。結果，孩子因為缺少和人對話的機會，語言表達能力沒有被開發出來，從而導致不善於表達。

沙沙今年 6 歲，馬上就要上小學了，按理說，這個年齡的孩子，應該正是嘰嘰喳喳、活潑好動的時候。可是，沙沙平常從不主動和其他孩子玩耍，只喜歡坐在電視機前看卡通片，或者坐在房間裡看書、玩玩具。一見到生人，她就急忙躲到奶奶的背後，小臉漲得通紅，更不用說張口喊人了。

看到孩子這個樣子，沙沙的父母也不知如何是好，他們分析來分析去，覺得是自己工作太忙，與沙沙在一起的時間太少。不僅如此，由於工作勞累，他們下班後很少和沙沙說話，也沒有耐心聽孩子講話。時間長了，沙沙就變得內向、不愛說話了！

可見，孩子口才的強與弱取決於家長的教育和影響。良好的語言環境，正確的語言啟蒙，恰當的交流與溝通能讓孩子的表達能力得到很大的提高。反之，就可能導致孩子語言表達能力發展遲緩，甚至會停滯乃至倒退。

又次，要注意孩子周圍的語言環境不要過於複雜，如爸爸說國語，媽媽說台語，奶奶說客家話。孩子能聽懂各人的話，但對於還處在學話階段的孩子，模仿著說就有困難了，所以，往往這種孩子的語言理解能力正常，但在語言表達上就落後了。

最後，家長還應該努力豐富孩子的生活，因為生活是發展語言的源泉，豐富生活可以讓孩子的語言內容更豐富起來，讓孩子有話可說，願意說。比如，參加校內外的各項活動、觀看演出、逛公園、爬山、到各地觀光旅遊等。參與活動的目的在於使孩子在五彩繽紛的實際生活中攝取大量

的有價值的說話材料，尋到說話的源頭。當孩子說得興趣盎然時，家長還可以適當地提醒他注意自己口述的條理是否清楚，用詞是否恰當，語言是否流暢等，久而久之，孩子的口頭表達能力就會得到提高。

一粒小小的種子，只有吸取了土壤中的養料，得到了陽光的撫慰與雨露的滋潤，才能茁壯成長起來，開出美麗的花，結出豐碩的果實。孩子的口才培養也是一樣，良好的語言環境是土壤，家長的語言方式與恰當的溝通是口才形成的思維枝幹，而家長的關心與鼓勵是陽光和雨露，綜合了這些條件，孩子才能妙語如珠！

█ 打開孩子語言的開關

力力今年6歲，馬上就上一年級了。按常理來說，這個年齡段的男孩子應該活潑好動、精力旺盛才是。可力力不一樣，他不喜歡跟陌生人交流，即便跟爸爸媽媽交流，也僅限於「哦」、「好」、「可以」這類簡單的對話。一有時間，他就坐在電腦前玩遊戲。

力力的爸爸媽媽開始著急了，他們請教了專家。專家分析：力力之所以這樣，與他從小養成的習慣有關係。力力的爸爸媽媽開網咖，力力吃、住都在網咖裡，爸爸媽媽因工作忙，自從力力自己會玩開始，爸爸媽媽就把他完全託付給了電腦。而力力倒也省心，只要一玩電腦遊戲就不哭不鬧，可也因此，他一天都說不了幾句話。語言表達能力始終沒有發展起來，與別人交往也存在障礙。這時候，力力的爸爸媽媽才發現問題的嚴重性。

要想讓已經變得寡言少語的孩子喜歡說話，家長除了多陪伴孩子，多與孩子說話外，還要注意尋找孩子的興趣點，以此為突破口來打開孩子的語言按鈕。

說起愛因斯坦與音樂的故事，人們都不會忘記一幅著名的漫畫：

　　愛因斯坦的臉被畫成一把小提琴，琴弦上有音符，還有那個著名的公式：$E=mc^2$。但是，很少有人知道，愛因斯坦曾是一個不愛說話，不善於表達的孩子，他的語言按鈕是怎樣被開啟的？

　　一般發育正常的孩子在 1 歲左右就開始講話了，但是，已經 3 週歲的愛因斯坦卻沒有說話的跡象，家長非常著急，專門請教了懂教育的人，得到的答覆是：如果沒有生理缺陷，有可能是環境影響了孩子的語言能力的發展。造成生理缺陷的原因一般有兩種：一種是遺傳，如果家庭中有人是啞巴，可能會遺傳給後代；另一種是生病等原因，影響了孩子的語言系統的生理發育。

　　愛因斯坦的家長認真回憶了自己的長輩，確定至少三代以內沒有人是啞巴。愛因斯坦從出生到 3 歲之間，沒有得過任何疾病，生理上的原因完全可以排除。於是，家長開始意識到自己的家庭環境有問題，自己跟孩子在一起的時間太少，沒有人跟小愛因斯坦交流，以致影響了他的語言能力的發展。

　　事實證明，愛因斯坦的家長的結論是正確的。愛因斯坦喜歡獨處，他不善於和別的孩子相處，經常故意躲開其他小朋友，獨自玩耍，甚至都不願意和家人在一起。如果妹妹的吵鬧讓他覺得煩躁了，他就會爆發出激烈的情緒。

　　最後，家長決定給愛因斯坦請個家庭教師，以增加愛因斯坦與他人交流的機會，而家長也盡可能地抽時間與愛因斯坦進行交流。

　　第一次上課時，愛因斯坦看著陌生的老師，竟然大發脾氣，並向老師扔椅子以示抗議。儘管家庭教師費盡心機，企圖讓愛因斯坦說話，但是愛因斯坦連看都不看老師一眼，只是盯著窗外搖動的樹枝，身子還不時隨著樹枝而晃動。

第六章　語言表達力—展示自我的能力

愛因斯坦偶爾獨自發笑，家庭教師吃驚地看著他，自言自語地說：「這個孩子像木頭一樣，還經常一個人發呆，莫非他是個傻子，我可沒有本事教會傻子說話。」

老師不喜歡愚鈍的愛因斯坦，甚至連愛因斯坦的家長有時都懷疑愛因斯坦的智力發育是否有問題。這種與眾不同的個性過早地讓愛因斯坦沉浸於一個人的夢想中。

愛因斯坦的家長在閒暇時間，最愛做的事情就是帶著全家郊遊。小愛因斯坦似乎天生醉心於大自然，他常常瞪著兩隻好奇的眼睛，緊閉雙唇，默默地跟著家長，默默地注視著眼前的自然景色。他喜歡在靜謐的大自然中獨自深思，而不喜歡與其他人一起做一些無聊的事情。

有一次，母親帶愛因斯坦到郊外遊玩，別的孩子有的游泳，有的爬山，只有愛因斯坦默默地坐在河邊發呆。

好心的親友們悄悄地對愛因斯坦的母親說：「你的孩子總是坐著發呆，是不是腦子有毛病？還是趁早去醫院檢查吧！」

可是，愛因斯坦的母親卻十分自信地對他們說：「我的小愛因斯坦沒有任何問題，你們不了解他，他不是在發呆，而是在思考問題，他將來會是一個了不起的人。」

家長急切地盼望著愛因斯坦能夠早日說話，家長想，只要能說話，哪怕智力平庸，長大後也能夠生存下去，家長也不用為他擔心了。愛因斯坦的父親由於生意繁忙，在家的時間很少，沒有閒暇的時間觀察愛因斯坦，於是，母親決定留心觀察一下孩子。

有一次，母親坐在鋼琴旁輕輕地彈奏鋼琴，優美的旋律從母親的手指間流淌出來；這時，愛因斯坦正歪著腦袋，瞪著大大的棕色的眼睛，全神貫注地傾聽著美妙的音樂。

打開孩子語言的開關

母親高興極了，對愛因斯坦說：「嘿！親愛的小傢伙，看你一本正經的樣子，真像個大學教授！」

經過一段時間的觀察，細心的母親發現，每當她演奏鋼琴的時候，愛因斯坦就會一動不動地坐在旁邊聽；每當演奏到美妙之處時，愛因斯坦的表情就會變得喜悅。母親驚喜地想：「孩子能聽懂音樂，能聽懂音樂的孩子怎麼會是傻子呢？」

有了這一驚喜的發現後，母親就經常給愛因斯坦彈奏鋼琴曲。小愛因斯坦常常陶醉於音樂中，有時手舞足蹈，有時靜靜地聆聽。耐心的母親一邊用音樂引導孩子的聽力；一邊給他講解簡單的樂理知識。小愛因斯坦似懂非懂地認真聽著，偶爾嘴裡還嘟噥什麼，但誰也聽不清楚。

不愛說話的小愛因斯坦對音樂入迷了。在 4 歲那年，愛因斯坦終於開口說話了。

語言是人的一種特殊的需求和特徵。幼兒需要說話，他迫切要知道和告訴人們那是什麼，某人在幹什麼，怎麼樣……這既是自然性的生理需求，也是社會性的精神需求。

進行語言教育正是為了滿足幼兒的這種需求，為其身心的健康發展準備條件，如果這種需求得不到滿足，那他的心理會發生扭曲，作為「人」的一切特徵將難以展現。因此，每一位家長都要重視孩子的語言表達能力，主動引導孩子表達自我。

當然，在培養孩子語言能力時，家長一定要有耐心。正如英國教育家赫伯特‧史賓賽（Herbert Spencer）所說：「就像從蘋果樹上採摘果實也需要方法一樣，打開孩子的心靈之窗需要家長的靈性和耐心。」

▍不要壓抑孩子說話的欲望

小鄒喜靜，不愛講話，可他的兒子——5 歲的小叮噹卻是個話匣子，整天沒完沒了地說話。為此，小鄒非常惱火，經常呵斥小叮噹「閉嘴」、「能不能安靜一下」、「不要亂說」等。可小叮噹就是「頑固」，在被「教訓」完不過 10 分鐘便又嘰嘰喳喳地講個不停。

呵斥不起作用，小鄒就把「傢伙」搬了出來，以後小叮噹只要不停地說話，小鄒就嚇唬他：「再叫看我不揍你。」慢慢地，小傢伙還真的變「乖」了不少，開始的時候還喃喃自語，可是，一見爸爸的臉色不對，馬上就噤聲了。再後來，小傢伙的聲音少了，笑容也少了，見了人就躲到角落裡一聲不吭。小鄒剛開始的時候還暗自高興，覺得自己的「教育」有成效，可時間一久，他就發現有些不對勁了，有時候他問小叮噹問題，小叮噹也只會用手比劃或者驚恐萬狀地看著小鄒卻不敢出聲。

這時候，小鄒又為自己的錯誤教育方式後悔了。

孩子的多話往往起源於牙牙學語時期，那時，他們早熟的發音能力和語言能力經常博得大人的注意、誇獎和驚喜。大人們鼓勵得越多，孩子就越能說。實際上，讚揚的確有助於提高孩子的語言表達能力。然而，有一些孩子則會慢慢地養成過於注重口頭交流的習慣。

多話的習慣一旦養成，孩子會在不自覺中喜歡說，而不喜歡聽。當他們大一些的時候，儘管他們的話不再受到那麼多重視，但是他們依然想透過自己滔滔不絕的說話引起大人的注意。這個時候，家長如果過多地訓斥、壓抑孩子，不准孩子說話，無形中會挫傷孩子的自尊心，以後孩子說話都要考慮對錯，導致形成心理暗示，使其說話能力退步。此外，兒童時期還是孩子性格形成的關鍵期，家長過多地訓斥還會讓孩子產生怯懦、自

卑的心理，做起事來畏首畏尾，缺乏魄力，這對孩子的成長是非常不利的。

其實，孩子有話可說，有事可想，都是好事，一定不要壓抑孩子。因為說話，實際上就是人的思維的反應，小孩子說話，實際上就是在訓練他的思維能力。孩子愛說話，表示他反應敏捷，更具創造性、建設性和邏輯性思維。作為家長，不應該用強硬的態度壓制孩子，不准孩子說話，而應該針對實際情況給孩子一些實質性的幫助。

那麼，家長應怎樣幫助這些愛說話的孩子呢，以下是兒童教育專家的一些建議。

✧ **正確引導他們的談話**：多話的孩子之所以有時不討人喜歡，是因為他們的話往往重複、沒有意義、平淡且缺乏組織。其實多話的孩子往往有著比較強的語言能力，他們需要的是家長的正確指導，使他們的談話更有創造性、建設性和清晰的邏輯結構。可以鼓勵他們寫故事、日記、信，以及給兒童雜誌寫文章和詩歌。對這些寫作形式的熱衷既能讓孩子的語言能力得到充分的發揮，又可以避免一些無意義、讓人煩的談話。如果孩子不太喜歡寫的形式，也可以變換一些方式，如讓他們打在電腦裡，或錄下來。

✧ **鼓勵他們的其他興趣**：挑選一些家長可以和孩子一起進行的活動，如遠足、騎車、室外遊戲，或者棋牌類遊戲。這些活動可以吸引孩子注意力以減少說話。

✧ **幫助他們找到自己的「舞臺」**：鼓勵孩子參加社區活動、幼兒主持大賽、表演等活動，在這些活動中，一方面，他們會不自覺地強迫自己在說話前作比較深刻的思考，不但培養他們從思考中得到樂趣，也提高他們的思維能力；另一方面，他們也可以獲得更多的聽眾，讓他們重新找到自信和自尊。

- **教育孩子說話注意場合、對象，要有禮貌**：說話是一種溝通方式，家長要告訴孩子：說話，也是需要規矩的。例如，在別人說話時不要打斷；在對方說話時不要玩或看別的東西。一定要聽懂對方說的是什麼意思，需要時可以複述。為了避免孩子說話時有不禮貌的表現，家長可以讓他注意自己說話、提問的內容，如別人家的一些私事不要亂說、亂問等。

- **多給孩子講話的機會**：專門找時間陪孩子聊聊天，給孩子提供一些講話的機會。凡是講話，就一定要圍繞一個話題一直談下去，不能隨意轉換話題，如果發現孩子轉換了話題，也要及時提醒，當他談完一個話題後，最好回顧和總結一下剛剛談過的話題，時間長了，孩子聽話的習慣就會形成。

總之，在孩子說話欲望強烈的時期，家長應適當給予引導，給孩子最大的說話空間以滿足其說話的欲望，鍛鍊其口才。只有這樣，才能促進孩子口才的進一步發展。

引導孩子學會聊天

美國的一位語言教育專家指出：「成人與孩子經常性的、有品質的談話，與單純讓孩子聽有關語言材料相比，前者對孩子能力的發展影響更大。」然而，在我們的生活中，能夠真正做到經常性地與孩子進行有品質的談話的家長並不多。

很多家長除了例行公事般地詢問孩子在學校的表現和學業成績外，幾乎再也找不到什麼可聊的話題了。而家長與孩子的交談因為過多局限在說教和學習方面，導致孩子索然無味，久而久之，孩子和家長交流的願望就會逐漸減弱，他們寧願把心事藏在心底，也不願意和家長說，尤其是在遇到挫折和

困難的時候。這樣，兩代之間的溝通就越來越少，代溝也就出現了。

很多時候，家長因為太忙碌，往往把與孩子交流的任務交給了冷冰冰的玩具、電視或電腦，把給孩子講故事的任務交給了播放機。這些家長總是讓孩子面對各種沒有生命和溫度的「物」，卻忘記了孩子最需要的恰恰是和「人」的交流。

於是乎，很多家長對孩子就有了這樣的評價：「我家的孩子從小就不太愛講話。」事實上真是如此嗎？以下這個故事將為我們揭曉答案：

「你和爸爸媽媽經常聊天嗎？」

「不經常，有什麼好聊的，他們跟我沒有共同語言。」

「為什麼這麼說呢？也許爸爸媽媽也很想了解你呀！」

「因為爸爸媽媽每次跟我說的都是些老生常談的話，什麼讀書要認真呀，爸爸媽媽生活不容易呀，你要爭氣呀。這樣的話，有什麼好聊的，聽都聽煩了，他們就不想想，除了學習，我的生活中還有其他事情發生啊！」

「那你為什麼不試著讓爸爸媽媽了解自己呢？」

「沒有用的，有代溝！」

乍聽此話，我們可能會忍俊不禁：誰也不相信，這是一個六年級的孩子與筆者的對話。從這一對話中我們不難發現：孩子之所以不喜歡與家長交流，不僅僅因為家長的話缺乏「人情味」，更因為，許多時候，家長自身和孩子根本沒有什麼聊天的興趣。他們掛在嘴邊的話常常是「吃飯時候別說話」、「出去玩，別在這搗亂」、「我沒時間和你講」。試想想，在這種談話氛圍之下，孩子怎麼可能願意向家長敞開心扉呢？

其實，家長只有做到多關心一下孩子的日常生活和情感世界，才能真正走進孩子的心靈，更好地培養家長與孩子的感情。也只有跟孩子多多交流，才能清楚孩子內心的想法與需求。那麼，家長應如何與孩子進行交流呢？

第六章　語言表達力—展示自我的能力

一般來說，家長要想與孩子進行融洽的交流，就必須懂得給孩子創造說話的氛圍和機會，要抓住生活中的各種時機與孩子進行交談。

首先，家長要製造融洽的談話氛圍。家長與孩子之間的良好的親情關係是進行思想交流的良好基礎。有些家長平時和孩子交流很少，發生問題之後就嚴厲訓斥孩子，久而久之，親子之間的感情距離漸漸拉大或者在孩子不順自己的心時，大發脾氣，使孩子產生了叛逆心理，感情關係陷入困境。在這種情況下，進行交談是沒有什麼效果的。為此，與孩子交談，首先要製造一種和諧的氣氛，說個笑話，講點令人高興的事情，拉近彼此的感情距離，效果則會好得多。

其次，改變自己的語言模式。家長教育孩子的語言，似乎已經成了某種模式：當孩子還是嬰兒時，家長用嬌慣的語言對待孩子，結果使孩子養成了很多對付大人的壞習慣，如哭鬧、操縱大人、拒絕飲食等。當孩子會走路時，家長又用限制性的語言管束孩子，命令他這也不能動、那也不能動，結果孩子的創造天性被大人扼殺。當孩子上了學、有了學習任務、需要得高分時，家長每天和孩子溝通的語言似乎都是一些一成不變的話，如「你要聽老師的話，好好學習呀！」、「你做完作業沒有？」等，這些對話蒼白且缺乏「人情味」，讓孩子不勝其煩。

再次，要對孩子的生活乃至與孩子的談話表現出極大的興趣與熱情。孩子對你講話時，最讓他掃興的就是聽到你說：「我早就知道了，有什麼好說的。」這樣的言語就像一盆冰冷的水一樣澆滅了孩子說話的熱情。以後，孩子再不會有與你交談的積極性與熱情了。此外，家長的表情也很重要，如果在聽孩子講話時，你一臉的不耐煩或者面無表情、漫不經心，也會打擊孩子與你交談的積極性。

最後，聊天的話題也很重要。很多家長覺得與孩子缺乏交流的話題。

實際上，家長與孩子之間的話題有很多很多。家長不妨以孩子感興趣的話題為切入點，與孩子進行溝通交流，以下的話題可供參考。

◇ **聊學校裡的事**：如放學回家後詢問孩子學校裡的新鮮事，課堂上的情況，或者同學老師怎麼樣。總之，凡是與他有關的人和事都可以談。這樣，在不經意間，在看似很平常的詢問中就鍛鍊了孩子的口語表達能力。他能講清楚一件事，甚至還會發表自己的看法，這都是家長所希望的！當然，在這中間最忌諱因沒有說清楚或說的冗長就訓斥孩子或頻繁地打斷孩子說話來糾正錯誤。這樣會打擊孩子說話的積極性。

◇ **談孩子感興趣的電視節目等**：現在的電視節目，種類繁多。而喜歡看電視的孩子也是不計其數。例如，家長平時想利用搭公車的時間跟孩子講講名家名篇，但是孩子總是嘟著嘴巴不愛聽，可一跟她講電視播放的兒童節目，她就興奮異常，滔滔不絕地與你聊節目中的人物，情節，還一個勁兒地發表自己的看法。可見，觸及「興趣」二字，一切便迎刃而解。家長可以從孩子愛看的電影、電視節目中找到切入口，透過多種形式，進行說話訓練。讓孩子重述小說或電視電影的故事，幫助孩子將長故事濃縮成「短劇」。如陪同孩子看完喜歡看的動畫片，可以讓他說說其中的精彩情節，訓練其說話的條理性、準確性。此外，有些電視裡的話題節目，也有對孩子進行口語訓練的好題材。這樣的說話訓練，能夠使孩子在愉快的氣氛中，既回顧了電影、電視節目的內容，豐富了知識，又使口頭表達能力得到了訓練，一舉多得，對家長而言，是一種行之有效的訓練方法。

◇ **聊社會上的熱門話題**：孩子雖然尚未涉足社會，但家長平時透過看新聞可告知他們一些社會資訊或熱門話題，既能增加他們的見識，又能使他們學會思考。等孩子稍大些可參與非正式討論，以訓練其辯駁能

力；當然不要苛求孩子談論問題的本質，只要他能對問題發表自己的見解，把意思說明白，也就達到了訓練的目的。

當然，這個階段的聊天，不一定是正襟危坐的聊天，家長可以把聊天融入活動當中。比如，給孩子講講故事，唱唱兒歌，說說悄悄話等自由輕鬆狀態下的交談都可以。家長經常和孩子交談，易於理解孩子的語言和心思。

在與孩子交談的過程中，家長如果發現孩子語言邏輯上有錯誤時要及時糾正，以逐漸減少條理不清、層次不明的現象。比如，孩子說：「我丟了幫我找找。」其實，家長知道是孩子丟了東西，讓家長協助找一找。於是，家長就去幫忙孩子尋找，而孩子對於這句不完整的話並不在意，時間長了，孩子會養成說半句話的毛病。因此，家長要及時糾正孩子言語中的錯誤，促使孩子的表達能力和內部語言能力有所提高。

當然，家長與孩子交流時不僅僅涉及交流的內容，還應該注意自身說話的技巧。比如，有些家長在和孩子聊天時，總是生硬地問：「今天老師說什麼了？」、「今天學校裡有什麼新鮮事啊？」

這樣的問話很容易讓孩子產生反感的消極情緒。他會說：「沒說什麼。沒發生什麼事情」，導致交流陷入尷尬的氣氛中，進而中止。

如果家長能先觀察一下孩子的表情，再有意識地引導孩子說話，這樣的聊天往往能很順利地進行下去。

比如，發現孩子放學回來比較沮喪，家長可以關切地問：「怎麼了？是不是遇到不順心的事情了？要不要爸爸幫忙呢？」當孩子回家比較高興時，家長可以微笑著問：「今天怎麼這麼高興，是不是學校裡發生了什麼有趣的事情，說給媽媽聽聽，也讓媽媽高興高興。」

這種形式的發問因為傾注了感情，往往可以引導孩子比較積極地回答。

另外，神祕感較強的語言往往也會激發孩子的好奇心，吸引孩子主動參與到聊天當中來。比如，「今天媽媽在街上碰到了一件很搞笑的事。」、「你知道嗎？原來你爸爸也有見不得人的祕密。」神祕氣氛的營造，激發了孩子說話的欲望。當然，要學會變換不同的語言和語氣，不要總是用同樣的方式來說話。

當孩子變得沉默寡言時，除了多陪伴孩子，多與孩子說話外，家長還要注意尋找孩子的興趣點，以此為突破口來開啟孩子的語言按鈕。

值得一提的是，交談時，家長還應該保持冷靜的心態，不要受其他事情的影響，也不要顯出不耐煩的樣子，要讓孩子感覺到輕鬆自在，而不是拘束緊張。若能做到以上幾點，那麼，孩子與你的交流將變得和諧、順暢起來！

鼓勵孩子多找機會說話

對於孩子來說，具有當眾說話的經驗很重要。一個上課經常積極發言的孩子，在生活中往往也是善於表達的；而那些在生活中羞於表達的孩子，在課堂等許多大眾場合很可能是一個沉默、缺乏自信心的人。正因為如此，家長應該鼓勵孩子多找機會說話，說得越多，孩子就會越自信；越自信，孩子的口才就會越好。而羞於機會發言的孩子，最終只會被同學和老師忽略，成為一個缺乏影響力的人。

生活中，有一些孩子對事物常有極為出色的點子與想法，卻很少被採用和重視，原因就在於無法適時、準確地把自己的觀點表述出來。由於害怕面對人群，這些孩子不敢在眾人面前開口說話。讓孩子主動爭取上臺說

話的機會，可以使孩子慢慢學會如何面對聽眾。當孩子懂得如何面對聽眾，並且不再害怕聽眾時，便可以在眾人面前侃侃而談，讓更多人了解自己的想法和主張了。

有一位聰明的家長，在兒子上學的第一天，他就教給了兒子一個訣竅：在學校裡要多舉手，尤其是想上廁所的時候，更要高高舉手。

兒子記住父親的叮嚀，不只是在上廁所時記得舉手，老師發問時，他也第一個舉手。

日子一天天過去，老師對這個不斷舉手的小男孩的印象十分深刻，只要他舉手，就會讓他優先發言。因為累積了這種不為人所注意的舉手發言權，這個小男孩在學習及自我肯定能力等方面都大大超過了其他同學。這為他以後的學習奠定了一個很好的基礎。

那麼，家長應該鼓勵孩子抓住哪些機會發言呢？

◇ **課堂上主動出擊**：課堂是一個展現自信的舞臺，在課堂上舉手是一種自我表現，是對自信的挑戰，缺乏自信的孩子往往害怕問題回答錯誤，怕同學的嘲笑，怕受到老師的責罵，因此，不敢舉手。還有的孩子比較害羞，沒有在人前發言的習慣，所以，也不願意舉手發言。無論是哪種原因，不願意積極參與課堂活動都不利於孩子的正常發展。鼓勵孩子積極舉手發言，大膽地說出自己的觀點和看法，不但能鍛鍊孩子的表達能力，還能激發孩子的鬥志，培養孩子的自信心，讓孩子變得更加暢所欲言。

為了讓孩子回答得更好，在家庭中，家長可以和孩子一起來個「模擬課堂」，讓孩子做好充分的課前準備。這樣，到了課堂上，孩子自然會積極地爭取回答問題的機會，而且態度自然，回答出色。

✧ **讓孩子上臺演講和發言**：對於孩子來說，僅僅在課堂上發言是不夠的。還應該讓孩子嘗試在上百甚至上千的聽眾面前講話。在班上說話，對孩子來說，僅僅是一種小嘗試，孩子並沒有那麼大的心理壓力，可一旦站在大眾面前，孩子所承受的心理壓力就大得多了。如果你的孩子能夠站在大眾面前發言，無論說得怎麼樣，都是值得家長高興的。因為，這已經是一種了不起的勇氣了。只要多加訓練，你的孩子一定能夠成為一個能說會道的「說話者」。

✧ **鼓勵孩子爭取做小朋友們的「代言人」**：如果孩子有不錯的「群眾」基礎，身邊的人有什麼事情都很樂意求助於他，那麼，請好好珍惜這個機會。成為小朋友公認的「代表」，就意味著孩子有了更多到臺前說話的機會。當然，把話說好的責任也就更重了。

▍為孩子創造展示口才的機會

在生活中，我們經常看到這樣的現象：許多孩子在家裡人面前總喜歡滔滔不絕地說個不停，可是一到了親戚朋友家裡就十分扭捏，有時候甚至連基本的招呼都不打。這是為什麼呢？眾所周知，好口才始於交流，沒有一定的展示口才的空間和機會，孩子何來好口才？所以，家長應該主動為孩子創造交流的條件和環境，為孩子展示口才提供空間與機會，這樣，孩子在實踐中累積了足夠多的交流經驗，面對他人的時候就不會「無話可說」了。

那麼，家長應該如何為孩子創造展示口才的機會呢？以下是一些家長的做法，值得我們效仿。

第六章　語言表達力—展示自我的能力

把餐桌當成「口才訓練場」

很多家長平日裡忙於工作，所以，他們鮮有時間與孩子進行交流。而孩子每天從學校回來，都有一肚子的話急於跟爸爸媽媽分享，特別是在吃飯的時候，很多孩子便會迫不及待地在全家人面前開始他（她）的個人演講。小丹就有這樣的「嗜好」。

那一天，好不容易等到爸爸媽媽回家，晚飯已經開席了。於是，小丹一邊吃飯，一邊開始了彙報：「今天，老師提了一個問題，班上的其他同學都答不上來，就我回答出來了！老師還因此表揚了我！」說完這話，小丹滿懷希望地看著媽媽，希望能得到她的表揚。不想，媽媽的臉色一沉，訓斥道：「不是告訴過你，吃飯的時候不要說話嗎？不就是得到一次表揚嘛，又不是考了 100 分，有什麼可高興的。」

一聽這話，小丹的臉色變得很不好，之後再也沒有說一句話。

爸爸看了於心不忍，飯後就找小丹，讓小丹說說今天學校發生了哪些有意思的事情。可是，這時候的小丹已經沒有說話的興致了。

本是很溫馨的餐桌交談就這麼被破壞掉了。試想，以後小丹還願意與自己的爸爸媽媽交流學校中發生的事情嗎？

其實，對孩子來說，餐桌上的演講是他們身心發展的必然歷程。作為家長，應該對這種現象給予適當的引導，將這種自發的「餐桌演講」發展成為有目的、有組織地培養口語表達能力的自覺行動。比如，組織「家庭演講會」、「星期日家庭演講比賽」等活動，以培養孩子的觀察、思維、記憶、語言表達等能力。指導孩子把事情講清楚，把話說明白，可對孩子的演講題目劃範圍，提要求，但不要限定過多過死，也可把孩子演講的過程錄下來，再放給孩子聽，以提高孩子的興趣。簡單、甚至粗暴地制止還不如讓孩子痛快地說完。

為孩子創造展示口才的機會

孩子剛開始「餐桌演講」時，因為情緒激動可能講得不那麼流暢自然，家長一定要耐心細心地幫助孩子克服語病，鍛鍊孩子的觀察力、感受力、想像力，提高口語表達的完整和準確程度。

如果孩子吃飯的時候說話太多，家長要耐心地告訴他，吃飯之後，可以專門聽他演講。這樣的承諾一定要兌現。當孩子對這些演講感興趣的時候，孩子就不會在吃飯時只顧著說話了。

可以為孩子舉辦家庭晚會

無論是一家三口還是四代同堂，孩子總是日常生活的主角，是家人歡樂的來源。茶餘飯後，家長與孩子一起組織策劃一場小型家庭晚會，讓孩子擔當主持人，培養孩子的組織策劃能力，同時也達到了鍛鍊口才的目的。

小宇的爸爸從老師那裡了解到小宇在學校很內向，不愛講話。爸爸分析孩子一個主要的心理障礙是當眾講話緊張。於是，他想了一個辦法，每週末在家裡辦一個詩文朗誦會，除了爸爸媽媽和小宇外，還邀請小宇的叔叔、阿姨、姑姑及堂妹、表弟等來參加。這個活動使一家人的氣氛特別活躍，大家都積極參與。在家人面前，小宇沒那麼緊張，表現得也不錯。小宇的叔叔有過當主持人的經驗，每次叔叔朗誦的時候，爸爸都在一邊給小宇講評，讓小宇學習朗誦的技巧。這樣，小宇在這個家庭聚會的朗誦表現越來越出色，親人們對他的誇獎也越來越多，他的信心也越來越強，在學校裡也變得開朗多了。

家庭晚會的形式多種多樣，有綜合晚會、文學作品朗誦會、才藝表演等，晚會的主角自然是孩子，家長和其他家庭成員也要參與其中，孩子面對眾多「觀眾」會更加投入，因而鍛鍊了他當眾講話的能力。

綜合晚會講求花樣繁多，靈活多變。這樣的晚會，最鍛鍊人的角色並非演員，而是主持人。眾所周知，現在電視節目中的綜藝節目主持人都是伶牙俐齒，而且都具有非常強的場面掌控能力和安排能力。只是有的風格詼諧幽默，有的穩重大方。因此，孩子作為家庭晚會的「小主持人」具有一定的挑戰性。孩子要提前熟悉整個晚會的節目流程和進程，話語的銜接、氣氛的營造等都需要反覆練習。家長在「場下」，也可以給予一些建議。

朗誦會節目比較單一，家長和孩子可根據個人的興趣事先選擇好要朗誦的文學作品，提前練習，朗誦會舉辦之後，家長和其他成員對孩子的朗誦提出中肯的意見，以便幫助他進步；而家長也應該聽取孩子的意見，因為當孩子指出他人不足的同時，自己會注意在講話或者朗誦時避免同樣的問題。除了家人的參與外，可以邀請孩子的同學、朋友參加，既能活躍氣氛，又能促進孩子之間的交流。

對於有文藝特長的孩子，才藝晚會是一個絕佳的展示舞臺，不過，我們的重點是鍛鍊口才，因此，家長要注意掌握家庭小晚會的方向，引導孩子始終以「說」為主，演藝為輔。

家庭晚會的規模雖然不大，但是真的舉辦起來，也比較耗費精力。因此，不宜過於頻繁地舉辦，主要是因為一來避免占用太多的時間，二來過多地舉辦會讓孩子失去興趣，一到兩個月舉辦一次最好，可以根據節日或孩子在幼稚園、學校學習的內容來確定。

讓孩子多參與社交活動

逢年過節或者是週末休閒，讓孩子經常參與親朋聚會、同學的生日慶祝派對、班級組織的團體活動等社交活動，非常有助於鍛鍊孩子的口才。

為孩子創造展示口才的機會

熱烈的場合會大大激發孩子說話的興趣，也就是我們平時所說的「人來瘋」，孩子會非常熱衷於向叔叔阿姨、同學們講自己看過的書和動畫片，吸引大家的注意。即使是性格比較安靜的孩子，也會因為受到氣氛的感染而活躍起來。

週日是彤彤的爸爸同學聚會的日子。彤彤想和爸爸一起參加，在她賴皮撒嬌之下，爸爸終於答應了。到了週日，彤彤一早就起床，穿上自己心愛的白紗裙和白色皮涼鞋，又請媽媽給自己梳了個漂亮的公主頭，簡直就是童話故事中的小公主。爸爸看著漂亮活潑的女兒，心裡別提多自豪了。

到了聚會的飯店，彤彤的爸爸發現帶女兒來還真帶對了，其他的同學也都帶上了自己的孩子。10 個成年人加上 8 個孩子，顯得格外的熱鬧。大人們談得情緒高漲，孩子們也玩得不亦樂乎，興高采烈地談論著最近電視熱播的動畫片，還有好玩的遊戲。一個頑皮的小男孩在模仿動畫人物時，不小心打碎了酒杯，此時，他的父親大聲斥責道：「臭小子，安靜點，再打碎東西看我不揍你。」小男孩委屈得眼淚都快掉下來了，之後，這個小男孩便安安靜靜地坐在位子上。

吃飯的時候，一位老同學提議讓孩子們表演一個節目，幾個孩子湊在一起，扭捏著不願意表演，而彤彤大大方方地站出來，為大家講了一個風趣小故事。看著女兒幼稚卻認真的表演，聽著她清脆而流利的話語，爸爸覺得欣慰至極。而那個受到家長訓斥的男孩卻始終不肯上臺「露臉」。

帶孩子出席社交場合，能夠讓孩子運用到平時學習的知識和詞彙，累積孩子與他人交際的經驗，不過，帶孩子出席聚會或其他活動的時候，家長也應該注意以下幾點。

首先，家長切忌對孩子發號施令，嚴加管束。孩子也有自己的尊嚴，家長的呵斥會打擊孩子說話的積極性。

其次，別給孩子「下定論」。一位母親帶著 8 歲的孩子到朋友家做客，孩子對陌生的環境缺乏安全感，膽小羞澀，不肯向主人問好。這位母親不好意思之餘大談自己的孩子「沒出息」，不愛說話，說也說不好。從此，孩子再也不願意去別人家做客，即使家裡來了客人，他也總是把自己關在小房間裡不出來。對於不善表達的孩子，這位母親非但沒有進行鼓勵和教育，反而大肆宣揚孩子的缺點，加重了孩子的心理負擔，使孩子產生了強烈的自卑感，進入了惡性循環的漩渦。

再次，讓孩子自己做主。家長帶孩子到朋友家做客，主人若拿出食物或者玩具禮物等給孩子，不要替孩子作決定，讓他自己做主。孩子想要什麼或是想看什麼，本身並沒有錯，因為孩子有這個需求，任何人都沒有理由來指責，只能根據情況適時適當地作出解釋和說明，以做引導。如果有必要，家長可以提前在家叮囑孩子，而不是越俎代庖剝奪孩子講話的權利。

最後，家長要學會「推銷」自己的孩子。如自己的孩子不夠大膽，家長不僅不要在他人面前責罵孩子，而且還應該鼓勵孩子「你很不錯的！」、「其實你也可以這麼棒的！」家長積極鼓勵孩子「展示」自己的口才，能讓孩子的才能得到迅速發揮。

多為孩子創造展示口才的機會，能夠增強孩子的信心；給孩子說話的權利，讓他表達自己真實的意願；這樣才能使孩子贏得更多的掌聲與喝彩。

▌不要阻止孩子「申辯」

聽話的孩子總是討人喜歡的，而愛「頂嘴」、「固執」的孩子則常遭家長的訓斥，被剝奪辯解說明的權利。這種情形在生活中很常見，以下便是其中一例一：

不要阻止孩子「申辯」

曉航今年 10 歲，讀小學 4 年級。

有一天，表妹來了，曉航把表妹帶到他的臥室玩。剛開始，媽媽還聽到兩個小傢伙在房間裡玩得挺開心的，但過了一會，媽媽就聽見房間裡傳來表妹的哭聲，媽媽聞聲跑進去，發現曉航居然在拿玩具熊打表妹的頭，媽媽趕緊把兩個孩子拉開，並且罵曉航說：「你是哥哥，也不懂得讓表妹，你再這樣我就揍你！」曉航解釋說「我是跟她鬧著玩的……」媽媽就打斷他，說「你打人你還狡辯？」然後就命令兩個小孩在不同的房間玩。

在許多家長看來，犯了錯誤還要進行解釋的孩子是在做無謂的狡辯。他們認為，孩子跟大人「頂嘴」為自己申辯就是一種沒有禮貌的行為，所以，對於孩子的申辯，家長予以否認。事實上，從某種意義上說，孩子懂得「頂嘴」是孩子有主見的表現，有些時候，孩子並不是想「狡辯」或者「頂嘴」，他們只是想為自己的行為申辯而已。然而，家長們卻剝奪了他們辯解說明的權利，這樣強制性的行為可能會給孩子的成長帶來一系列危害。

◇ **使孩子產生叛逆心理**：生活中有的孩子犯了錯誤，試圖找出理由為自己辯護，其目的無非是想獲得家長對自己的諒解，這種心理很正常，也是孩子鼓足了勇氣才這樣做的。如果家長武斷地加以「狙擊」，孩子會認為家長不相信自己。對家長的這種「蠻橫」做法，孩子雖不敢言，但心卻不服，以後孩子即便有再充足的理由也不會申辯了。孩子一旦形成了這種心理定式，便把家長的責罵訓斥權當耳邊風。

◇ **讓孩子形成認識障礙**：一些犯了錯誤的孩子，因為沒有真正意識到錯誤而與家長爭辯。而這時，家長簡單粗暴地不給孩子爭辯的機會，不讓其透過「辯」來分清是非，根本性的問題其實沒有真正解決。由此，孩子的認識就會逐漸產生偏差。

✧ **可能扼殺孩子的新思想**：一個「頂嘴辯解」的孩子，往往能將是非善惡權衡在自己的評判標準上，顯示了不唯命是從，求是明理的思想特質。許多孩子正是在有所聽和有所不聽的過程中，逐步學會了認識問題和處理問題。而家長「不許頂嘴」的高壓使孩子產生了唯唯諾諾的心理，這讓他們以後如何創造性地解決問題和處理問題？

其實，孩子勇於「頂嘴」，表示孩子有個性、有主見、有活力，勇於對大人「不合理」的要求及「錯誤」的結論進行反駁和公開抗爭。這樣的孩子沒有畏縮心理、壓抑心理及懦弱、保守、逆來順受的性格。對於「頂嘴」的孩子，家長們需要冷靜、理智、正確地對待：

✧ 作為家長，應該看到孩子稚嫩的思維中有不理解、不能接受的事物存在，他們渴望明白事物的真相，家長應該給予理解。在平等的爭辯中，讓他們分清楚事物的本質，是對孩子極好的刺激思維的訓練，勇於據理力爭是孩子有主見、愛動腦筋的表現，這一點是非常可貴的。當孩子「頂嘴」的時候，家長要真誠地去傾聽孩子辯解的理由，並且加以具體分析。不要憑主觀臆斷或一面之詞而妄下結論。因勢利導，讓孩子充分申辯，培養他們敢想、敢說的良好習慣，既能使他們明事理，又能使他們的口才得到很好的鍛鍊。

✧ 家長要尊重孩子，容許孩子向自己的尊嚴挑戰，「頂嘴」頂得高明的孩子，是大有作為的，常有令人驚嘆的上佳表現，好好加以培養，就可以使自己的孩子成為一個思維敏捷、有遠大抱負的人才。愛因斯坦就是從現有定論中產生疑問，力排眾議，創造發明而取得了驚人的成果。如果家長為了個人的面子和尊嚴，而置孩子的「委屈」和「苦衷」於不顧，以勢壓人，以「大」壓小，就有可能挫傷孩子的自尊，

致使孩子叛逆和逃避心理的形成。當然，還可能讓孩子因此變得不再喜歡說話。

✧ 家長要耐心傾聽孩子的申辯。孩子需要申辯，說明他有表達「委屈」的願望。這個時候，家長不要急於憑主觀臆斷或一面之詞而妄下結論。應該耐心、真誠地去傾聽孩子辯解的理由，並且加以具體分析。只有這樣，孩子才能感覺到家長對自己的「尊重」。這樣，他們說起話來，思維才能更通暢，也更勇於表達自己的立場。

✧ 為孩子營造辯論的氛圍。在孩子為自己的行為「申辯」時，家長不妨因勢利導，讓孩子充分申辯，培養他們敢想、敢說的良好習慣，這樣做能使孩子既明事理，又鍛鍊了口才。

✧ 引導孩子學會自我分析。讓孩子「申辯」並不是讓孩子牽著大人的鼻子走，而是鼓勵孩子說話、表達的時候意識到自己的謬誤，正視存在的問題，鼓足信心去克服它。這樣，孩子才能夠明辨是非。

✧ 對「頂嘴」的孩子，不要謾罵、不要體罰。在家庭中，要發揚民主，鼓勵孩子申辯。這可使孩子感覺到無論做什麼，只有「有理」才能站穩腳跟，這對孩子個性的發展極為有利。孩子有時可能會狡辯，這時家長可正確引導，與孩子充分面對事實、講道理。這是一種鍛鍊，可以讓孩子從各種困難和挫折中走出來。

總之，對於孩子的「頂嘴」，作為家長應有足夠的民主風範，不要為了面子和尊嚴，而置孩子的「委屈」和「苦衷」於不顧，不要把孩子的「頂嘴」與自身的「權威意識」掛上鉤，把他們的申辯和不講禮貌混為一談。家長應該允許孩子在適當的時候「申辯」，這樣才能讓他們在爭辯中清楚地意識到自己的對與錯，從而更堅定正確的想法，健康地成長。

透過「講故事」訓練孩子的表達力

目前，大多數的家庭中存在著這樣一種普遍的現象：家長們意識到了給孩子講故事的重要性，所以，每天回家不管多忙多累，都會抽出時間給孩子講故事。可是，家長們卻沒有意識到，讓孩子自己講故事似乎意義更大。

首先，讓孩子自己講故事，不但可以激發孩子的想像力，還能啟發孩子的思維能力，讓孩子在講的過程中變得越來越富有創造力。

其次，讓孩子自己講故事，還能很好地培養孩子的參與意識，鍛鍊孩子的語言表達能力。在「講」的過程中，孩子感受到了「講」的樂趣與「講」的成就感，這為孩子口才的發展奠定了良好的基礎。透過講故事的方法來訓練孩子的語言表達能力，意義深遠。

引導孩子自己講故事，家長可使用一些小技巧，如採取接續、複述、編排、改錯等辦法，激發孩子的興趣，啟發孩子的思維。從而達到讓孩子自己講故事的目的。

透過複述的方式引導孩子講故事

當家長給孩子講完一個故事以後，可以試探性地要求孩子也用自己的話講講剛才聽過的故事。在孩子開始複述故事的時候，不管孩子講得如何，家長都應該予以稱讚與鼓勵。孩子在這種語言再創造的過程中不僅鍛鍊了語言理解能力，而且還鍛鍊了語言再加工能力。對孩子的思維能力與表達能力的提高是大有幫助的。

留有餘地，讓孩子進行故事接龍

孩子年齡小的時候，由於語言表達能力不強，講整個故事是有困難的。這時候，家長可以先給孩子講一小段，同時有意識地給孩子留下想像

的餘地，在故事的關鍵處打住，讓孩子順著情節發展，構思出順理成章的結局來。

為孩子提供素材，考驗孩子編故事的能力

六七歲孩子的知識面雖然有限，但是想像力卻非常豐富，他們會幻想和海豚一起在水下生活遊戲、套上游泳圈在天空馳騁。而且孩子的思維已經顯示出他們具有一定的邏輯性，可以完全憑想像編排出完整的故事來。找一些故事素材，給孩子一點提示，「編造」出或生動或感人甚至有點匪夷所思的故事，讓孩子的想像天馬行空，讓孩子的口才自由發展。

假裝不相信孩子的能力，「騙」孩子講故事

當你的孩子在若有其事地看著圖畫書的時候，你不妨坐在他們身邊，問問他們是否真的能看懂故事。如果孩子告訴你說他看得懂，你不妨假裝出不相信的樣子，激發孩子的好勝心，誘導孩子自己講故事。在孩子講故事的時候，你需要做的只是瞪大眼睛，微笑、大笑。聽完了故事，你要做的是，提問 —— 再提問 —— 讚揚。這樣，孩子得到了鍛鍊，家長也輕鬆了。真可謂一舉兩得。

製造「錯誤」，激發孩子改編故事

孩子自我意識增強，對學過的知識、聽過的故事記憶深刻，時常喜歡用自己學到的東西「指導」、「評論」家長的所作所為。家長不妨利用這一點，故意給孩子講錯故事，誘導孩子來糾正，從而養成孩子講故事的積極性。

一個小女孩纏著爸爸讓他講故事，爸爸耐心地抱著她，娓娓道來：

「草原上有一匹快樂的馬，這匹馬在草原的上空自由地飛來飛去……」

「爸爸，你肯定說錯了，馬是不會飛的？」

「哦？為什麼呀？」爸爸故作驚訝地問道。

「牠沒長翅膀呀！」

「真聰明，說說看，什麼會飛呀？」

「蜻蜓、燕子、喜鵲、大老鷹⋯⋯」

「那妳給爸爸講個飛行比賽的故事怎麼樣？」

「好吧。嗯⋯⋯讓我想想。」

幾分鐘後，聰明的小女孩開始講故事了。

爸爸的「錯誤」像把金鑰匙，打開了女兒的話匣子。家長故意講錯故事，可以錯在開頭，誘導孩子反駁，鞏固所學知識；錯在中間，激發孩子糾正，鍛鍊思辨；錯在結尾，啟發孩子想像，讓孩子創作出理想的結局。

讓孩子一起現編情景故事

假日或朋友團聚，也是孩子們聚會的好時機。幾個孩子圍坐在一起，即興編一段小故事是個不錯的想法。故事的角色就是在場的小朋友，情節可以選擇聚會上發生的事情。當孩子之間熟悉之後，還可以把故事表演出來。大人們不需要指導孩子如何說，讓他們盡情地說出自己的思想，不失時機地予以讚美就足夠了。

除了家長外，其他家庭成員也可以成為孩子的聽眾。利用孩子的自豪感、自信心，讓孩子在大人面前充分展示自己的口才和勇氣。

孩子給大人講故事，精神高度集中，經歷了閱讀、思考、理解、語言組織和表達等一系列複雜過程，是一種絕佳的口才訓練。在孩子講述故事的時候，有些家長就像上面故事中的孩子一樣，看到孩子講述的故事有些不合常理，有些荒謬，就打斷孩子，對孩子提出質疑。使孩子感到緊張和

尷尬，這樣做不利於孩子發揮想像將故事編出來。所以，當一個善於傾聽的聽眾對於家長來說也是同樣重要的。

要讓孩子肚子裡有「貨」

有一則笑話，說的是一個秀才寫文章，憋了好久也寫不出來，他妻子說：「寫文章有這麼難嗎？難道比我生孩子還難？」

秀才痛苦地回答道：「當然比生孩子難，生孩子至少肚子裡還有『貨』，可我肚子裡實在是沒有『貨』啊！」

看到這個故事，很多人可能會忍俊不禁。事實上，秀才的苦衷是可以理解的。俗話說「巧婦難為無米之炊」，沒有豐富的累積，怎麼可能做到「言之有物」呢？寫文章是這個道理，口才同樣也是這個道理。肚裡有沒有貨，在很大程度上制約著口才的發揮。

眾所周知，但凡口才好的人，在說話的時候，往往能夠旁徵博引、融會貫通，談吐自如、妙語連珠，巧問妙答、左右逢源。而要做到這一點，沒有淵博的學識、深厚的語言累積是不行的。所以我們說：豐富的知識、深厚的語言累積是良好口才的源泉。口才中所運用的豐富知識不僅能為講話提供大量的素材，而且能增加表達的魅力，增強表達的感染力。

作為家長，若希望你的孩子「言之有物」、「出口成章」，就應該加強孩子的知識儲備和語言的累積。對於孩子來說，讀書不但能提高他們的理解力，開闊他們的視野，豐富他們的頭腦，還能增強他們的表達能力，提高他們語言表達的準確性。那麼，為了提高孩子的口才能力，家長應該推薦孩子讀哪些書呢？

◇ 多讀一些生動有趣的故事書。對於低幼齡孩子來說，情節生動、想像奇特、生動有趣的故事是他們讀書的最好選擇。首先，趣味性強、情

節生動的故事能啟發孩子的想像力，提高孩子的表達能力；其次，故事書還能激發孩子的閱讀興趣，讓孩子讀起來「不累」。

✧ 讓孩子多讀知識性書籍。各類知識性的書籍，能增長孩子們的見識，為他們提供新鮮的說話素材。

✧ 還可以讓孩子讀啟迪類書籍。啟迪類的書籍，能激發孩子思考及與人交流、討論的欲望。

✧ 短淺優美、朗朗上口的文章或小詩歌、順口溜等，也能誘發孩子大聲朗讀的欲望，為他們暢快自如地表達奠定基礎。

在日常生活中，家長若能有意識地引導孩子累積各種知識與語言素材，孩子需要的時候就能做到「信手拈來」、「侃侃而談了！」相反，如果家長平時不注意引導孩子學習與累積各種知識，等到孩子說話的時候，難免會落入「詞窮」的窘境中。可見，引導孩子累積知識，對孩子好口才的形成意義重大。

要引導孩子累積知識，家長還應該培養孩子良好的讀書習慣。家長可以從以下三個方面培養孩子的讀書習慣。

✧ **讓孩子養成平時閱讀的習慣**：孩子可以利用學習的空餘時間，進行必要的課外閱讀，讀書也行、讀報也行，這也就是所謂的「開卷有益」。

✧ **讓孩子養成平時記筆記的習慣**：在學習中肯定會看到一些好詞、好句、好段，甚至是「好文章」，那麼，不妨給孩子準備一個筆記本。讓孩子把自己看到的好內容隨時摘錄下來。

✧ **讓孩子養成「善聽」的習慣**：聽收音機、聽別人交流等都是聽的途徑。只要看到電視上有辯論賽，家長要陪孩子一起觀看。可以讓孩子從中取長補短。

❖ **引導孩子多背誦、累積經典成語、名言雋語、俗語、歇後語**：如「每日一句」，鍛鍊孩子的口才，增強孩子的口語表達能力。

　　知識的累積，好口才的形成不是一蹴而就的，它是一個長期的過程。只要肯堅持，有朝一日，你的孩子一定能夠做到妙語如珠、出口成章……

▌訓練孩子說話的條理性

　　放學後，東東對爸爸說：「爸爸，今天我們班裡發生了一件令人難過的事情。明天我們班和二班要舉行足球比賽，我的同學阿強腳扭傷了不能上場。阿強是我們班的班長，他每次考試都是全班第一名。今天第三節體育課，老師進行百米測試，5 個人一組，每組跑 3 次，選一次最快的成績作為考試成績。阿強分在了我們組，第一次賽跑，我比阿強慢 0.2 秒，第二次他又跑在我的前面，可是他在衝刺的時候不小心摔跤了，腳扭傷了，腫得很厲害，結果我跑了第一。真讓人擔心哪！」

　　聽著東東的話，爸爸有些摸不著頭腦了，東東擔心的是什麼，不是得第一了嗎？生活中，像東東這樣的孩子還真不少。他們說話的時候沒有條理，在給家長或朋友敘述一件事情的時候，一點邏輯都沒有，一會說這，一會說那，一件事情敘述好幾遍。對方聽了卻仍舊似懂非懂。

　　一個說話沒有邏輯與條理的人是談不上有好口才的。所謂條理，就是指說話不前後顛倒，最起碼要讓別人聽懂事情發生的時間順序，事情的起因、經過和結果等發展階段，即把話語進行有秩序的安排、分類。一般來說，3 歲以上的孩子就應該要求他說話講條理，這必須以會連貫地講話為基礎。初看，這個要求似乎太高、太難，不可能做到，甚至有些家長會認為，3 歲多的孩子，能說整句話就不錯了，提這種要求，簡直太脫離實際

了。其實，不是孩子做不到，而是成人低估了孩子的能力。說話是表達自己思想、介紹外界事物的一種方式。說話也有能力問題，如同一個人的其他能力有高有低一樣。

3～4歲的孩子，講話是否有條理，完全在於教育。

4歲的奇奇是個小機靈。他善於表達，且條理性強。

有一天晚上，奇奇到外婆家做客，外婆燉排骨，奇奇吃了幾口，說：「媽媽，馬鈴薯真好吃。」又吃了一會，說：「媽媽，胡蘿蔔真好吃。」又吃了一會，他停下來，很認真地說：「媽媽，真好吃啊。第一，肉好吃；第二，湯好喝；第三，馬鈴薯好吃；第四，胡蘿蔔也好吃。」

聽他說完，一家人都哈哈大笑起來，對著他伸出大拇指。而奇奇的大阿姨更是急不可耐地向妹妹討教，怎麼把孩子的說話能力教得這麼強？

奇奇的媽媽得意地說：「全在於平日細心耐心地教呀。」

那麼，家長應怎樣教孩子講話有條理呢？

✧ **從教孩子有順序地進行觀察開始**：3歲多的孩子對他身邊的一切都充滿興趣，無論是自然界動植物的變化，還是社會上人們的行為，他們都想了解，他們喜歡看、問、摸。針對這一特點，家長可以引導孩子進行觀察，以增長他們的知識，發展他們的語言能力，這種觀察可以隨時隨地進行。

家長買回一個娃娃，就可以讓孩子看看，說說娃娃是什麼樣子的。家長引導孩子先看娃娃的頭：頭髮什麼顏色？是長髮還是短髮？然後看著娃娃的臉和眼睛，最後看著娃娃穿什麼顏色的衣服、襪子和鞋？爸爸穿上新軍裝時，就可以讓孩子看看，說說新軍裝是什麼樣子的：按照軍帽、帽徽、上衣、肩章、下衣、鞋的順序。在街上，引導孩子看看、說說路邊的樹（從樹幹，樹枝到樹葉）、樓房（自下而上或自上

而下）、路上的車輛（從頭到尾）等。經常引導孩子按照一定的順序進行觀察，並把觀察到的物體按照同樣的順序說出來。漸漸地，孩子就形成了有順序地觀察和有條理講話的習慣。

✧ **教孩子按照順序說話，逐漸培養說話的條理性**：例如，「先……再……然後……最後……」等句式敘述，說出完整的過程。我們可透過做一件家務來教孩子。如透過洗手帕來教孩子，讓他邊動手邊體會，並按照句式敘述。把洗手帕的過程完整地敘述一遍。也可利用前後左右上下等方位詞來說話，這是一種空間順序的練習。

✧ **家長可以引導孩子，由觀察單一物體，過渡到觀察幾個物體或整個環境**：例如，觀察大街上有什麼？就可以教孩子按路旁的建築到樹木、花壇，再到路邊的行人、路中間的車輛這樣一個順序進行觀察。還可以透過畫書，教孩子在看畫頁時先由左向右看，或是先看背景（什麼地方、房、樹等）再看人物（有誰？在做什麼），使孩子不斷提高語言表達的條理性。

✧ **根據一定的邏輯順序說話**：按邏輯順序描述就是把眾多的說話材料，按照它們的性質及內部連繫，科學地加以分類，從不同側面表達中心。這對年齡較小的孩子來說可能會有一定的難度，家長可以等孩子長大一些再訓練他的這種能力。

值得家長們注意的是，在教孩子掌握說話的條理性時，不要因為孩子表述得不好，就責備孩子，甚至動手打孩子，這會把孩子嚇壞的。如此一來，不要說說話有條理了，甚至說話都可能有障礙。

對於培養孩子說話有條理的能力，家長應有一定的耐心和信心。只要家長教育的方法正確，態度溫和，並不斷給予孩子鼓勵、引導和示範，孩子熟練地掌握表達的條理性就不再是難事。

第六章　語言表達力—展示自我的能力

第七章
交際能力 —— 讓孩子遊刃有餘

　　很多家長認為，交際是成年人的事情，小孩子只要把學習學好就行了。其實，這種觀點是不對的，孩子的各種能力都是在潛移默化中培養起來的，如果家長平時不注意培養孩子的交際能力，等到孩子踏入社會時，他們就會因為缺乏與人相處的常識而難以適應生活、適應周圍的環境，這樣，孩子的處境將會變得很艱辛。而那些從小就善於與人交往的孩子，長大以後，必能很好地融入社會、融入團體，使自己更好地發展。良好的人際關係是一座挖不盡的金礦，是一筆無形的巨大財富。從小培養孩子的交際能力，能讓孩子與周圍人建立並保持一種和諧友好的關係，這樣的孩子往往更具有凝聚力、更受歡迎。

家庭是孩子人際交往的第一課堂

爸爸媽媽含辛茹苦十幾年，終於把小野送進了明星大學。他們別提有多開心了，他們的女兒終於「成才」了！可是，高興的勁還沒過，麻煩就來了。

送完小野剛回到家，小野就打來電話了。在電話裡，小野哭訴道：「宿舍太吵了，她們幾個人嘰嘰喳喳的，喜歡睡覺前聊天，我想叫她們別吵了，可是不敢。因為我又不認識她們。」媽媽安慰小野：「沒事，過一段時間大家熟悉了就好了！」好不容易才把小野說服。

可是，第二天小野又來電話了，這次說的是上課的事情。原來，因為學校很大，小野找不到她要上課的那棟樓，所以很著急。媽媽告訴小野：「那妳就找個人問問呀！」

「問誰呀？那些陌生人會告訴我嗎？他們要是不告訴我怎麼辦？他們要是嘲笑我怎麼辦？……」媽媽聽了女兒的話心裡非常不是滋味。一直以來，她只關心小野的學習，總對小野說：「妳把學習弄好就行了，別的什麼都不用管，更不要和那些壞孩子一起玩，他們成績差，跟他們一起玩只會把你帶壞了。」小野倒也聽話，把全部的心思都放在讀書上，平常很少與同學來往，更不要提有什麼好朋友了。當然，她也不懂得如何與人交往。

家庭是孩子人際交往的第一課堂，孩子與他人交往的能力首先是在與家人的交往過程中形成的，在與家長的交流中，孩子能夠學到基本的交往方式。心理學家發現，許多孩子在長大以後不能與他人正常交往，是因為在他們小的時候，家長沒有教給他們基本的社會交往技能。交往能力不足的孩子，當他們步入社會的時候，就會表現出種種不適應，如不能恰當地表達自己的感受，無法準確地掌握別人的心理和意圖，難以和別人相處，

常遭到別人的拒絕等。隨著這種失敗次數的增多，他們會變得膽小畏縮，對交往失去信心，與大家產生隔閡，找不到歸屬感。他們會抱怨家長、老師和同學不理解自己，抱怨沒有人真正關心自己；使自己處於壓抑、孤獨和冷漠的狀態，性格變得喜怒無常，難以自制。因此，作為家長，應從小培養孩子的人際交往能力。

家長給孩子做好榜樣

在現實生活中，許多家長在言傳身教方面做得不夠，甚至背道而馳，平時教育起孩子來頭頭是道，大道理一套一套的，但自己卻做得很差，寬於律己，嚴於待人，在孩子看來，覺得「爸爸媽媽都不過如此，我又何必呢」。有的家長教育孩子樹雄心、立壯志，自己卻整天泡在麻將桌旁；有的家長教育孩子誠實守信，自己做事卻不守信用；有的家長教育孩子與人為善、文雅禮貌，自己卻經常與別人發生摩擦，口吐髒話，甚至拳腳相加……孩子耳聞目睹了家長自相矛盾的言行，也就難以形成正確的為人處世的態度。即便家長把教育孩子的道理講得再完美，也難免成為蒼白、沒有說服力的空話。

因此，要想孩子具有健全的人格，善與人交往，家長一定要注意自身的行為和語言，不要在孩子面前說別人的壞話，對待朋友、客人不要表面一套，背後一套，孩子會把這些看在眼裡，記在心上的，同時潛移默化成他們自己的交友方式，對其交際能力的培養是不利的。

尊重孩子

家長要尊重孩子，要和孩子站在同等的位置，尊重孩子獨立思考和選擇的權利，不過度干涉他們的選擇。孩子得到了家長的尊重，也就懂得了在生活中要尊重別人，才能得到別人的尊重。

第七章　交際能力—讓孩子遊刃有餘

要幫助孩子樹立自信心

作為家長，不要吝嗇鼓勵性的話語，要及時肯定孩子的優點、長處，以積極的態度接納他們的良好表現，當孩子掌握生活技巧時別忘了給予讚揚。

要培養孩子的同理心

家長可以利用遊戲，讓孩子借助於遊戲中的角色扮演，了解他人的感受。有了這種理解別人感受的能力，孩子就具有與別人共情、相互理解的能力，對於他們的成長會大有好處的。

要給孩子足夠的愛

孩子得到了足夠的愛，就會有安全感，才能對別人產生信任。缺乏愛的孩子會表現得孤僻、不合群、缺乏信任，很難相處。家長可以經常告訴孩子：「做正確的事情，我會保護你的。」給孩子足夠的愛，讓孩子在自信的心理狀態下去適應各種環境。

要教給孩子與人交往的技巧

交往與其他技能性的活動一樣，也要講究技巧。家長應教給孩子一些交往的技巧，幫助孩子贏得同學的友誼。這些交往技巧有：

✧ 使用禮貌用語，如「謝謝」、「再見」、「對不起」、「沒關係」等，不對別人說粗話、做不禮貌的動作。

✧ 孩子主動和同學打招呼，可以幫助其打開友誼之門。

✧ 在與同學的交往中，寬恕同學的缺點和過錯，不為微不足道的小事而斤斤計較。

✧ 與人交往要注重給予，而不應凡事注重回報。

✧ 不無故打斷他人的講話，要認真聽他人說話，切忌心不在焉或只顧做自己的事情。

✧ 不在背後議論他人，也不打聽別人的祕密和隱私。

✧ 真心誠意待人，講信用，不欺騙。

✧ 不用捉弄、嘲笑等方式吸引別人注意，這樣反而容易引起別人的反感。

✧ 在與同學的交往中，善於發現別人的優點和長處，多讚美別人，不因為自己的某些特長而處處炫耀。

✧ 與他人說話，盡量講一些雙方都感興趣的話題，不獨自說個不停而不考慮他人的感受。

✧ 同學之間交往，盡量不要有過多的物質往來。

✧ 不對自己的成績得意忘形，要體諒他人的感受。

✧ 學會帶領其他同學參與到團體交往中來，組織大家圍繞一定的主題交流。

當然，要想孩子真正掌握人際交往的技能，就需要孩子多實踐，多練習。在日常生活中，家長可以鼓勵孩子帶同學回家，並且幫助孩子熱心地招待他的同學或朋友，提高孩子在同學或朋友中的形象。家長的熱心會讓孩子的同學和朋友增加對孩子的好感，從而願意與孩子保持良好的朋友關係。

總之，家長要幫助孩子拓展交往的範圍，在親子交流中讓孩子體會到交往的樂趣和意義，當好孩子人生發展的第一任老師。

「尊重」是與人交往的基礎

懂得尊重他人，不光是一種禮貌的行為，更是孩子健康發展的關鍵組成部分，是孩子今後真正得以立足的根基之一。一個懂得尊重他人的孩子，必定能贏得他人的尊重，而一個對他人缺乏尊重的孩子，則會為自己和他人帶來諸多麻煩。

豆豆的同學都不喜歡豆豆，因為他不喜歡認真聽課，別人說話的時候他總喜歡插嘴，還會看不起家庭條件差的同學。

有一天，豆豆的媽媽正在跟朋友聊天，豆豆要喝蘋果汁，讓媽媽拿給他。媽媽說：「等等，一會媽媽給你拿。」不料，豆豆硬是不肯，他伸長了手臂大叫：「我現在就要蘋果汁！余小芬！」媽媽有些不高興了，責罵他：「你這孩子怎麼這麼不懂事呢？」豆豆馬上就大喊大叫起來：「余小芬，你給我閉嘴！」

豆豆的媽媽對兒子無禮的行為深感吃驚。她丟下電話，不由分說地甩給了豆豆一巴掌，豆豆愣住了，豆豆的媽媽也氣得面紅耳赤。

在問題孩子的背後一定有一個問題家庭。孩子的道德品行不是從天上掉下來的，他不尊重別人，可能是他沒有學會尊重；或者，他根本不知道尊重為何物，因為他從沒有體驗過被尊重的感覺。故事中的豆豆之所以不懂得尊重別人，是因為他根本沒有被尊重過。比如，豆豆的媽媽絲毫沒有考慮豆豆的想法，只是因為豆豆不尊重自己就用了孩子一巴掌，這一巴掌打掉了一個很好的教育機會，也可能打掉了孩子的自尊意識。因此，家長應從小教孩子學會尊重別人，尊重自己，這樣有助於孩子身心的健康發展。

在日常生活中，家長需要做到以下幾點。

以身作則，給孩子尊重他人的示範

要求孩子尊重他人，家長首先要學會尊重。例如，尊重生活中的每一個人，同情弱者，不嘲笑、譏諷別人，不隨便指責別人，注意自己說出的每一句話。

現實生活中，有些家長會對孩子的老師產生抱怨，很快孩子便會對老師做出相同的評論。雖然並不是我們接觸到的所有人都是正直的、和藹的、值得特別尊重的。但是，當家長在孩子面前抨擊一些人或事的時候，所發出的信號就是「不尊重權威是可以的」。這對孩子的教育是不利的。因此，家長應注意自己對老師、朋友、祖父母和其他對孩子影響較大的人物的即時評論，要堅決杜絕說他們的壞話，因為即便孩子不完全理解家長的話，但是家長語氣裡的不尊重成分也會慢慢滲入他的心靈。

尊重孩子說的話

魯迅先生認為，要教育好孩子，首先要尊重和理解孩子，「如果不先行理解，一味蠻做，更大礙於孩子發達。」

有一次，魯迅先生在家中宴請賓客，他的兒子海嬰也和大人同席。

在吃魚丸時，客人們都說：「這魚丸真是新鮮可口呀。」但是海嬰卻對媽媽說：「媽媽，這魚丸是酸的！」

媽媽以為海嬰胡鬧，就責備了他幾句。海嬰於是不高興了。魯迅先生聽後，便嘗了嘗海嬰咬過的那個魚丸，發現果然不怎麼新鮮。他便頗有感慨地說：「孩子說不新鮮，我們不加以判斷，就抹殺是不對的。其實，我們也得尊重孩子說的話啊！」

作為家長，沒有查證是沒有發言權的。只有做到充分地尊重孩子，查證孩子說的話再作出判斷，這樣才能找出問題的關鍵。

第七章　交際能力—讓孩子遊刃有餘

信任孩子

那一年，他剛滿 7 歲，讀小學二年級。

一天下午，老師組織學生在校園的菜園裡採摘還未成熟的青豆莢，他個子最矮也最賣力。由於孩子天生嗜吃，何況又是飢餓年代，勞動過程中，全班同學幾乎都偷偷往嘴裡塞了幾枚青豆，唯有他，一次又一次咽下去溢出的口水，任憑飢腸轆轆，任憑胃壁痙攣，始終沒有吞下一枚豆子。

放學時，老師逐一盤詰這些不諳世事的孩子，每個孩子都膽怯怯地默認了，只有他挺胸、抬頭、乾脆爽朗答道：「沒有，一枚都沒有。」老師死死地盯著他，再次厲聲責問，他的聲音明顯低沉了下去。「一點都不老實，小小年紀就撒謊。」

他被揪著耳朵推進辦公室，其他同學都回家了，只有他被留下了，流著淚……

作為家長一定要記住，誠實的語言需要有信任的耳朵來傾聽，更需要有善良的心來領會。對孩子的信任就是對他最大的尊重，如果你的孩子從小就學會了不信任他人，試想，他又如何做到尊重他人呢？

要求孩子的說話方式要表現出尊重

有的家長認為自我表達是一種健康行為，便允許孩子透過大哭大鬧來隨便發洩情緒。這絕不是什麼好主意。多數孩子在打了家長，或者用言語頂撞了家長之後，會感到愧疚甚至害怕，因為他們意識到自己傷害了愛自己的人。但如果家長對孩子的無禮行為無動於衷，慢慢地，孩子便不再有不安的感覺，並且不再關心自己以後的行為是否會影響到別人。

明確表達出你的希望

　　向孩子表達「應該尊重他人」這一想法的最好時機，是在孩子每次發作的間隔期間。從孩子兩歲半開始，家長就應該反覆顯示你的期待，比如說，「我不贊成拳打腳踢」、「我不喜歡你用言語傷害別人」，或者「我們應為你說過的傷人的話表示道歉」。在孩子小的時候就要明確地給他灌輸一些基本的價值觀念，這會為他以後的健康發展奠定一個扎實的基礎。研究發現，家長對孩子的期望表達得越清楚，孩子出現危險舉動的可能就越小。

從尊重家長開始

　　教育孩子尊重他人需要從教育他尊重自己的家長開始。美國心理學家尤尼斯提出的德育實踐活動理論，注重在道德實踐活動中培養青少年尊重他人的情感，而不是注重提高學生的道德認識。筆者認為，只告訴孩子應該尊重他人是不夠的，應該在生活實踐中，從每一件小事的做法中，讓孩子學會什麼是尊重，學會應該怎樣去尊重他人。

讓孩子看到各種表達尊重的方式

　　從語言及行為上表現出家長的感激之情是顯示尊重他人的強有力的方法。比如，當著女兒的面，稱讚她的舞蹈老師演出組織得很好，聯合其他家長一起為生病的老師製作問候卡，並讓孩子們都簽上名。這些微小的表示和認可，傳達的意思是：孩子們心中的權威人物都是為了他們好而努力工作的，他們是值得尊重的。

第七章　交際能力—讓孩子遊刃有餘

遇到問題時，透過合作來解決

　　當孩子抱怨老師的時候，家長不要隨聲附和，甚至跟孩子一起攻擊老師。家長應該客觀地了解事情的來龍去脈，然後找到妥當的解決辦法。不要提出對抗性的辦法，如果確實是老師的問題，你可以去跟孩子說：「我希望我們一起努力解決這個問題。」這種方式不僅會取得好的效果，也會教會孩子一個最重要的道理：如果他尊重別人，他也必然會得到別人的尊重。

明確指出孩子的無禮行為

　　很多孩子意識不到自己的言行是不合適的。這時，家長需要明確地告訴他：「你剛才說的話非常不恰當，再也不要這樣說了。」

讓孩子嘗到直接的後果

　　提前停止與小夥伴的玩耍，或者命令孩子把已經放在購物車裡的糖果放回到貨架上。如果當時的情況不允許讓他嘗到直接的後果，就讓他稍後再體會。比如說，「你剛才的無禮行為，讓我們在超市浪費了很多時間，所以，今天晚上我們只能少玩一會了。」在行使懲戒的時候，一定要記住言出必踐。

▌從小做到彬彬有禮

　　當彬彬有禮的「紳士淑女」，不但是社交的需求，也是生存的需求。一個舉止得體，待人彬彬有禮的孩子，展現給他人的是一種高雅的儀表風度、良好的語言藝術、良好的個人形象和氣質修養，這樣的孩子，必定會受到他人的歡迎。反之，一個舉止粗俗、滿嘴髒話的孩子，即使學識淵

博、滿腹經綸，也得不到他人的尊重與信任。從小培養孩子良好的風度，能讓孩子一生受益無窮。

那麼，孩子需要掌握哪些個人禮儀呢？

保持整潔的儀容儀表

教育孩子保持儀容儀表的整潔，要把臉、脖子、手都洗得乾乾淨淨。勤剪指甲勤洗頭；早晚刷牙，飯後漱口，注意口腔衛生；經常洗澡，保證身體沒有異味；衣著要乾淨、整潔、合體。一個儀容儀表整潔大方的孩子，會給他人留下一個好印象。

得體的行為舉止

主要從站、坐、行及神態、動作方面提出要求，目標就是「站如松，行如風，坐如鐘，臥如弓」，優美的站立姿態能給人以挺拔、精神的感覺；身體直立、挺胸收腹、兩腳腳尖稍向外側呈「V」字形。要避免無精打采、聳肩、塌腰，千萬不能半躺半坐。走路要昂首挺胸，肩膀自然擺動，步速適中，防止八字腳、搖搖晃晃，或者扭捏碎步。

此外，還應該注意面帶微笑，千萬不要出現隨便剔牙、掏耳、挖鼻、搔癢、摳腳等不良習慣動作。

溫文爾雅的辭令 ——「請」和「謝謝」

良好的禮儀的培養要從禮貌用語開始，所以，不論吃點心或玩玩具，只要與別人接觸，家長都應該利用機會盡可能教孩子多用「請」和「謝謝」。例如，「請給我湯匙。」孩子拿到後，如果忘了說「謝謝」，家長應該提醒：「別人幫助了你，該怎麼說？應說『謝謝』。」然後讓孩子重複，讓這些禮貌用語成為孩子們日常詞彙的重要組成部分。

懂禮的人還要有規則意識 ── 分享、輪流、等候

　　兩歲的小雅一個人抱著兩個小球玩，同歲的沙沙用小手指著球，眼神轉向小雅的媽媽求援：「我也想要。」小雅媽媽便對小雅說：「小雅與沙沙一起分享，一人一個球，好嗎？」媽媽特意使用「分享」這個詞，目的就是讓小雅明白它的含義：「我有，別人也應該有。」社交中另一個重要的概念是「輪流」。對於兩三歲的幼兒，「輪流」的概念需要反覆練習才能逐步滲透到其意識中。例如，孩子玩旋轉木馬，因為人多不能一起上，只好分為兩批輪流玩。有的孩子玩了一次還不想離座，這時家長應該強調：「你已經玩了一次，應該輪到其他小朋友了。」而如果別的孩子正玩著，但有的孩子等不及，想立刻坐上去，家長就應該耐心地引導孩子明白等候的規則：「別的小朋友正在玩，你要玩，就要站在旁邊等。等木馬停了，才能輪到你。」

要養成不影響他人，不打斷他人談話的習慣

　　「不影響他人」已經成為社交界的「國際公約」，也是當今素養教育的一個重要內容。當孩子有「影響他人」的情況發生時，作為家長，需要與孩子溝通：「別人正在工作，請輕輕的。」或者「我們在談話，請等一等，好嗎？」一次，張媽媽正在和鄰居王阿姨說話，四歲的兒子濤濤走了過來：「媽媽，我的鞋帶鬆了。」張媽媽並沒有馬上幫他，而是說：「媽媽正在談話。談完了，我會幫你的。」過後，張媽媽告訴濤濤，打斷別人的談話是不禮貌的。當然，緊急情況下除外。

懂禮貌，還要善於說「對不起」

　　這是禮儀學習的一個重點。小璐精心搭起來的積木大樓被莽撞的淘淘碰倒了。「我不是故意的。」淘淘辯解道。但淘淘的媽媽堅持要他向小璐

說「對不起」。媽媽提醒他：「上次，琳琳不小心把你的積木撞倒了，她也不是故意的，但你很難受，記得嗎？她說『對不起』後，你感覺就好多了，是不是？」淘淘的媽媽採用「換位思考」的辦法，讓孩子站在對方的角度上思考，體會他人的心情，真是一個聰明的媽媽。

總之，文明社會，需要禮儀。在這個溝通日益頻繁的現代社會，培養孩子的禮儀習慣是至關重要的。

要學會如何與人溝通

現在社會，每個人都與外界有著千絲萬縷的連繫。一個人要想在社會中生存和發展，就必須懂得溝通，善於溝通。可以說，溝通能力是人際交往中最重要的一種能力，是一個人打開成功大門的一把鑰匙。只有能很好地表達自己想法和意見的人，才能得到他人的了解、支持和幫助。也只有具有良好的溝通能力，才能使自己擁有更多的朋友，廣泛的人脈。如果不善表達，不會溝通，一個人的人際交往就會受到限制。

對於孩子來說，溝通的意義非凡。

✧ **良好的溝通能力能夠提升孩子的自信**：在與人溝通、交往的過程中，孩子可以慢慢意識到自己的能力，體驗到自身的魅力。他們的自我意識在他人的認可中慢慢建立起來，變得越來越自信。因為善於溝通，孩子還可能排除孤獨感和脆弱的心理，克服憤怒、恐懼、害羞等有害情緒，變得越來越擅長交際、理解他人、善解人意，也因此被他人所喜歡。相反，一個孩子如果不喜歡與人交往，不擅長溝通、交流，就會因為困惑而變得越來越自閉，他們不能公正地評價自己，更不能與人很好地交際，從而導致自尊心受損，自信心不足。

第七章　交際能力—讓孩子遊刃有餘

✧ **良好的溝通能力，能融洽孩子與他人的關係，減輕孩子的心理壓力：**
在與人溝通的過程中，孩子逐漸走出了「狹窄的個人天地」，不再孤獨、壓抑；他們能從與人交往中找到生活的樂趣。不會溝通的孩子，因為心情無人疏導，只會變得越來越孤獨、壓抑！他們會覺得沒有人了解自己！

✧ **良好的溝通能力，是孩子學習新知識的基礎：**對於孩子今後的發展來說，良好的溝通能力同樣有極大的益處。有效的溝通，能節省時間和精力，減少重複勞動，提高工作效率。相反，缺乏溝通能力，只會使孩子在工作的過程中四處碰壁。因此，我們說，溝通是必要的，為人父母，我們一定要教孩子學會與別人溝通。只有透過恰當的溝通，孩子才能融入新的環境當中；只有透過溝通，孩子才能從別人身上學到更多的知識，從而更快地成長。

當然，溝通能力是鍛鍊出來的，要培養孩子的溝通能力，家長應為孩子營造一個能與人溝通的環境，激發孩子表達的欲望，教給孩子溝通的方法和技巧。家長可以從以下幾個方面著手。

✧ **為孩子創設利於溝通的環境：**溝通從心開始，人只有在意識到自己是安全的前提下才可能敞開自己的心扉。要讓孩子學會與人溝通，願意與人溝通，家長應盡量為孩子創造溝通的環境，為孩子的表達提供機會。輕鬆、和諧、民主的氛圍是實現人與人之間良性溝通的前提，家長首先要改變觀念，學會「蹲下來看孩子」，尊重孩子的興趣、愛好、個性和人格，以一種平等、寬恕、友善、引導的心態對待孩子，允許孩子的錯誤和失敗，鼓勵與接納孩子發表不同的見解。

✧ **增強孩子與人溝通的信心：**孩子不善於溝通，與他的自信心缺失有關。如果孩子在團體中不被重視，沒有表現自己的機會，或者受到太

多的責罵、指責,甚至諷刺、挖苦,或者受到某種挫折後得不到應有的指導和具體的說明,都會傷害自己的自尊,影響自信。在這種心境下,孩子難免表現不佳,又可能背負新的壓力,形成惡性循環,孩子會越來越退縮,躲避人群、厭惡溝通。

任何人都有自尊和被人尊重的需求,孩子也不例外。而自尊和被人尊重,是產生自信的第一心理動力,能讓孩子自信地過一生,活得有價值、有尊嚴。可以說,自信,是溝通的第一步。要學會成功地與人溝通,就要讓孩子樹立與人交往的信心,讓孩子正確地評價自己。

✧ **鼓勵孩子表達自己的想法**:鼓勵孩子說出自己的想法、表達自己的感受,讓別人知道自己在想什麼,是進行溝通的第一步,對於那些羞澀、內向的孩子尤其要如此。鼓勵他們平時多說話,多發表自己的觀點,鼓勵他們與人爭論。

✧ **鼓勵以友善的姿態對待別人**:在生活中,有些動作表示出攻擊性和不友好,如叫喊、皺眉和緊握拳頭等;有些動作則表示出友善的意味,如微笑、握手、擁抱等。鼓勵孩子多做出一些友善的姿態,而不要總是擺出一副盛氣凌人、高人一等的架勢,否則就會把朋友都嚇跑。

✧ **提供溝通的機會**:家長在日常生活中要將時間和空間還給孩子,給孩子提供溝通的機會。這裡應該提倡「五給」:給孩子一個條件,讓他自己去鍛鍊;給孩子一點時間,讓他自己去安排;給孩子一個問題,讓他自己去解決;給孩子一個空間,讓他自己去活動;給孩子一個權利,讓他自己去選擇。家長要讓孩子成為家庭事務的參與者和決策者,給孩子充分表達意見的機會,實行家庭民主,耐心接納孩子的正確意見。如果學校和家庭都能做到這一點,孩子不但得到了溝通的機會,還提高了與人合作的能力,提高了實踐能力、增強了自信心。

第七章 交際能力—讓孩子遊刃有餘

✧ **豐富溝通的內涵**：溝通不是無目的、無意義的聊天，溝通應當有豐富的內涵。除了參與各種交流之外，還要引導孩子博覽群書，不斷拓寬他的知識面，使孩子言之有物。可以利用家庭圖書室和網路資源，開設閱讀課，舉辦家庭讀書交流活動；鼓勵孩子利用多種管道進行資料的收集和整理。

✧ **鼓勵孩子多參加團體活動**：特立獨行的孩子自然會缺少朋友、溝通能力差，所以，應該鼓勵孩子多參加學校的各種社團活動。感興趣的社團、公益活動、旅遊、團體性的體育鍛鍊，都是促進孩子與別人溝通的好途徑。家長應該鼓勵孩子與別的小朋友互動往來，產生矛盾也讓其自己解決，這樣孩子的溝通能力才會在無形中增強。

✧ **教給孩子與人溝通的方法**：溝通需要技巧，家長在幫助孩子學習如何與人溝通的時候，要注意教給孩子溝通的力法和技巧。如：

· 「努力尋找話題，你可以認真觀察別人的對話，看別人是如何找話題的」。

· 「話學會傾聽，聽聽別人的講述，少說話」。

· 「學習順著別人的話題說」。

· 「了解當下比較流行的事或詞，這樣才能融入他人的話題之中，並且看看別人平時都談論什麼話題」。

· 「較多和能說好說的人交流，這樣，即使你沒話了，但對方話比較多，能繼續話題，對你也有影響」。

相互信任的基礎是良好的溝通。

▍要有團隊合作精神

　　林格倫（Astrid Lindgren）曾說過：「在文明世界中的人們，真正需要學會的本領是有成效的合作本領，以及教會別人也這樣做的本領。」合作交往是人類活動的基本形式之一。21 世紀是競爭激烈的時代，對人的合作能力提出了更高的挑戰。因合作而安身立命，因合作而完善人生的經歷，相信每一位家長都曾親身體驗過。孩子雖然年紀小，但合作的重要性卻絲毫不能減，無論是擁有現時的快樂童年，還是順利地適應未來的社會生活，都需要他們具備良好的合作精神及必要的行為經驗。歐洲心理學家阿德勒（Alfred Adler）說：「假使一個兒童未曾學會合作之道，他必然走向孤僻之道，並產生牢固的自卑情緒。」

　　現在的孩子大多是獨生子女，家長的過分寵愛容易讓一些孩子養成以自我為中心的習氣。因為自己就是「中心」，別人都得聽自己的，所以，這些孩子往往不知道如何與人合作。一個缺乏合作精神的孩子不僅在事業上不會有所建樹，就連適應社會都很困難。因此，家長應從小培養孩子的合作意識和合作能力，使他們在「合作中學習，在合作中快樂成長。」

　　家長應培養孩子的哪些團隊合作精神呢？以下是相關專家的一些建議。

鼓勵孩子多參與團體活動

　　團體是大家共同學習，共同成長、進步的地方。從小讓孩子生活在團體中，有利於培養孩子的團體意識，有利於糾正孩子以自我為中心的心態，更有利於培養孩子的團隊合作精神。在團體活動中，孩子們一起玩、一起互動、一起商討、一起解決問題，這些共同完成的工作都屬於合作與互相學習的範疇。在團體活動中，孩子不僅可以學到別人的經驗和長處，

第七章 交際能力—讓孩子遊刃有餘

調整自己的學習方法與改進不足處，而且在合作與交流中調整了心態，增強了自信。

要學會欣賞他人，才能更好地與人合作

一個人如果看到別人有了成績就不自在，看到別人有了進步就不痛快，那麼，他（她）是沒有辦法與別人很好地合作的，因為不會有人願意與他合作、共事。因此，家長要想培養孩子的合作精神，要先教孩子學會欣賞他人。

家長要教育孩子以發現優點的眼光去看待別人。你喜歡別人，別人也就喜歡你；你欣賞別人，別人也就欣賞你；你幫助別人，也就是幫助自己。古語云：「愛人者，人恆愛之。」就是這個道理。其實，每個人身上都有長處，有的人字寫得好，有的人學業成績好，有的人運動能力強，有的人電腦能力高，有的人樂於助人……每個人都會有很多優點，只要懷著一顆欣賞之心，就可以看到別人的優點。也只有懂得欣賞別人，才能讓自己擁有成就個人事業的凝聚力。

幫助孩子形成良好的合作態度

一般在體育遊戲和角色遊戲中，孩子們的合作都比較好，但是在建構遊戲中，往往會出現合作不愉快的現象。究其原因，主要是合作態度的問題，因為矛盾往往發生在遊戲材料比較缺乏時，孩子們擔心合作之後就沒自己的份了，會將一部分遊戲材料據為已有。這時候，就需要家長與老師及時引導，幫助孩子消除一些顧慮，必要時，家長或者老師可以參加到遊戲中，示範合作，引導拒絕合作的孩子與自己一起遊戲，讓孩子逐步形成良好的合作態度。

教給孩子正確的合作方法

合作不是一個人的事情，所以，不能隨心所欲。為了讓孩子更好地學會合作，家長應在具體的活動中教給孩子正確的合作方法。

有一位幼兒老師是這樣教孩子合作方法的：在一次教學活動中，我讓孩子們分組合作畫畫，給一棵大樹添畫樹葉，結果只有一組孩子在真正地合作，他們在商量分工，分別完成大樹的某一部分。而其餘幾組孩子雖然都在同一棵樹上畫，但卻在各行其是，並未真正合作。我便讓合作得較好的孩子向大家介紹他們的方法，然後再進行示範合作，結果孩子們馬上就明白該怎樣和別人合作了。

由此可見，在活動中教給孩子正確的合作方法非常重要，這能讓孩子更好地學以致用，以便在今後的生活中懂得如何合作。

幫孩子解決合作中遇到的問題

在遊戲活動中，孩子遇到糾紛時如果得不到很好的解決方法，不是告狀就是吵鬧，這時就需要家長協助孩子解決。解決這樣的問題時，需要採取一種孩子喜歡並樂於接受的方式，不要傷害到孩子的自尊心。

向孩子充分展示合作的成果

家長應充分肯定孩子的每一次合作，哪怕是僅取得了一點點的成果，讓孩子們體驗合作的快樂和成功，激發他們再合作的願望。在家長與老師的積極引導和充分肯定中，孩子的合作意識和能力才能得到有效的培養。

總之，培養孩子的合作能力對孩子以後的發展至關重要。孩子只有學會合作，才能遠離孤獨的陰影，才能跨越內向的性格給個人發展帶來的障礙，逐漸變得外向，願意與人親近。正因為如此，家長要激發孩子的合作

興趣，為孩子創造合作的機會，指導孩子掌握合作的技巧，為孩子個性的良好發展奠定扎實的基礎。

▌幽默的孩子人緣好

幽默是一種涵養，更是一種魅力。生活中的每一個人都喜歡有幽默感的人，因為幽默的人常常妙語如珠，使原本枯燥無味的語言變得活潑有趣，讓聽者身心放鬆，心情愉悅。

一天，英國著名的文學家蕭伯納（George Bernard Shaw）在街上行走時，被一個騎自行車的冒失鬼撞倒在地，幸好沒有受傷，只是虛驚一場。

騎車的人連忙扶起他，向他道歉。可是蕭伯納卻惋惜地說：「你的運氣不好，先生，你如果把我撞死了，你就可以名揚四海了。」

蕭伯納的這句幽默的話語，把他和肇事者雙方從不愉快、緊張的窘境中解放出來，使得這場事故得到妥善的處理。

德國詩人歌德以幽默著稱。有一天，歌德在公園裡散步，在一條只能透過一個人的小道上，他迎面遇到了一個曾經對他的作品提出過尖銳批評的評論家。這位評論家高聲喊道：「我從來都不給傻子讓路！」

「而我則正好相反！」歌德一邊說，一邊面帶笑容地讓在一旁。笑聲中，歌德把「傻子」的頭銜還給了評論家，評論家無言以對，尷尬至極。

歌德運用的這種幽默戰術，就好比中國太極中的以柔克剛，不僅能達到反擊的目的，還顯示了自己的智慧，從而留下了一段佳話。

這就是幽默的魅力和珍貴之所在，它的妙處無與倫比。

適度地使用幽默，不但可以淡化消極情緒，消除人際矛盾，緩解緊張氣氛，還能表達人與人之間的真誠友愛，溝通心靈，拉近人與人之間的距離，填平人與人之間的鴻溝。所以，懂得幽默很重要。

幽默的孩子人緣好

　　幽默感在孩子的人際交往中同樣起著舉足輕重的作用。有幽默感的孩子，能讓自己有一種無形的親和力，從而縮短孩子與他人之間的距離，因此，比那些不具備幽默感的孩子更易受到大家的喜愛。對於孩子而言，教會了他幽默，也就教會了他快樂地面對挫折和失敗的本領，增強了他與人相處的能力。

　　一個孩子犯了一個小錯誤，媽媽生氣地揚起了巴掌：「看我不打得你屁股開花。」孩子瞪著眼睛看著媽媽，突然哈哈大笑了起來：「真的嗎？我的屁股會開出什麼花？你快打打看啊。」媽媽聽了一愣，也忍不住笑出了聲。

　　孩子從一句很平常的俗語中感受到了幽默，並營造出了有趣、輕鬆的氛圍，化解了媽媽的怒火，融洽了彼此之間的關係。這是孩子對有趣、可笑事物的一種愉悅的心理反應。

　　滑稽常常被看作是幽默。會說調皮話和笑話的孩子，常常被看作是有幽默感的人。其實這並不是真正的幽默。所謂幽默感，就是透過語言或肢體語言，讓與自己互動的對象感到愉快。它是情商的重要組成部分，是智慧的體現，也是人際交往的潤滑劑，能融洽關係、化解矛盾。

　　幽默感是一種生活態度，所以，必須從小培養，嚴肅緊張的孩子成人之後也一樣嚴肅緊張。從小事訓練，從小處訓練，把幽默感變成孩子的生活習慣，並內化成孩子的性格。那麼，如何培養孩子的幽默感呢？

✧　**儘早培養孩子的幽默感**：孩子是最富有幽默天性的，他們的幽默是最自然、最坦率、最美好的。孩子在不會說話走路時，家長就可以用扮鬼臉、做各種誇張的表情、用手帕蒙住臉等來吸引孩子的注意，激發孩子的樂趣。剛開始，孩子可能只是對幽默刺激做出反應，時間久

了，孩子會發出「咯咯」的笑聲，甚至會模仿這種做法。這可以說是幽默的啟蒙。

✧ **做有幽默感的家長**：想讓孩子具備幽默感，家長首先要讓自己學會幽默。家長的幽默，能起到說教無法比擬的作用，能潛移默化地影響孩子成為一個樂觀的人，增加他受人歡迎的指數。

有幾位媽媽帶著自己的孩子到郊外春遊，其中一個女孩子被蜜蜂蜇了一口，臉上頓時起了一個小包包，小女孩哭個不停，怎麼勸也無濟於事。正在大家束手無策時，她媽媽趕過來，一邊摟著女兒一邊說：「寶寶，別哭了，誰叫我的寶寶長得跟花兒一樣漂亮呢！妳看，妳把蜜蜂都招來了！」小女孩聽了，撲哧一聲樂了，又高高興興地和其他小朋友玩去了。

這位媽媽以幽默的表達方式讓孩子停止了哭鬧，使孩子的情緒得到了積極地改變。這對提高孩子的語言與思維能力大有益處。

如果家長懂得營造一種幽默的語言風格，不但能讓孩子輕鬆快樂，更能讓孩子在潛移默化中學會幽默的表達方式。

孩子的幽默感來自於家長。比如，三四歲的孩子，聽到大人說得有趣的話，或看到某個不協調的動作，便會哈哈地笑個不停，這表示孩子的幽默感正在形成，此時，家長的協助很重要。有幽默感的家長可以比孩子笑得更誇張，從而強化孩子的幽默感。

✧ **培養孩子愉悅和寬恕的心態**：幽默的心理基礎是愉悅、寬恕的心態，家長要教育孩子在與人交往時愉悅相處、寬恕待人，用幽默解決矛盾糾紛，用幽默提出與對方分享的要求，用幽默提出評論建議。

✧ **讓生活充滿笑聲**：一個幽默的孩子大多是愛笑的孩子，愛笑的孩子往往善於發現幽默和製造幽默。在日常生活中，家長可跟孩子多玩一些

有趣的情境遊戲，如躲貓貓、扮鬼臉、找寶貝等，讓孩子在遊戲中體驗開心和快樂。

富有幽默感的語言應當以不傷害他人為原則；幽默感的語言要以禮貌為基礎；幽默感的動作應以不涉及危險動作為原則。家長與孩子說笑話或表演滑稽的動作時，要考慮孩子的年齡。因為家長認為好笑的語言或動作，孩子未必有同感。孩子認為好笑的語言或動作，即使家長覺得不好笑，也要陪孩子一起笑。

◇ **讓孩子做自己喜歡做的事情**：孩子最快樂的就是做自己喜歡的事情，因此，給孩子自由的空間，讓他們尋找生活的樂趣，不樂觀的孩子也會變得幽默、樂觀。

◇ **營造幽默的氣氛**：當孩子哭鬧時，家長要學會在一旁營造氣氛，如抱抱他、拍一拍他、安撫他。「怎麼了，媽媽的小寶貝，為什麼哭得跟小花貓一樣？有什麼事需要媽媽幫忙？」溫柔、幽默的表達方式，有助於孩子停止哭泣，破涕為笑。因此，當孩子說出一些有趣的笑話和語言，或是做出一些有趣的動作時，別忘了給他一些掌聲和鼓勵，以建立他的自信心，讓自己和孩子一起體驗輕鬆的愜意。

◇ **鼓勵和強化孩子的幽默**：鼓勵孩子大膽地表現幽默，讓孩子大聲地說笑，為孩子搭建一個可以自由表現幽默的舞臺，這對培養孩子的幽默很重要。而當孩子說出一些幽默的話或者做出一些有趣的動作時，別忘了給孩子一些掌聲和鼓勵，以強化孩子的幽默感。

而且，家長要用藝術的眼光，將孩子的幽默故事加以擴充並提煉，讓它們在合適的場合得以重現，以強化幽默感，讓孩子意識到這就是幽默。

總之，一個富有幽默感的孩子是家長能夠培養起來的。如果家長希望自己的孩子能夠贏得更多人的喜愛，那麼，請從小培養孩子的幽默感吧！

第七章　交際能力—讓孩子遊刃有餘

培養孩子與人協商的能力

所謂「協商」，即共同商量以便取得一致意見。協商能力是人際交往過程中一種重要的能力，透過協商可以使眾人形成一致意見，形成合力，最大限度地發揮團體的力量，這樣就會收到事半功倍的效果。也只有進行有效的協商，人與人之間的最大利益才能得以實現。

對於孩子來說，協商能力的培養同樣重要。因為，現在的孩子都是獨生子女，一切都以自己為中心，慣了頤指氣使，遇到一點點意見不合就會感到不舒服。當孩子長大成人後，難免會遇到與他人意見不一致的時候。這時候，具備與人協商解決問題的能力就顯得非常重要，否則就會發生衝突甚至是對抗，這對於孩子以後的發展是非常不利的。因此，家長應從小培養孩子與人協商的能力。以下這位家長的做法就值得我們借鑑：

5歲的文文和4歲的蛋蛋一起玩沙子，文文想要蛋蛋的小水槍，就對蛋蛋說：「我能玩玩你的水槍嗎？」

蛋蛋說：「不行，我還沒玩夠呢！」

文文有些生氣了，不高興地說：「平常我有什麼玩具都給你玩，以後我也不給你玩了。」

文文的媽媽聽了文文的氣話笑了，就問文文：「你真不想玩了嗎？如果你心裡還想的話，就跟蛋蛋商量商量，兩個人交換玩具玩多好呀！」

文文想了想，於是來到蛋蛋面前，很誠懇地說：「我們還是好朋友，不然你讓我玩一會水槍，我把小飛機借給你玩一會，以後我們有玩具就一起玩好不好？」

蛋蛋本來就因為文文生氣了而有些不好意思，現在聽到文文跟自己商量，就毫不猶豫地答應了文文的提議。最後，兩個孩子皆大歡喜。

培養孩子與人協商的能力

孩子的協商能力是逐漸培養起來的，作為家長應抓住每一個教育的機會，讓孩子學會與同伴相商，這是幫助他們提高社會合作能力的一種方法。只有懂得與人協商，孩子才能建立起融洽的人際關係。

那麼，家長應如何培養孩子的協商能力呢？

✧ **家長在生活中找機會對孩子直接演示如何協商是最為有效的**：在生活中，大多數家長讓孩子體驗到的通常只有「被滿足」和「被拒絕」兩個選擇，即要麼全盤接納孩子的意見，要麼全盤否定孩子的意見。其實，這兩種極端的做法都是不可取的。家長要適時地以「朋友」的姿態出現在孩子面前，平等交流，徵詢孩子的意見，合理的要採納，不合理的要拒絕，這樣才有助於培養孩子的協商能力。比如，家長打算給孩子買一個書包、買一件學習用品，可以帶著孩子一起去，在購買的時候，直接徵詢他的意見，然後說出你的意見。比如，孩子想買一個很貴的書包，遠遠超出了他學習的需求，這時你就可以把自己的意見告訴他，並說明你的理由。透過這種方式，他就可以親身體驗到協商的意義了。

✧ **家長要幫孩子建立「雙贏意識」**：一個孩子如果整天以自我為中心，在與人交往的時候，總想別人順著自己的意思，而從來不考慮別人的想法、別人的利益，那麼他最終只會成為「孤家寡人」。因此，家長應培養孩子的「雙贏意識」，讓孩子知道，要得到自己的利益，同樣也要滿足別人的利益，而只有透過協商，才能實現雙方的利益。

✧ **要求孩子學會徵求別人的意見**：徵求別人的意見，不等於沒有主見。日常生活中，家長應讓孩子學會詢問。例如，孩子要買一件東西，家長應要求孩子徵求家長的意見，如詢問爸爸媽媽：「我喜歡那個變形金剛，您可以買一個嗎？」

這時候，家長可以與孩子協商：「買完變形金剛其他東西就不能買了。」或者：「你準備以什麼作為獲得變形金剛的條件呢？」讓孩子從小就意識到，要想獲得自己想要的東西，是需要與人商量的，還需要自己付出努力。

總之，家長應有意識地培養孩子的協商能力，讓孩子形成尊重他人，與人協商以解決問題的習慣。這對孩子的一生將大有裨益。

█ 教孩子學會與人分享

我們發現，在實際生活中，最受歡迎的孩子往往不是最漂亮的，也不是最能說會道的，而是有好東西能夠想到朋友，和朋友分享的孩子，也就是表現比較「大方」的孩子。因為孩子們對分享很在意，如果有人對他們以分享的方式示好，那個人將會受到歡迎。

在獨生子女家庭中，很多孩子都表現得唯我獨尊、占有欲強，通俗一點講，就是「小氣」。這些孩子不會分享，表現為：我的東西別人不能動，我的玩具別人不能玩，好吃的我自己吃等。他們不願意為別人著想，受限於「自我為中心」的思考方式，無法顧及他人的感受，以至於越來越孤獨，越來越自私。

作為家長，我們應該幫助孩子改掉「小氣」的毛病。及早啟發孩子懂得分享、謙讓、溝通、心裡想著別人，這樣才有可能共用歡樂，互利互惠。也只有這樣，孩子在學校裡、社會上，才能更好地與周圍的人相處和合作；才能在當今這個資源分享的社會裡得到更大的發展空間。

要想讓孩子擁有分享與交往的智慧，家長應抓住生活中的每一個機會給予引導、啟發和教育。

家長要善於發現教育機會

一個小男孩拿著一輛紅色的玩具小汽車在廣場上玩耍，他輕輕一推，小汽車跑得老遠，他快速跑到小汽車旁，再把小汽車推回原處。很快，廣場上的小朋友都被吸引過來，他們一塊跟著小汽車奔跑。這時，小汽車停在一個小女孩腳下，她正想蹲下摸一摸，媽媽卻對她說：「這是別人的東西，妳不要動。」說著，就把小女孩抱走了。小男孩依舊一個人玩，別的孩子則在旁邊羨慕地看著。站在旁邊的男孩的母親面對發生的一切，只是淡淡一笑，沒有吭聲。

上述場景中的兩個媽媽都沒能抓住教孩子學習分享的好機會。

男孩的媽媽在看到別的孩子對兒子手中的小汽車感興趣時，應該鼓勵兒子和其他孩子一起玩。在分享的過程中，男孩能感受到「分享互動」比「獨自享有」更快樂，從而強化心中的分享意識。而女孩的媽媽也沒有趁此機會教孩子：「在拿別人的東西前，必須徵得主人的同意，得到允許後，才能一起玩。」也可以建議他們拿出自己的玩具和別人交換，等玩過之後，再換回各自的玩具。與上面的兩個媽媽不同，小小的媽媽就充分抓住了機會啟發小小換位思考與分享：

週末，媽媽帶小小去公園遊玩。小小又累又渴，要求坐在路邊的凳子上喝點東西。

媽媽拿出了一袋餅乾和牛奶給小小。這時，媽媽看見一個小女孩也坐在旁邊，正看著小小吃餅乾。媽媽知道，小女孩也餓了，也許和她一起來的家長去給她買吃的去了。

媽媽對小小說：「兒子，給小妹妹吃點餅乾。好嗎？」

「不，我要自己吃！」小小顯然有點不樂意了。

媽媽耐心地引導小小：「寶貝，如果媽媽有事不在這裡，這位小妹妹

有餅。你想不想吃呢？」

「想吃。」小小毫不猶豫地回答。

「這就對了，現在你拿一些餅乾給小妹妹吃，下次媽媽不在你身邊的時候，小妹妹也會把好吃的東西分給你吃的。」

小小看了看媽媽，又看了看小妹妹，終於把自己的餅乾送到了小妹妹的面前。

大多數孩子不願意把自己的東西分給別人，但卻希望自己能夠分享到別人的東西。小小的媽媽抓住了孩子希望獲得他人東西的心理特徵，透過換位思考，讓小小站在小妹妹的角度去思考問題，從而願意分享自己的餅乾。小小的媽媽的這種教育方式無疑是家長們教孩子學會分享的一個成功的範例。

別讓孩子養成吃獨食的習慣

在一個家庭中，經常會發生這樣一幕：

一個孩子誠心誠意請家長一起吃東西，家長堅決推辭，說：「你吃，媽媽不吃！」或者「爸爸不喜歡吃，留給你吃的。」

就是這樣，孩子與人分享的好意被家長扼殺了，慢慢地，孩子就養成了凡事先想到自己，喜歡吃獨食的習慣。與大多數富有「犧牲精神」的媽媽不同，小勇的媽媽從小就讓孩子意識到了分享的重要性：

小勇從小跟爺爺奶奶生活在一起，爺爺奶奶都慣著他，有什麼好東西自己捨不得吃，全留給小勇吃。小勇回到爸爸媽媽身邊以後，媽媽就發現孩子過於自我，吃東西的時候從來不會問別人吃了沒有。

有一天吃飯時，媽媽把魚端上來放在桌子中間，然後鄭重其事地說：「其實，爺爺奶奶、爸爸媽媽也都喜歡吃魚，以往爺爺奶奶捨不得吃，留

給你吃，是希望讓你營養充足，健康地成長。那麼，你覺得爺爺奶奶和爸爸媽媽需不需要營養呢？」小勇聽完媽媽的話，陷入了沉思。

吃飯的時候，小勇先為爺爺奶奶分別夾了一塊鮮美的魚肉，誠懇地對爺爺奶奶說：「以前爺爺奶奶有什麼好東西都留給我吃，我不懂事自己都吃了，從今天開始，爺爺奶奶要先吃。」聽了孫子懂事、體貼的話語，小勇的爺爺奶奶感動得熱淚盈眶。這時，小勇又為爸爸媽媽夾了魚，他同樣真心誠意地對爸爸媽媽說：「爸爸媽媽最辛苦了，所以爸爸媽媽也要吃。」

故事中，小勇的母親意識到讓孩子「吃獨食」是一種不良的習慣，她啟發孩子去理解別人的心理和感受，讓孩子意識到某些東西是需要分享的，親人的恩情是需要回報的，給孩子上了一堂很好的分享課。

因此，要培養孩子與他人分享的習慣，最重要的是，家長要學會坦然地與孩子分享，成為與孩子分享的夥伴，讓孩子接受和別人分享的事實，讓孩子去感受分享過程中的樂趣和成就感。

表揚孩子的每個慷慨舉動，強化他的分享意識

例如，孩子拿著愛吃的東西，家長會說「這麼好吃的東西，能分給爸媽一點嗎？」在孩子還很小的時候，聽到這樣的要求，心裡會「鬥爭」，這時家長可以鼓勵孩子，等孩子終於下定決心時，「好，給你吧！」從教育的角度出發，家長這時應該愉快地接受並表示感謝，還要表揚孩子的行為，這樣孩子會很高興，並會慢慢養成分享的好習慣。

讓孩子之間互通有無

有一位媽媽為了讓孩子更好地學會分享，她是這麼做的：

只要給孩子買了他喜歡的玩具、圖書，這位母親就鼓勵孩子帶到學校去，並且鼓勵他與其他孩子交換自己的玩具、圖書。媽媽教育孩子說：

第七章　交際能力—讓孩子遊刃有餘

「只要你把自己喜歡的玩具借給別人玩，那麼，別人也會把好玩的玩具借給你玩，這樣你就有很多的玩具可以玩，也有很多的圖書可以看。」

慢慢地，這個孩子嘗到了分享的甜頭，以後，不用媽媽提醒，他都會把新買的玩具帶到學校去，跟其他小朋友分享。

別讓孩子做「假分享」的遊戲

在生活中，你是否經常見到這樣的一幕：

小寶貝正吃著自己最喜歡的東西，奶奶假意試探說：「乖乖，給奶奶吃點。」小寶貝乖巧地跑到奶奶跟前，拿著餅乾往奶奶嘴裡送，奶奶假裝咬了一口，說：「寶貝真乖，奶奶不吃，你吃吧！」孩子一看，自己的東西不但沒有被奶奶吃掉，還得到了表揚，心裡喜滋滋的。接下來，為了測試孩子是否真的「大方」，爺爺、姑姑、爸爸、媽媽都會如此訓練一番。而孩子每次都很大方地配合大人們的「表演。」他（她）料定，大人是不會真吃自己的東西的。

因為知道獨享是自己的專權，所以，孩子從小就不懂得有東西應該跟大人一起分享，從小就有了自私的觀念。這對孩子的成長是不利的。因此，要想培養孩子的分享意識，請家長不要跟孩子玩「假吃真表揚」的遊戲。

當然，在教育孩子學習與人分享時，家長還應注意一定的原則和技巧。比如，要讓自己的孩子和別的孩子分享他所喜愛的玩具，切忌強迫他，也無須向他講一些空洞的大道理。不妨這樣跟他說：「你玩一會，再讓他玩一會，你們兩個一起高高興興，不是很好嗎？」適當地引導孩子，積極有效地對孩子進行鼓勵、表揚，能讓孩子感到分享對自己不是一種剝奪，而是一種增添更新更多的樂趣的機會。只有這樣，孩子才能逐漸養成與人分享的習慣。

讓孩子養成良好的傾聽習慣

傾聽是人與人之間有效地溝通、交流的最佳策略。一個善於與人交往的孩子不會光顧自己說話，而是會選擇傾聽。只有進行良好的溝通，人與人之間的理解才能多起來，一些沒有必要的誤會與矛盾則能夠避免和消解，人與人之間的相處也會變得越來越和諧，越來越融洽。

對於孩子來說，傾聽更是一種良好的交際習慣。善於傾聽的孩子能夠獲取朋友的信任，是其真正會交際、有教養的表現。善於傾聽的人能夠給他人充分的空間訴說自己，幫助他人減輕心理壓力。每當人們遇到不如意的事時，總想找人一吐為快。在別人不如意時，我們的傾聽往往會起到意想不到的緩解作用。同時，善於傾聽，還可以使人們了解到他人的心理想法與需求，能夠提出合適的建議，從而獲得了友誼與信任。

一個不善於傾聽的人，人際互動往往容易受阻。他們總喜歡自己滔滔不絕，別人的話還沒有說完，他們就插話；別人的話還沒有聽清，他們就迫不及待地發表自己的見解和意見；可是，當對方興致勃勃地與他們說話時，他們卻心不在焉，完全不顧及他人的感受。這樣的人，沒有人願意與其交談，更不會有人喜歡和他們做朋友。這樣的人，給人的印象是浮誇、不值得信任，沒有教養。所以，通常不受人喜愛和歡迎。

英國作家蕭伯納是個很聰明、很健談的人。少年時，他總是習慣於表現自己，無論走到哪裡都說個沒完，而且出語尖刻。一次，他的一個朋友忠告他：「你說起話來真的很有趣，這固然不錯，但大家總覺得，如果你不在場，他們會更快樂，因為他們都比不上你。有你在場，大家就只能聽你一個人說話了。加上你的言辭銳利而尖刻，聽著實在刺耳，這麼一來，朋友便會離你而去，這樣對你又有什麼益處呢？」

第七章　交際能力—讓孩子遊刃有餘

　　朋友的提醒給了蕭伯納很深的觸動，他從此立下誓言，決心改掉「自話自說」的習慣，之後，他又重新贏得了朋友的歡迎和尊敬。

　　對於談話者來說，傾聽是褒獎對方談話的一種方式，是對人尊重的體現，是安慰別人的一劑良藥。傾聽有些時候比「說話」更為重要。要做到會傾聽，應注意多聆聽，了解對方的真正意圖，不要在別人還沒說完的時候就插嘴或者打斷別人的話。

　　在《聽的藝術》一書中，講述了這樣一個故事：

　　一天，美國知名主持人林科萊特訪問一名小朋友，林科萊特問：「你長大後想從事什麼職業？」

　　小朋友天真地回答：「我要當一名飛機駕駛員！」

　　林科萊特接著問：「如果有一天，你的飛機飛到太平洋上空，所有的引擎都熄火了，你會怎麼辦？」

　　小朋友想了想：「我會先告訴機上所有的乘客都綁好安全帶，然後我掛上降落傘跳下去。」

　　當時在場的觀眾都笑得東倒西歪，林科萊特繼續注視著孩子，想看看他是不是個自作聰明的傢伙。沒想到，孩子的兩行熱淚奪眶而出，林科萊特這才發覺這孩子的悲憫之情遠非言語所能形容。於是，林科萊特問他：「為什麼要這樣做？」

　　小孩的答案透露出他真摯的想法：「我要去拿燃料，我還要回來的！」

　　聽別人談話時，應等別人把話說完再發表意見。這就應該做到：聽話不要聽一半；更不要把自己的意思投射到別人所說的話上。只有這樣，才算是會「傾聽」了。

　　家長應怎樣讓孩子學會傾聽呢？

讓孩子養成良好的傾聽習慣

✧ **利用「按指令行事」法培養孩子的傾聽能力**：好動是孩子的天性之一，也是其身心成長的一個必經階段。為此，家長可以用按指令行事的方法來培養孩子的傾聽能力。例如，要求孩子聽指令做相應動作；在日常生活中交給孩子一些任務，讓其完成，以鍛鍊孩子對語言的理解能力；讓孩子根據某種音樂或節奏等，一邊看著大人的手勢，一邊完成某些動作或相應的行為等。

✧ **利用「聽辨錯誤法」來培養孩子的傾聽能力**：生活中，有的孩子聽一件事時，只聽一部分就聽不下去了，這就顯示他傾聽的特質不高，聽得不仔細、不專心、不認真。因此，家長應有目的地讓孩子去判斷語言的對錯，吸引孩子注意傾聽，並加以改正。例如，說「玉米結在地下，葡萄結在樹上」等錯誤語句，讓孩子傾聽後，挑出毛病並予以糾正。

✧ **培養孩子傾聽的習慣**：有些孩子在聽他人講話時要麼心不在焉，要麼目標轉移，要麼四處走動，這些行為令說話者尤為反感，談話不僅不能收到較好的效果，而且還會影響雙方的關係。

家長一定要端正對孩子的態度，孩子首先是一個獨立的人，其次是一個與大人平等的人，如果孩子養成了以自我為中心的不良習慣，要想讓孩子傾聽他人是不太可能的。因此，家長既要重視孩子的自尊心，也不能把孩子當成全家的中心，什麼事情都圍繞孩子轉。應該讓孩子懂得在聽別人講話時，要尊重他人，可以自然地坐著或者站著，眼睛看著說話的人，不要隨便插嘴。安靜地聽別人把話說完是一種基本的禮貌。

✧ **透過遊戲訓練孩子的傾聽能力，激發孩子的興趣**：一種良好的練習傾聽的遊戲就是「傳話」。比如，媽媽可以向孩子說一段話或者講一個

故事，要求孩子認真仔細地聽完，然後把這段話或者這個故事講給爸爸聽，媽媽要檢驗孩子複述得是否準確。或者，幾個甚至十幾個孩子共同玩這個遊戲，大家圍坐成一圈，由一個人開始，將一段話悄悄傳給第二個人，第二個又傳給第三個……如此轉一圈，當最後一個人把話傳給發話人的時候，原話往往已經面目全非了。透過這種遊戲可以訓練孩子的傾聽能力。

✧ **教給孩子傾聽的技巧**：家長要告訴孩子，在聽別人說話的時候，認真、專注是對他人最好的嘉獎。如果能夠在聽的過程中提出自己的問題，那就更好了。當然，這裡的問題不是故意刁難，更不是挑毛病。在聽的過程中要邊聽邊想。一個懂得傾聽的孩子才能讓自己的語言彰顯出無窮的魅力！

✧ **在活動中鞏固**：多讓孩子參加各種有益的活動，既要讓孩子聽清楚活動的內容、要求、規則及其他事宜，又要鼓勵他們尋找表現自己的機會，在適當的時候突出表現自己的才能。幼稚園可開展形式多樣的表演會、演講會、故事會、小新聞發布會等活動，引導孩子們認真聽同學講話，鼓勵他們踴躍參加表演。

教育孩子學會換位思考

換位思考的實質就是把「我」當成別人，當成「你」，來思考這個問題：「如果我處在他那個環境當中，我會怎麼做，我會有怎樣的感受？」它客觀上要求一個人把自己的內心世界與對方連繫起來，站在對方的立場上體驗和思考問題，從而與對方在情感與思維上得到溝通，為增進理解奠定基礎。然而，現實中，因個人生活經驗和處境的不同，要做到換位思考是非常不容易的。

以下這個有趣的故事要表達的正是這個道理：

小羊請小狗吃飯。小羊準備了一桌鮮嫩的青草，但小狗只喜歡吃肉，面對一桌青草，他

勉強吃了幾口，就再也吃不下去了。

過了幾天，小狗請小羊吃飯。小狗想：「我可不能像小羊那樣小氣，我一定要用最豐盛的宴席來招待他。」於是，小狗準備了香噴噴的排骨，結果小羊一口也沒吃。

從此，小羊看到小狗就懶得搭理，而小狗也經常會告訴別人，小羊是個小氣的傢伙，不值得交往。

故事中的小羊和小狗之所以出於一片好意招待對方，卻得到適得其反的效果，原因就在於他們都是從自身的經驗及需求出發，沒有考慮到對方的需求與自己的不同，以至於使彼此的交往陷入僵局。

生活中有很多孩子因為「獨」慣了，因此，在與人交往的過程中難免會表現得過於強調自己，不在意別人的感受、魯莽、自高自大、以自我為中心等。孩子一旦養成這種習慣，就很難和別人相處，他將來的發展就可能受到限制。因此，家長應教孩子學會換位思考。

那麼，怎樣才能夠讓孩子學會從別人的角度考慮問題呢？最關鍵的就是讓他親身體驗別人的處境，知道別人的感受。我們常常會因為不了解別人而冒犯他們，也會被別人「冒犯」、「誤解」。這個時候，如果交往的雙方能夠體諒到對方的心情，能夠以寬恕、諒解的態度來處理彼此的關係，就會減少許多衝突，達到和別人友好相處的目的。如果能教孩子學會深入體察對方的內心世界，學會理解與寬恕，就會讓他掌握一種與別人和睦相處的方法。這種理解與寬恕不僅是一種做人的美德，也是在社會上生存與發展不可或缺的一種能力。

第七章　交際能力—讓孩子遊刃有餘

日常生活中，家長不妨從以下幾個方面入手培養孩子的換位思考能力。

營造換位思考的環境

家庭中，家長是否會換位思考，深深影響著孩子。如果家長懂得換位思考，為孩子營造一個換位思考的家庭環境，孩子就能從中受到啟發與感染。

一天，小鳳的媽媽下班回來後非常生氣地說：「這個小劉真是豈有此理！今天公司查帳，發現了一個問題，原來她把前面的一個資料弄錯了。結果也影響到了我。我們一起受到了單位的通報處罰，更氣的是，公司因此事罰了我 1 個月的獎金。」

小鳳雖然不明白是怎麼回事，但從媽媽的表情上，她知道媽媽受了委屈，不禁也暗暗埋怨起媽媽口中的同事小劉，於是小聲嘟囔道：「我再也不到劉阿姨家玩了。」

小鳳的爸爸看到這種情況，安慰妻子說：「妳先消消氣，小劉罰了多少？」

「2 個月的獎金。」

「看來小劉比妳慘多了。小劉比妳工作時間短吧？」

「是啊，她來單位才半年，我都做了 3 年多了。」

「那妳是她的老師嘍。」

「對，我一直帶著她。」小鳳媽媽的臉上此時露出了一絲得意。

「那麼，小劉犯一點錯誤也是應該理解的，誰不會犯錯呢？況且她損失了 2 個月的獎金，心裡更不好受。妳作為她的老師應該替她想想，雖然主要責任在她，但妳這個老師也是監督不力啊。」爸爸小心地說。

小鳳媽媽沉默了一會說：「也對呀。下班的時候，我看小劉都哭了，我得給她打個電話。」

在電話裡，小鳳媽媽安慰了小劉很長時間。放下電話時，她高興了很多。

這一幕小鳳都看在了眼裡，等媽媽打完電話，她不禁關心地問媽媽：「媽媽，劉阿姨還傷心嗎？」

事實上，大人的一言一行，孩子都會看在眼裡，並跟著模仿，大人的換位思考也會被孩子模仿。所以，作為家長 —— 孩子的行為示範者，一定要給孩子營造一個換位思考的環境，讓換位思考潛移默化地植根在孩子的心底。

教孩子體驗別人的感受

在生活中，有很多孩子習慣了養尊處優的生活，所以，難免自命不凡，不能理解別人的苦衷，不能體諒弱者的難處。這個時候，家長必須讓孩子學會體驗別人的感受。這不僅能使孩子具有一顆美好的心靈，更能讓孩子具備良好的教養。

小榮從小跟著爺爺奶奶長大，漸漸養成了驕橫、任性、自私的性格。爸爸媽媽把小榮接來和自己一起住時就發現了他的這些缺點。

有一次，小榮和其他孩子一起在外面玩。路邊有一個盲人，一邊拉手風琴一邊唱歌。他的面前擺著一頂帽子，路人覺得他唱的歌好聽，就往他的帽子裡扔零錢。

孩子們圍著這個盲人，覺著很好奇，紛紛叫嚷：「瞎子，瞎子，快來看瞎子唱歌。」

小榮也跟著喊。

看到這一幕，小榮的爸爸很生氣，把小榮叫了回來，狠狠地責罵一頓。

小榮低著頭，心裡想：「他們都在喊，為什麼我不能喊？」

爸爸看出他的心思，想起小榮前些天因為牙齒掉了，裝了一顆假牙，便語重心長地說：「今天你圍著一個盲人嘲笑他的眼睛瞎了，如果哪天有人知道你有一顆假牙，對著你喊『假牙，假牙』，你會怎麼想？」

小榮聽了，臉一下就紅了。

爸爸拍了拍小榮的腦門，輕輕地說：「知道錯了就好，在生活中，我們每做一件事情，都要多想想別人的感受，不能隨便嘲笑、挖苦別人，那是非常不好的。」

小榮懂事地點了點頭！

在以後的生活中，爸爸總是這樣教育小榮，讓他體驗一下別人的感受。小榮也漸漸變成了一個懂事、善解人意的孩子。

其實，每個孩子都是單純而善良的。當他們意識到自己的一句話、一個舉動可能傷害到別人，給別人帶來煩惱的時候，就會覺得很不安。作為家長，應抓住這樣的教育契機，告訴孩子注意自己的言行，因為自己如果有同樣的遭遇時，也一樣會受傷，會不高興，只有如此，孩子才能學會換位思考，從而懂得體諒別人、尊重別人，當然，同時得到了別人的尊重。

讓孩子切身體驗換位思考的可貴

一位媽媽在她的教子日記裡這樣寫道：

我給女兒買了一本《米老鼠》雜誌。下課了，她拿出雜誌高興地翻閱，這時，她的同學起身不小心把墨水瓶碰翻了，墨水灑到了雜誌上，把一本精美的《米老鼠》雜誌弄髒了。女兒很生氣，不但讓同學賠她新的雜誌，還把這件事告訴了老師。結果，女兒的同學被老師責罵一頓。

當女兒把這件事告訴我時，我想告訴她要寬恕別人，多為別人想想，但我還是決定讓她親身體驗一下被人寬恕的滋味。當天晚上，女兒不小心把一碗飯打翻了，我知道教育女兒的時刻到了。於是，我大聲對她喊：「妳怎麼搞的，不好好吃吃飯，浪費糧食，罰妳天晚上不許吃飯了。」

女兒看到我這種態度，傷心地哭了起來：「我又不是故意的。」

這時，我溫柔地對她說：「誰都有不小心犯錯誤的時候，媽媽只是想告訴妳，因為不小心犯了錯誤而不被人原諒是很不舒服的。這就像妳不原諒妳同學的不小心，還讓老師罵她一樣。妳說，是嗎？」

女兒不好意思地低下了頭。

對於孩子來說，唯有切身體會，才能意識到換位思考的可貴。因此，必要的時候，家長也應該讓孩子受點「教訓」，這對孩子來說印象特別深刻，在今後的生活中，他也能極力做到得理饒人，不過於苛責別人。

透過電視等媒介，讓孩子做角色轉換遊戲

日常生活中，家長與孩子一起經歷了一件事情或者一起看電視的時候，可以引導孩子想一想，如果出現類似的一幕，「我會作何感想？我如果是他，我會怎麼做呢？」此外，家庭成員之間還可以適當進行角色互換，讓家長做「一日孩子」，讓孩子做「一日家長」，加強親身體驗，形成相互理解相互體諒的良好氛圍。

總之，孩子在成長過程中表現出的以自我為中心，不理解別人，頤指氣使等等行為特點，與孩子缺乏正確的引導有關，因缺乏認知，導致孩子行為上的偏頗，這一點是可以理解的。如果家長能循循善誘，讓孩子設身處地，體驗別人的感受，意識到自己的行為會給別人帶來何種傷害，孩子就會慢慢改掉以自我為中心等壞毛病，變得善解人意。

第七章　交際能力—讓孩子遊刃有餘

█ 教育孩子犯了錯就要道歉

在日常生活中，我們總會在有意無意之間給別人造成不同程度的傷害，如踩腳、碰撞、言語傷害等。當你有意或無意給別人帶來傷害的時候，道歉是解決矛盾的唯一途徑。只要勇於道歉，很多即將發生的衝突便有可能因為一句誠懇的「對不起」而得到化解。

有這樣一個關於道歉的故事——

1993 年，受到日本經濟危機的影響，美國經濟出現了一定的動盪，經濟增長明顯地下降。這時，大多數美國人都把經濟上的不景氣歸結於日本經濟的動盪，沒有人會認為這是聯邦儲主席葛林斯潘（Alan Greenspan）的責任。然而，葛林斯潘卻主動出來道歉了。他向當時的美國總統柯林頓（Bill Clinton）承認，早在兩年前，他就接到過助手的一份研究報告，報告提醒他，日本經濟可能在近期出現動盪，並且可能會影響到美國的經濟。當時的他對這份報告並沒有在意，隨意翻完之後就丟在了一邊。如今，報告中預測的事情發生了，葛林斯潘認為自己負有一定的責任。

葛林斯潘在道歉的同時，請求辭職，但他的坦誠打動了柯林頓。柯林頓知道，這位老人是出於極強的責任感才不能原諒自己的，實際上他的業務水準仍然是出類拔萃的，而且發生的問題也不應該全都怪罪在他一個人頭上。

於是，柯林頓對他說：「每個人都會犯錯誤，我相信你在將來不會再犯同樣的錯誤，會做得更好。」就這樣，葛林斯潘贏得了柯林頓的充分信任，在此後他任聯邦儲主席的時間裡，美國經濟再沒有出現大的波動。他也被認為是美國歷史上最成功的經濟學家之一。

知錯就改，勇於道歉，才會贏得別人的諒解和尊重。相反，如果犯錯

教育孩子犯了錯就要道歉

一方明明錯了，卻始終不肯承認錯誤，就有可能使矛盾進一步激化，產生嚴重的後果。

在一所學校的餐廳裡，學生們正井然有序地排著隊，這時候，有一個國三的男生被前面的同學一推，不小心後退踩到了身後一位男同學的腳。因為覺得自己也是受害者，所以，這個男生沒有道歉。這可把他身後的男生惹火了，他大聲罵了起來：「有沒有禮貌呀你，踩到人了不會道歉呀？」

結果這個男生也急了，用手肘狠狠地捅了一下身後那個同學，於是，兩位同學扭打成一團。直到老師趕到，才制止了這場可能會進一步激化的打鬥。

本來是一件小事情，卻因為不懂道歉而發展成大事情，這是所有家長都不願意看到的。所以，當孩子做錯事情的時候，一定要讓孩子學會道歉。道歉不僅僅是承認錯誤、改正錯誤的開端，它還會使孩子因為自己的誠實而得到更多的尊重和信任，為他們將來的發展鋪平道路。

那麼，家長應教孩子學會哪些道歉的技巧呢？

✧ **犯了錯要立即道歉**：拖得越久就越難以啟齒，有時甚至追悔莫及，所以，如果孩子錯了，家長就要求他及時承認並道歉。與其等別人提出責罵、指責，還不如主動認錯、道歉，更易於獲得別人的諒解和寬恕。如果我們每個人都能做到犯錯後及時承認並道歉，不必要的矛盾、糾紛就會大為減少，整個社會的人際關係也會和諧很多。

有些道歉即使不能馬上進行，以後也要找準時機表示自己的歉意。如果雙方積怨很深，或當對方正處在氣頭上，最好先透過第三者轉達歉意，等對方火氣平息之後，再當面賠禮道歉。

第七章 交際能力—讓孩子遊刃有餘

✧ **道歉時的態度要誠懇**：道歉不僅不是一件丟臉的事情，反而更能體現良好的品格與修養。因此，道歉時一定要誠懇、自然、落落大方。

有些人知道自己的過錯，也有意向別人道歉，但說話的語氣讓別人聽來覺得不誠懇、態度傲慢。諸如沖著別人說：「對不起，噢！」、「我說對不起還不行嗎？」這樣的道歉不僅不能讓對方接受，相反，還會引起對方的反感。因此，家長教孩子說「對不起」時，應該要求他們面帶微笑，語氣低緩，使人感覺到他是真心悔過。

✧ **道歉時，要主動承擔錯誤的責任**：有些孩子明知自己有錯卻百般抵賴，這是一種不負責任的表現。因此，家長應教育孩子，只有懦夫才會逃避責任，一個真正有勇氣的人，在自己犯了錯誤以後，會說明犯錯的原因，但絕不能找藉口逃避責任或者把責任推卸給對方，即使自己只有部分責任，也要主動承擔。主動為自己的行為承擔責任，會鼓勵對方也承擔屬於他的那部分責任。這樣的道歉方式，不僅能讓人感覺到自己的誠意，更能為自己贏得成功的人際關係。

✧ **道歉用語應當禮貌而規範**：讓孩子多掌握一些道歉用語。有愧對他人之處，宜說「深感歉疚」、「非常慚愧」；渴望原諒，需說「請您原諒」；有求於別人，可說「真是打擾了」、「太麻煩你了」；一般場合，則可以講「對不起」、「很抱歉」等。道歉是一件很嚴肅的事情，用語上不能讓孩子表現得太隨意。

道歉的語言以簡潔為主，切忌囉唆、重複，也不必誇大其詞，一味往自己臉上抹黑，那樣對方不僅不會接受你的道歉，甚至可能認為你虛偽。

✧ **掌握道歉的分寸**：不該向別人道歉的時候，絕不能為了息事寧人而向對方道歉認錯。這種做法，對雙方都沒好處。同時你要分清深感遺憾和必須道歉這兩者的區別，有些事你可以表示遺憾，但不必道歉。

教孩子拒絕不合理的要求

　　孩子在成長的過程中學會恰當地拒絕，不僅是自我保護必須邁出的第一步，而且也是採取更恰當方式與人交流需要掌握的一種處世技巧。一個不會拒絕別人的孩子人很容易被他人左右，有時會給自己帶來不必要的麻煩。

　　小程剛剛畢業，由於上班的地方很遠，為了方便上班，於是從家長那裡借了一些錢，又從銀行貸了款，買了一輛汽車。

　　一天，小程大學的室友到他這裡玩，看到小程新買的車，非常高興。央求給他開一次。小程明知道自己的室友還沒考取駕照，但還是經不住室友的反覆央求，最終把車鑰匙交給了他：「好吧，不過你一定要小心，在空地上開！」

　　「沒問題！」室友接過鑰匙，高高興興地開車上路了。

　　室友剛把車開出去不久，由於忘乎所以，就把車開到了鬧市區。本來他駕駛水準就不高，再加上街上人多車多，一不小心便撞上一個人。被撞的人傷勢嚴重，雖然經過治療保住了生命，不過下半身卻永遠失去了知覺。

　　對於這起交通事故，法庭最後宣判，除去醫療費之外，肇事者還必須賠償傷者 60 萬元的生活費用。由於王程的室友經濟能力有限，賠償不起，法庭又宣判，作為肇事車的車主，小程在明知道他的朋友沒有駕駛執照的情況下還把車借給他使用，也應該對這起交通事故負責，共同賠償傷者的治療費用。那輛新買的汽車也被拍賣，用以支付傷者的醫療費用。這時，小程這才開始後悔當時為什麼沒有拒絕朋友的請求。

　　生活中有很多孩子像小程一樣，認為朋友之間就應該講義氣，就應該

第七章　交際能力—讓孩子遊刃有餘

相互幫助，有時候明知道朋友提出的一些請求很不合理，但為了朋友義氣，為了面子問題，他們也會不顧原則地答應。其實，這是一種錯誤的想法。作為家長，我們不僅要教孩子去學會幫助別人，同時也要教孩子去拒絕別人提出的那些不合理要求。

對於缺乏社會經驗的孩子來說，拒絕別人的不合理要求常常是一件很困難的事。因此，家長應加以正確的引導，以免孩子犯了錯誤，給自己帶來不必要的傷害。

要教孩子學會拒絕不合理的要求，家長應做到以下幾點。

首先，家長應教育孩子不要打腫臉充胖子，即便是幫助別人，也要在自己的能力範圍之內。為了讓自己孩子懂得這一道理，一位家長給自己的孩子講了這麼一個笑話：

有一個人，家裡很窮，連吃飯都成問題，卻又死愛面子，到處吹噓家裡有錢。

一天，他在向別人吹噓時，被一個小偷聽到了。小偷以為他家真的有錢，就在晚上到他家行竊，一進門卻發現只有空空的四壁，一樣值錢的東西都沒有。翻了半天一無所獲之後，小偷生氣地罵道：「明明是個窮鬼，卻偏偏死要面子！」

那人本來躺在床上裝睡，聽到了這話，急忙從床頭摸出僅有的幾塊錢，追上小偷，一邊送給他一邊囑咐道：「你來得不巧，我的錢都被朋友借走了，這點錢你先拿去用著。不過，你可千萬不要對別人說我家裡窮啊！」

孩子聽完這個故事哈哈大笑起來，不過在笑過之後他也明白了家長的意思：不要打腫臉充胖子，要做自己力所能及的事情。

其次，讓孩子明白，縱容別人的不合理請求，不但會給自己帶來經濟

和心理上的負擔，也是對朋友不負責任的表現，是不值得提倡的。

最後，家長應教給孩子一些拒絕別人的技巧，以免傷害對方的感情。具體地說，孩子應掌握如下拒絕技巧。

要認真地聽取訴求

在決定拒絕之前，注意聽取對方的訴求，比較好的方法是，請對方把處境與需要講得更清楚一些，自己才能知道如何幫他。「傾聽」能讓對方有被尊重的感覺，在你委婉地顯示自己拒絕的立場時，較能避免傷害對方的感情，或避免他人認為你在應付。

拒絕的話不要脫口而出

每一個人都有自尊心，都希望得到別人的重視，同時也不希望做自己不喜歡做的事。這就要求孩子們既要拒絕對方的不合理要求，又要講究拒絕的技巧。

家長要告訴孩子，不要在別人剛開口時就斷然拒絕，這只會讓人覺得你根本沒考慮別人的處境，因此，最易引起對方的反感。即使自己想拒絕，也應該耐心地聽完對方的話，弄清楚對方的理由和要求，要站在對方的立場上考慮問題，理解對方的要求。

學會委婉的拒絕

拒絕，不僅要曉之以理，委婉地陳述原因，還要訴之以情，特別是訴之以誠。只有這樣，才能使對方將心比心，即使自己的需求未得到滿足也不會動怒。

家長可以根據孩子所經歷的一些事情，以及當時的情境和具體情況，教孩子以某種方式婉言拒絕他人的要求。

第七章　交際能力─讓孩子遊刃有餘

文學大師錢鍾書先生是個「甘於平淡」的人，他不願意被人炒作，也不願拋頭露面，只想潛心做學問。

當他的《圍城》出版後，在國內外引起了轟動。很多人對這位作家不熟悉。許多記者想採訪他，都被他一一婉言謝絕了。

一天，一位英國女士打來電話，說她很喜歡《圍城》，想見見錢先生。錢鍾書婉言回絕了，但這位女士卻十分執著，最後錢先生實在沒有辦法了，便以其特有的幽默對她說：「假如妳吃了一個雞蛋覺得不錯的話，妳覺得有必要去認識那隻下蛋的母雞嗎？」

錢先生抓住問題的細微之處，透過一句巧妙的話語，春風化雨般地解決了一場讀者的「糾纏」。既表現了他的學識涵養，又完美地謝絕了對方要求。家長一定要讓孩子明白，即使拒絕了對方，也要讓對方了解到自己的拒絕不是草率的，實屬超出自己的能力範圍。給對方留一個面子，也就是給自己留一條退路。

替他人找一個合理的藉口

怎樣說才能既不傷害對方，又不使自己為難，不是每個人都能做到的。拒絕他人，最困難的就是在不便說出真實的原因時又找不到可信而合理的藉口。那麼，不妨在別人身上動動腦筋，如藉口家人方面的原因。

一次，小麗到曉娜家裡推銷保養品，告訴曉娜這些產品的種種好處。曉娜熱情地接待了小麗，但她禮貌而堅定地說：「我婆婆堅決不讓我買這些保養品，你看，我不買妳的商品，不是因為我不願意掏腰包捧妳的場，而是為了保持和婆婆良好的關係。這樣吧，過些時候我再說服我婆婆，她要覺得產品還不錯，我一定請妳幫忙哦！」

小麗一聽這話，也不好再說什麼了。只好附和著說：「是呀，還是家

庭和睦重要。」

可見，借用他人的原因為自己的委婉拒絕找一個合理的藉口，不但不會招來被拒絕人的怨恨，還能讓對方將心比心，從而欣然接受你的拒絕，且找了一個臺階下，不至於因為被拒絕而感到尷尬。

學會利用對方的言詞拒絕對方

有時候，我們還可以借用對方的話語表達不便直說或使人感到難堪的拒絕。

羅斯福（Franklin Delano Roosevelt）在沒有當上美國總統之前，曾在海軍部任職。有一次，他的一個好朋友向他打聽美國海軍在加勒比海的一個小島上建立潛艇基地的情況，羅斯福謹慎地向四周看了看，然後低聲問：「你能保證不說出去嗎？」

「當然能。」

「那麼，」羅斯福微笑著對他說：「我也能！」

羅斯福借用了對方的話語，運用含蓄委婉的語言，既保守了國家的軍事祕密，又沒有讓朋友過分難堪。雙目對視，雙方在相互理解的笑聲中結束了這個話題。

不要無情地拒絕

無情地拒絕就是拒絕時表情冷漠、語氣生硬、毫無通融的餘地，會令人很難堪，甚至反目成仇。也不要傲慢地拒絕。一個盛氣凌人、態度傲慢不恭的人，沒有人喜歡親近他。何況當他有求於你，而你以傲慢的態度拒絕，別人更是不能接受。同時，也不要生硬地拒絕。真正有不得已的苦衷時，如能委婉地說明，以含蓄的態度拒絕，別人還是會感受到你的誠懇

的。拒絕的時候，要面帶微笑，態度要莊重，讓別人感受到你對他的尊重、禮貌，就算被你拒絕了，也能欣然接受。

　　總之，孩子在成長的過程中，家長一定要教孩子學會恰當地拒絕，這不僅是自我保護必須邁出的第一步，也是採取更恰當方式與人交流所需要掌握的一種處事技巧。一個懂得拒絕別人不合理要求的人才能得到別人的尊重和認可，才能建立良好的人際關係。

第八章
意志力 —— 成功者的基本特質

　　每個孩子在成長的過程中，都不可避免會遇到許多的困難和障礙，要克服這些困難和障礙，需要依靠的是人的意志力和內心的力量。

　　一個意志薄弱、心理承受力差的孩子在遇到困難和挫折的時候容易放棄、退縮，乃至一蹶不振；只有那些意志堅定、心理承受力強的孩子才能迎難直上、越挫越勇，才能經得起挫折的洗禮，從而取得最終的勝利。

　　作為家長，如果希望孩子收穫成功，就應該從小培養孩子堅強的意志力、良好的心理承受能力。這樣，孩子才能擁有強大而頑強的生命力量，勇敢地面對成長中的困難和挫折。

第八章　意志力—成功者的基本特質

▎讓孩子克服畏難心理

每個家長都希望自己的孩子能像雄鷹一般矯健而勇猛，然而，家長們可能忘記了，矯健的雄鷹也是由雛鷹長成的。為了能讓雛鷹自由地在天空中翱翔，老鷹在雛鷹剛剛能夠起飛的時候就含淚將雛鷹推下了懸崖，被推下懸崖的雛鷹如果不奮力拍打翅膀，就會被活活地摔死。而那些奮力掙扎、拚命扇動翅膀的雛鷹，飛翔的潛能就這樣被激發了出來，最終為自己贏得了生存的權利。正是有了這樣「殘酷」的訓練，這般難忘的成長經歷，雛鷹才能更好地飛翔，才能做追逐獵物的高手，有朝一日才能成為百鳥之王。

某教授曾經說過：困境可以檢驗一個人的特質。如果一個人勇於直面困境，積極主動地尋求解決問題的辦法，在任何不利的環境中始終充滿熱情，堅定對生活的信念，那麼，這個人遲早會成功。一個人面臨的困境多了，意志也就被磨練出來了。當一個人有了堅強的意志，還有什麼障礙不能克服的？福特公司「野馬跑車」的策劃者 —— 李・艾科卡（Lido Anthony Iacocca）的故事驗證的正是這樣的道理。

李・艾科卡一生經歷了很多的困難和挫折。

艾科卡大學畢業的時候，福特汽車公司正在為賓夕法尼亞州物色一個汽車推銷員。於是，他選擇了推銷員的工作，開始了艱辛的職業生涯。

艾科卡經過努力地工作，終於在福特公司獲得了晉升的機會。可是，好景不長，1950 年代初期，美國經濟的不景氣也影響了福特公司，公司大批裁員，艾科卡又重新做起了推銷員的工作。

後來，艾科卡憑著自己的努力當上了費城地區的銷售經理助理。與公司共患難幾年後，福特公司決定把主要精力放在汽車的安全設備上，艾科

卡是這次改革的主要發起者，但是這次，艾科卡失敗了，他遭受了沉重的打擊。

失敗並沒有影響到艾科卡積極創新的精神，他越挫越勇，又組織開發了「野馬」車，創造了汽車銷售史上的奇蹟，艾科卡因此被稱為「野馬」之父。

正當艾科卡在福特公司的職業生涯越來越輝煌的時候，他受到亨利·福特二世（Henry Ford II）的排擠，不幸地被解僱了。不僅如此，由於受亨利的威脅，朋友也不敢和他來往了，這位汽車奇才和他的全家陷入了極大的痛苦之中。

艾科卡沒有向命運屈服，決心再次尋找施展才華的機會。不久他接受了瀕臨破產的克萊斯勒公司的聘請，擔任總裁。經過幾年的奮鬥，克萊斯勒公司走出了困境。

艾科卡在小時候遇到困難時，父親總是鼓勵他不要放棄，分析受挫的原因，然後想辦法克服困難。每當艾科卡遭遇挫折時，父親就鼓勵他說：「太陽會出來的，它會照常出來的。」正是父親的積極態度，使艾科卡在面對各種挫折的時候，勇敢面對，並且想辦法克服，一次次克服困難，一次次起死回生，創造出一個個奇蹟，從而實現了人生的輝煌。

困難與挫折能夠磨練一個人的意志，激發一個人的潛能，使一個人生命力更加頑強。對於孩子來說，經歷苦難往往能夠激發他們克服困難、抵制困難的力量。這就好像森林裡的橡樹，經過千百次暴風雨的摧殘，非但不會折斷，反而越來越挺拔。因此，家長應鼓勵孩子積極主動地直面困境，主動迎戰，發揮自己的能力去解決問題，培養自己的意志力。

要做到這一點，家長可以從以下幾個方面入手。

第八章　意志力—成功者的基本特質

家長要引導孩子樹立戰勝困難的信心

　　家長經常與孩子交流，可以增強孩子與困難奮鬥的信心，家長的關心會激發孩子戰勝困難的勇氣。當孩子遇到困難時，家長要給予其激勵和開導，教會孩子如何解決困難，在一次次克服困難的過程中，孩子自然而然就會樹立起戰勝困難的信心。並讓孩子意識到，遇到困難就是給自己一次鍛鍊的機會，一次挑戰的機會，養成一種樂觀積極的人生態度。

　　來看看下面這位媽媽的做法：

　　曉航才學了一天乒乓球，就打起退堂鼓了。媽媽和曉航溝通以後，找到了其中的原因。曉航剛開始學球，在進行基本的「掂球」訓練時，總是控制不住球的方向和拍的平衡，心裡特別著急，同時又擔心自己被同學們笑話，因此，有了畏難情緒。

　　媽媽了解原因後，便對曉航說：「萬事開頭難，其他同學開始肯定也是這樣的，只要你多加練習，堅持努力，媽媽相信你一定會做得很好的。你是男子漢，不會遇到困難就退縮吧？」

　　媽媽的激勵養成了曉航的積極性與自信心，使曉航堅持下來了。現在的曉航已經取得了很好的成績，還經常代表學校去參加乒乓球比賽。

放手讓孩子自己去解決困難

　　大部分家長看到孩子摔倒在地上時，都會跑過去扶起孩子，甚至安慰孩子，為孩子尋找摔倒的客觀理由。家長這樣越俎代庖，使得孩子不能真正地得到鍛鍊，還會對家長產生依賴心理。而有的家長在孩子遇到困難時，採用不管不問，甚至諷刺、嘲笑、責罵、粗暴責問等方式，呵斥孩子的無能，導致孩子遇到困難就會產生畏難情緒，當然沒有信心和勇氣戰勝困難。家長的這兩種態度都是錯誤的。

正確的做法是，當孩子遇到困難時，家長不要急於幫孩子，替孩子克服困難。應該先為孩子提供指導，鼓勵孩子自己找原因、想辦法克服困難，盡自己的所能去戰勝困難，這樣才能真正使孩子得到鍛鍊。

家長要給孩子灌輸這樣一種信念：困難並不可怕，可怕的是不敢面對困難。遇到困難時不要後退，更不要依賴於別人的幫助，而是要勇於面對困難，自己努力解決困難。家長只有放手讓孩子自己去解決困難，孩子才能在不斷解決困難的過程中得到鍛鍊。

讓孩子樹立自己的榜樣

家長可以經常向孩子講一些名人在困境中成長並獲得成功的事例，鼓勵孩子向他們學習。其實，孩子最直接最容易接觸到的榜樣就是家長，在遇到困難和問題時，家長要給孩子樹立榜樣，採取積極主動的態度去應對，多尋找解決問題的辦法。孩子在耳濡目染中便學到了解決問題的思路和辦法。孩子會記住名人的成功歷程和家長克服困難的經歷，當孩子在以後的生活道路上再面對類似的困難時，他們就會自覺學習名人和家長的做法，積極面對困境，主動尋找解決問題的辦法。

不要太在意孩子的情緒

孩子在成長過程中遇到障礙，受到挫折是難免的，有時可能產生一些不良的情緒反應，家長應該有這種思想準備。對一般的不良反應，家長可以不予理會；但是，如果孩子情緒反應過度，家長則要給予必要的心理上的支持。

總之，家長在日常生活中要盡可能多給孩子提供鍛鍊的機會，在平凡的小事上培養孩子的意志力，指導孩子戰勝困難的具體方法，讓孩子逐漸學會解決自己生活中的困難，並從中體驗成功帶來的快樂。

第八章　意志力—成功者的基本特質

▎培養孩子的適應能力

「適應能力」即「生存能力」。正如達爾文（Charles Robert Darwin）曾經說過的：「存活時間最長的物種不是最強大的物種，也不是最聰明的物種，而是能最快適應變化的物種。」事實也是如此，每個人一生中所處的環境和所面對的生活不可能一成不變，一個能適應外界變化，並能隨時做出調整的人才能在這個社會中更好地生存。

然而，現在的家長總是怕孩子吃苦受累、遭受挫折，不願放手讓孩子去適應環境。家長為孩子尋找環境好的幼稚園、優質的學校；靠關係讓孩子進一個好班級；幫忙化解孩子和同學之間的矛盾；孩子畢業後又到處為孩子找高薪的工作，甚至有的家長因為擔心孩子面試通不過，而親自替孩子去面試。

如此種種，導致孩子處處以自我為中心，缺乏人際關係的協調能力，缺乏競爭力，適應環境的能力極差。然而孩子終究要離開家長，獨自到陌生的地方去上學、工作和生活，總要和陌生人打交道，總要戀愛、結婚。不能適應環境的孩子，在社會的激烈競爭中，注定會被淘汰。

有這樣一個故事：

鞋子還沒問世的時候，人們都忍受著腳被扎、被磨的痛苦赤腳走路。有個國家的大臣把皇宮所有的房間都鋪上了牛皮，國王踩在上面感覺雙腳很舒服，於是他下令把全國的路面都鋪上牛皮。然而根本沒有足夠多的牛皮。這時一個大臣建議國王用牛皮把腳包起來，國王一試，果然很舒服，鞋子就這樣問世了。

把全國所有的道路都鋪上牛皮，難度實在太大了，讓國王改變自己的腳，則比把全國的路都鋪上牛皮容易得多。家長應當靜下心來想一想，即使是國王，也沒有能力讓周圍的一切環境盡如自己所願，更何況我們普通人？

　　既然我們每一個人都無法讓環境為自己而改變，那麼，就應該學會主動去適應環境。這樣，當孩子步入社會時，才能對複雜多變的社會環境有較強的適應能力，並與自己生存的環境和諧共存。

　　那麼，家長應如何培養孩子的適應能力呢？

培養孩子的獨立性，避免過分地保護

　　在日常生活中，家長不要過分地保持不安全感，擔心孩子可能會發生什麼危險，因而對孩子的活動過多限制。家長的過多限制只會把孩子試試看的好奇心和勇敢精神扼殺在萌芽狀態，導致孩子產生依賴心理，缺乏自立精神。反之，如果家長從小就注重培養孩子的獨立性，讓孩子養成獨立的性格與建立起良好的自信心，那麼，等孩子到了一個新的環境，便能很快地適應融入其中。

　　因此，家長在保證孩子安全和財產不受大的損失的前提下，應該適當地將孩子放開，鍛鍊孩子獨力解決問題的能力。

要培養孩子的自理能力

　　教育和指導孩子學會自理，是提高孩子生活能力，培養孩子生存和發展能力的基礎。

　　所謂自理，指的是能夠料理自己的日常生活，懂得一般的生活常識，能較好地學到生活中經常使用的勞動技能，也包括自我服務和為他人、為團體服務的能力。

　　自理的關鍵是讓孩子自己動手、自己動腦。孩子的自理能力內容是比較廣泛的，怎樣培養他們的自理能力呢？要從培養孩子最基本的生活能力著手。如打掃、洗衣服、借文具等，孩子自己能解決的要讓孩子自己解決，家長要給予必要的輔助、指導和鼓勵。

第八章　意志力—成功者的基本特質

在日常生活中，已經入學的孩子，要讓他們從穿衣服、繫鞋帶、洗手帕等小事做起，逐步學會整理文具、收拾書包，慢慢過渡到幫助大人擦桌子、洗碗筷；到中高年級後，還可讓他們學會擇菜、洗菜、煮飯等。孩子的自理能力越強，他適應社會、適應外來變化的能力也就越強。

家長應教育孩子自己去適應環境

家長應告訴孩子不要期待環境為你而變，而是要主動改變自己來適應環境。當孩子需要面對陌生的環境、陌生的人和事時，家長應當給孩子這樣一個印象：人人都要面對陌生的環境、陌生的人和事，這其實沒有什麼可怕的；要積極適應新的環境，積極面對並盡力解決新環境中可能出現的困難。

比如，孩子剛進入新學校時，家長不必親自帶孩子去認識教室和同學、幫孩子找座位、整理書包或請同學和老師關心照顧自己的孩子，只需讓孩子做足夠的適應新環境的心理準備，告訴孩子在學校能認識很多同學和老師，能學到很多新知識就可以了。同時，還要讓孩子知道，適應新的環境需要一個過程，與其抱怨，不如努力去適應。

家長的言行潛移默化地影響著孩子的適應能力。家長不擔心，孩子才不會感到緊張和無所適從。孩子將會獨自去適應新的環境，找到自己的教室、座位，記住老師和同學的名字，忘帶文具時知道找同學借，遇到困難知道向老師諮詢。只有這樣，孩子才能迅速適應新環境，融入班級中去。

多讓孩子參加團體活動，多與人交往

孩子只有融入了團體環境，透過與別的孩子打交道，才能學會調整自己在團體中的角色，學會與人交往、交流情感、增進理解，學會主動與人交談，學會尊重和包容他人，學會如何面對壓力、對抗挫折，學會如何在

競爭中立於不敗之地。在孩子與人交往的過程中，家長不要過分干預。家長能做的就是鼓勵孩子在日常生活中要積極參加團體活動，如參加學校、年級、班級組織的各項活動，在活動中以恰當的方式展示自己的特長，在活動中提高自己，增進與他人的相互了解。這樣，孩子才能更好地適應新環境。

在實踐中訓練孩子的適應能力

家長應放手讓孩子去鍛鍊。讓孩子在實踐中摸、爬、滾、打，長見識，學本領，增才幹，提高適應能力。

在國外，人們更加重視實際鍛鍊，日本開闢了幾十個無人荒島，專門為中小學生生存鍛鍊而準備；德國有的州把孩子從 6 歲起參加的各種勞動、學習生活技能寫進法律，不執行的為違法。西方人認為，孩子年齡雖小，但是一個獨立的人，所以，他們對孩子的鍛鍊從一出生就開始 —— 讓嬰兒單獨睡在自己的小床裡，很小時，就讓孩子單獨睡在自己的房間裡；教育孩子自己走自己跑，跌倒了自己爬起來；上小學後，家長不僅指導孩子自己如何去賺錢，如何送報、推銷商品、打短工等，而且還鼓勵他們多做些家務活賺錢。這樣培養出來的孩子適應能力就很強。

人生之路蜿蜒曲折，同時世界不會為誰而改變，環境也不會主動去遷就任何人，我們必須學會適應環境。生活在荒郊野嶺，就得適應荒涼和寂寞；生活在城市，就得適應雜訊和擁擠。放養你的孩子，只有讓孩子學會主動去適應環境，掌握生存的本領，在人生的道路上，他才能披荊斬棘，勇往直前，到達成功的頂點。

▌教育孩子要經得起批評

　　有些家長天天寵著孩子，看孩子的臉色行事，只要看到孩子做了好事，就不斷表揚他，而當他做了錯事時，卻很少責罵他。孩子其實跟大人一樣，喜歡聽表揚，不願意接受批評，其實孩子還是需要適當的批評的。事實上，學會接受批評對一個人完整人格的塑造具有相當積極的意義。

　　法國心理學家高頓教授透過一項專題研究證實：孩子從來沒挨過罵，到處都是讚揚聲，很容易變成不容他人侵犯的小霸王，不知道什麼是對的、什麼是錯的，是非不分，這對他的心理的健康發展是有害無益的。而當這些在兒童時代難以接受責罵的孩子長大後，也大多會對責罵抱有「敬而遠之」，或乾脆「拒之門外」的消極態度，他會無法面對挫折，更無法適應社會，這對促使事業成功百害而無一利。

　　曉霏是高一新生，最近她備受挫折，先是入學考試沒有達到自己的理想成績，之後因為一些小事遭到導師的責罵，這讓自尊心很強的她有些忍受不住了。在被導師責罵後，曉霏立即收拾書包回家，說什麼也不肯再回學校上課，這讓曉霏的家長萬分驚詫。他們不明白為什麼從小懂事的曉霏就無法適應新環境新生活呢？

　　實際上，曉霏之所以這樣，與她長期以來優越的生活是大有關係的。從小到大，曉霏的學業成績都名列年級前茅，加上曉霏的爸爸是重點小學的校長，所以，從幼稚園開始，曉霏在學校裡就很受寵愛。老師們表揚她，同學們喜歡她、羨慕她，爸爸媽媽以她為榮，這讓曉霏的自我感覺非常良好。即便上了國中，王曉霏的待遇也從來沒有改變過。

　　可是，剛剛進入高中，她就遭遇了人生的「第一個滑鐵盧」，且又被老師當眾責罵，這讓她覺得顏面全無。她堅決地對家長說：要麼轉學，要麼休學，她不想回那所學校讓同學們、老師們笑話。曉霏的爸爸很無奈，

只好讓同意轉學了。可他很擔心，在新的學校裡，曉霏如果再受到責罵會怎麼樣呢？以後走入職場，走入社會又會怎樣呢？

德國著名的早期教育典範卡爾‧威特（Karl Witte）對於兒子的善行，他會加以表揚。儘管如此，老威特仍然提醒其他家長：不要對孩子過多表揚，也不要表揚過頭。原因之一是，隨便表揚，表揚也就失去了作用；原因之二則是不讓孩子自滿。家長總是炫耀孩子在這方面或那方面的「與眾不同」，這很容易使孩子感到自滿。孩子一旦自滿起來就難以糾正了。一些潛質很好的孩子之所以不能成為棟梁之才，源於孩子的驕傲自滿，狂妄自大，正是驕傲自大毀掉了他們的潛質，葬送了他們成為天才的機會。

孩子犯了錯誤，家長責罵孩子時，為什麼有些孩子就是不肯認錯。其實問題出在大人身上，如果教育方法正確，孩子就容易接受你的責罵了。

◇ **不要武斷地拒絕孩子的合理要求**：該吃點心的時候，孩子對媽媽說：「我餓了，想吃點心。」如果媽媽說「不行」，肯定會讓孩子感到很委屈。孩子就會想：反正是媽媽說了算，媽媽怎麼就那麼有權威呢？我為什麼不能自己作決定？因此，當孩子提出的要求合理時，家長切忌隨意說「不」。在回答孩子提出的要求前，最好考慮清楚。如果你確實不打算同意，再對孩子說「不」。當然，這並不意味著家長必須對孩子的要求百依百順，而是讓家長意識到不能隨便拒絕孩子的合理要求。因為這樣做會使孩子的是非觀念模糊，自我意識受到壓抑，還會產生極強的叛逆心理。

◇ **跟孩子講清楚為什麼說「不」的理由**：在經濟條件並不寬裕的情況下，如果孩子堅持要買很貴的玩具時，家長應該嘗試著對孩子說：「玩具好是好，但太貴了。如果我們把錢都花在玩具上，我們就沒有

錢買衣服和吃的東西了。那我們該怎麼生活呢？」這樣說雖然不一定立竿見影，但孩子畢竟會明白家長的難處。讓孩子意識到，爸爸媽媽的經濟能力是有限的。並不是他想要什麼就能買什麼。

✧ **不給孩子討價還價的機會**：不要以「這樣做可以嗎」等商量的口吻回答孩子提出的一些不合理的要求，明確地告訴孩子「這樣做不行」。同時，家長應該避免和孩子爭論。

✧ **堅決不予理睬**：當家長苦口婆心地勸說孩子放棄一些不合理的要求卻無濟於事時，家長一定要堅持自己的決定。不管孩子哭鬧得多麼屬害，都應該假裝沒聽見也沒看見。孩子哭鬧一陣，自己也就會感覺到沒意思，自然會放棄。

✧ **教育孩子不必對他人的批評大驚小怪**：要有意識地讓孩子聽到正面肯定，也聽到反面的批評。此時，須注意對孩子的評論一定要語氣溫和，分析中肯，且以更多的表揚為前提。事實上，能適應外在評論的孩子，長大後往往也較能適應社會，其中包括擁有正確對待來自他人的批評乃至非議的平和心態，以及較強的承受挫折的能力。

✧ **家長要注意責罵的語調**：責罵孩子首先要用平靜而堅定的語調，家長的口吻和語調也在向孩子傳達重要的資訊。家長的平靜告訴孩子家長是清醒和理智的，家長的堅定告訴孩子這是家長決定了的，不可更改的，對於家長這種理智的責罵，幾乎每個孩子都會遵從的。千萬不要在生氣或發怒的情況下責罵孩子，這樣做孩子會覺得家長不理智、不清醒，進而覺得家長任由情緒的左右對待自己是不公平的。

✧ **責罵要有理有據**：讓孩子知道家長責罵他，是因為他做了錯事，這樣孩子會更容易接受。

　　值得注意的是，家長剛責罵完孩子，切忌馬上就去安慰孩子。應該給孩子一定的時間去反思，這更有利於孩子接受責罵。當然，過後等孩子的心情好一點時家長可以跟孩子溝通，讓其說出自己的想法，這樣教育效果更好些。此外，責罵孩子注意不要翻舊帳，不要老是記著孩子以前不好的地方，讓孩子覺得他在家長面前永遠無法翻身。孩子正處在學習做人的過程中，家長要原諒孩子的過錯。動輒翻舊帳，不但傷害了孩子稚嫩的心，還會讓孩子養成記仇的惡習。

　　善待責罵，責罵完全可以如同表揚一樣，成為鼓勵孩子前進的春風，而且起著表揚難以起到的警示作用。

▍鼓勵孩子要有接受失敗的勇氣

　　馬丁・塞利格曼（Martin Seligman）在《教出樂觀的孩子》中有這樣一句話：「孩子要想成功，必須學會接受失敗，感覺痛苦，然後不斷努力，直至成功來臨，每一過程都不能迴避。失敗和痛苦是構成成功和喜悅的最基本的元素。」任何一個人的成功，都要經歷失敗的洗禮，孩子也不例外。作為家長，應培養孩子具備面對失敗永不退縮的勇氣，並幫助孩子總結經驗教訓，建立適度期望水準，鼓勵孩子在挫折中奮起。而不是在孩子失敗時，旁敲側擊，嘲笑奚落，這樣只會讓孩子產生叛逆心理，加重他受挫的心理。

　　同時，家長也要讓孩子學會接受失敗，只有先承認並接受了失敗的現實，才能正視失敗，進而找到失敗的原因。在遭遇失敗的時候，是否具有不退縮的勇氣，是斷定一個人能否成才的關鍵。

　　林肯是美國歷史上最偉大的總統之一，但他更是一個從種種不幸、失敗中走出來的堅強的人。如果不是因為具有面對苦難，堅強以對的精神，

他就不會在經歷了如此多的打擊之後，還能進駐白宮。

有人曾為林肯做過統計，說他一生只成功過 3 次，但失敗過 35 次，不過第 3 次的成功使他當上了美國總統。事實也的確如此。而最終使他得到命運的第 3 次垂青，或者說爭取到第 3 次成功的，是他的堅強。在他競選參議員落選的時候，他說：「此路艱辛而泥濘，我一隻腳滑了一下，另一隻腳因而站不穩。但我緩口氣，告訴自己，這不過是滑一跤，並不是死去而爬不起來。」

筆者相信，只有面對任何困難都永遠堅強，面對任何失敗都不退縮，林肯才能說出這樣的豪言，也只有像林肯那樣，在跌倒無數次後，還能爬起來的人，才能登上金字塔的塔尖。

然而，在我們的生活中，卻有這麼一群孩子，他們的耐挫能力差，經不起失敗，一旦有一次考試成績不理想，就會變得消沉，一蹶不振、自暴自棄，失去進取的信心。還有一些孩子，因為承受不了失敗的打擊，釀成了輕生的悲劇！為什麼這些孩子的心理如此脆弱，經不起失敗呢？原因在於，現代的孩子大多是獨生子女，他們從小就生活在長輩們的悉心呵護下，為了避免孩子跌跌撞撞，家長們可謂費盡心機。家長的過度呵護，的確在很大程度上避免了孩子免受皮肉之苦，免受失敗的沮喪，但同時也剝奪了孩子遭遇挫折的機會和權利，以致孩子們一遇到挫折就成了「水煮的胡蘿蔔」，軟弱有餘，堅韌不足，養成了輸不起的個性。

要想你的孩子經得起失敗的考驗，在今後的事業上取得成功，家長應及時調整孩子的心態，鼓勵和支持孩子，讓他們以積極的心態正視「失敗」，培養他們接受挑戰的勇氣、信心和能力。

那麼，家長怎樣做才能幫助孩子在面對失敗時不退縮，有堅持下去的勇氣呢？

家長們應該端正自己的態度

當孩子為失敗而難過時，家長不應以憐憫的態度對待孩子，或者在孩子面前唉聲嘆氣，甚至劈頭蓋臉地責罵孩子。正確的方法是，讓孩子明白，失敗沒什麼大不了，學習、活動總有好壞、輸贏，人人都會碰到，因此，失敗不可怕，重要的是自己對於失敗的態度如何！是後退還是前進？是怨天尤人、自暴自棄還是吸取經驗、繼續努力？只有懦弱的人才會唉聲嘆氣、怨天尤人，而勇敢、聰明的人一定會正視自己的失敗，從失敗中吸取教訓，繼續努力。

此外，家長還可以鼓勵孩子，告訴他們：「你現在雖然輸了，但是你很努力，只要找到失敗的原因並繼續努力，你一定會成功的，我們會為你的努力感到自豪！」

家長應該教孩子學會處理失敗後的情緒

許多孩子在經歷失敗以後，通常很容易陷入膽怯和過多的自我責備之中！這個時候，他們可能一直在懊悔：「如果……可能不會失敗」。孩子會因此不斷地找理由責備自己，給自己造成很大的心理壓力。因此，經驗豐富的家長應該教孩子學會處理失敗後的情緒！讓孩子從失敗的消極情緒中走出來！

有個孩子非常熱愛足球，有一次，在跟別的學校比賽時，裁判誤判了他，說他故意撞人，罰了他一張黃牌。結果孩子很不服氣，和裁判吵了起來。儘管後來比賽得以延續，但這個孩子在後面卻發揮得很不好，踢得一塌糊塗，最終這場比賽輸了。比賽結束後，其他人都走了，這個孩子站在球場不肯離開，他的爸爸媽媽站在場外默默地等待，孩子在足球場上一次又一次狠狠地射門，直到射了第 101 次，然後孩子什麼也沒說，和爸爸媽

媽一起回家了。

　　上面故事中的家長很理性，除了等待，他們沒有採取任何行動安慰孩子，因為最終孩子要學會處理自己的情緒。當孩子面對失敗時，給孩子一段心理緩衝期和獨立時間是必需的，家長不必急於介入，有些情緒過去了就過去了，不一定要很正式地處理。孩子在此過程中會學會接受不願接受的東西。孩子因此會變得堅強、寬恕。如果遇到孩子無法自拔時，家長則可以稍稍點撥一下。

讓孩子有負責的心態

　　「君子一言，駟馬難追」對孩子而言，他們都希望得到別人的信任，自己說的話、做的事希望他人不要以懷疑的心態來看待，不然會讓他覺得自己的存在不被肯定。讓孩子有負責的心態，就是讓孩子透過自己的行動來獲取別人的信任。為培養孩子這一點，家長可以讓孩子自己選擇做什麼，然後告訴他「這是你自己的選擇，你要相信自己，你一定能做好！」為了對得起自己的選擇，也為了得到他人的信任，孩子會默默地去承受，失敗了也會再次主動嘗試。

讓孩子大膽去說、去做

　　家長教育子女的方法要得當。對於那些內向、軟弱、不愛說話的孩子，家長要避免對孩子說「你必須這樣做」、「你必須那樣做」、「你非做不可」之類的話，而要以探尋的方式啟發「你怎麼看」、「你是怎麼想的」、「你覺得該如何處理」，給孩子思考的機會，給孩子表達自己意願的機會，讓孩子大膽地說，大膽地做。調查顯示：一般膽大的人，把挫折都看得很輕，面對失敗比膽小的人更有勇氣堅持，毅力也會強一些。家長透過這方面的訓練來增強孩子的勇氣，對孩子的「堅持」有利。

家長應該幫孩子尋找失敗的原因

當孩子經歷失敗的時候，家長幫孩子找到失敗的原因很重要，如果不知道原因就會對孩子形成一種壓力。而且，只有找到失敗的原因，孩子才有超越失敗的可能。

失敗的原因可能有很多，或者是孩子的能力不足，或者是其經驗不夠，也可能是其努力程度不夠，條件不成熟等。家長可以幫助孩子分析哪些失敗是自己的原因，哪些是外在的原因；哪些失敗是可以避免的，哪些失敗是不可避免的。這時候，家長不妨多聽聽孩子的想法，協助孩子分析方方面面存在的問題和可能性。

鼓勵孩子進行改進

找到失敗的原因，如果是可以改變的，家長應該鼓勵孩子找到至少兩種相應的改變措施，然後試著去做，並檢驗效果。例如，孩子由於粗心大意把本來會做的題做錯了，感到很難過，同時還感到不服氣，而且會因此難以原諒自己：我考得不好，不是因為我學得不好，而是因為我不夠細心。家長可不能與孩子有同樣的想法，因為粗心大意也是壞毛病，它反映出孩子比較浮躁，缺乏耐心，學習不夠扎實。改掉粗心大意的方法有很多，如臨摹、做拼圖遊戲等。家長可以根據孩子的特點幫助他找到合適的改進措施。

讓孩子學會欣賞勝利者

有些家長為了安慰孩子，有時會在不經意間貶低其他孩子或者流露出對結果的不屑、不滿。這些細小的行為都會被孩子觀察到，從而影響他們遭遇挫折後的心態。因此，家長應該在引導孩子承認對方的成功之後，和

孩子一起分析為什麼對方取得了成功，最重要的要讓孩子自己說出成功者成功的原因。當孩子長大後，他們會遇到各種競爭，學會在各種競爭中從容面對，並且欣賞對手，從而展現出個人魅力。

提高自己

家長在教孩子學會如何欣賞對方的同時，應根據孩子的狀況分析他們的優點和弱點，讓孩子在競爭中知道如何提高自己。這樣，在孩子的眼裡，家長不僅僅只是高高在上的家長，而是可以並肩作戰的、值得信賴的朋友。這樣做能增進親子間的感情！

和孩子分享自己失敗的經驗

在日常生活中，家長也應樹立起時刻為孩子做典範的意識，不要流露出害怕失敗而放棄的思想。當家長面對一次次的失敗時，而應以這樣一種語氣對孩子說：「我這次還沒有學會，但我發現我能……我決定多向老師請教，加強練習，我相信我一定能學會的。」家長對失敗的態度，直接影響到孩子，所以，家長一定要給孩子樹立起好的榜樣。

跟孩子一起尋找正視失敗的力量

當孩子遭遇失敗以後，他渴望得到安慰與鼓勵！因此，家就成了孩子的避風港！這個時候，家長為孩子營造一個溫馨、輕鬆，富有人情味的家庭氛圍是很有必要的！當然，除了讓孩子在情感上有一種歸依感、安全感外，家長還應該用自己積極的人生態度去感染孩子，使孩子具有積極樂觀的心態！這樣，孩子才能在失敗中成長起來！

此外，家長也可對他們講述英雄人物失敗的故事，讓孩子從故事裡汲取面對失敗不退縮的力量和勇氣。

▌培養孩子持之以恆的韌勁

有這樣一則故事：

有一隻老鼠去偷吃放在木盒子中的蘋果。老鼠啃著木盒的前面，一口、兩口……老鼠沒有了信心，放棄了這一面，又換了一面繼續啃，一口、兩口……老鼠又放棄了，於是牠又換了一面重複以上的動作。老鼠換了一面又一面，但始終沒能啃穿木盒吃到蘋果。

後來人們發現，老鼠啃過的每一面都只差最後的那麼幾口，只要老鼠再稍微堅持一下，木盒就被啃穿了，牠就可以吃到盒中的蘋果了。

老鼠之所以沒有成功，是因為缺乏堅持的韌勁。在現實生活中，很多孩子做起事來就像那隻老鼠一般，有行動的熱情，可往往缺乏堅持的毅力，最終只能落個「竹籃打水一場空」的下場。峰峰就是這樣的孩子：

峰峰是個興趣廣泛的小男孩，他什麼都想做，但經常是這個沒做完，又去做那個，結果一件事情也沒有做好。

媽媽發現峰峰做事有些盲目，缺乏目的性和針對性，總是想做什麼就做什麼，累了就放棄，從不堅持做到底。於是每次睡覺前，媽媽都讓峰峰將自己的玩具收拾好，再到浴室洗臉、洗腳，峰峰有時能做到，有時困極了，就賴在床上什麼都不做。這讓媽媽傷透了腦筋。

一個週末，小表弟來峰峰家玩，和峰峰比賽搭積木，看誰搭得又快又高。小表弟有條不紊地將積木一塊一塊地往上搭，倒了就重來，結果積木搭得越來越高。峰峰哪有這個耐心，耐著性子搭了一會就不耐煩了，他隨便找出一塊積木往上搭，結果積木全塌了。峰峰羨慕地看著小表弟搭的「高樓」，再看看自己一事無成，心中不免有些愧疚。

像峰峰這樣的孩子在生活中很常見。因為沒有長性，總是無法堅持做完一件事情，害怕困難，一遇到困難就退縮，因此，當別的小朋友在享受

成功的果實時，他們往往只有羨慕別人的份。久而久之，孩子就會懷疑自己的能力，產生自卑的心理。這對孩子的成長是非常不利的。

漫漫人生路上，每個孩子都會遇到很多困難，只有做到在困難面前不輕言放棄，奮力奮鬥，才能讓自己的潛能得到最大的發掘。因此，培養孩子堅持不懈的意志力應從小做起。以下是培養孩子堅持力的一些建議：

讓孩子懂得堅持不懈的重要性

家長應經常告訴孩子，堅持就是勝利，堅持就能成功。對孩子堅持做事的習慣，家長應及時給予鼓勵，要求並督促孩子將每一件事情堅持做完。鍛鍊孩子的意志，家長要有決心和恆心，要捨得讓孩子吃苦。

透過身邊小事讓孩子養成做事堅持的習慣

在平時的生活中，家長可以多利用身邊的小事加強對孩子韌勁的培養。比如，讓孩子學會自己疊被子，收拾自己的房間。剛開始，孩子也許會因為新鮮而去做，但是過一段時間，孩子就會厭煩了，不想做了，這時候，父母就要督促孩子，讓孩子用心去做，直到把一件事做完為止。要讓孩子明白，堅持就是勝利。

要想讓孩子的韌勁進一步提高，僅僅讓孩子做一些生活中的小事是遠遠不夠的，還要有意識地給孩子設置一些障礙，讓孩子在克服困難中學會堅持，在克服困難中養成堅持的習慣。每一個人的堅持力都是在困難中磨練出來的，越是在困難中長大的孩子，堅持力就越強。

讓孩子從克服小困難開始，善始善終

家長對孩子的要求要嚴，讓孩子克服困難，做事善始善終，而且必須堅持到底，直到有效為止。例如，父母可以帶著孩子堅持早上跑步，持之

以恆，久而久之，就會逐漸培養起孩子堅持不懈的品德。當孩子經過努力出色地完成一項工作後，家長要及時地給予表揚，強化孩子堅持做事的好習慣。

讓孩子制訂計畫，堅持做某一件事情

開始，家長可幫助孩子計畫任務，但事先應徵求孩子的意見。待孩子有了初步的計畫意識，就可以讓孩子學習安排自己的事情。在此活動中，關鍵是讓孩子堅持，及時發現孩子的興趣，培養孩子的毅力。

例如，家長可以這樣給孩子制訂計畫：每天背 5 個單字，或每天讀一篇短文，每天做五道題等，並讓孩子將每天這些成果記錄在一張紙上，貼在牆上。（這很關鍵，一定要讓孩子看到自己的成績，他會大為驚訝。哇，這麼多呀！）或是將每天所寫的用夾子整理在一起，過一段時間，他會看到自己的成績。潛移默化地告訴孩子一個道理，日積月累，積少成多。不怕少，貴在堅持，堅持就會有收穫。當孩子有了收穫，取得了成績，他就會認同這種做法，以後，自覺學習的習慣就養成了，家長也可以放心了。

讓孩子學會自我控制

孩子的意志力是在成人嚴格要求下養成的，也是他們在日常生活中經常自我控制的結果。家長應經常啟發孩子加強自我控制。自我鼓勵、自我禁止、自我命令及自我暗示等都是意志鍛鍊的好形式。比如，當孩子感到很難開始行動時，可讓他數「三、二、一……」或自己給自己下命令：「大膽些！」、「不要怕！」、「再堅持一下！」等。

培養孩子堅持不懈的特質，是一個循序漸進的過程。家長可以鼓勵孩子：堅持每天多做一點點，就是領先的開始；堅持每天進步一點點，就是

第八章　意志力—成功者的基本特質

成功的開始；堅持每天創新一點點，就是卓越的開始。只要堅持，就能一步步靠近勝利！

▌訓練孩子的意志力

　　意志力是人類特有的一種心理現象，詞典上的解釋為「控制人的衝動和行動的力量」，是指人在達到某一目的的過程中，透過有意識地支配和調整自己的行為，從而克服各種困難來達到預期目的的心理過程。生活中，意志力無時無刻不在起著重要的作用。有著堅強意志力的人，總是能較好地控制自己的行為，不衝動行事；或者在遇到困難時勇敢地面對，尋找解決問題的方法，從而克服困難，因此，他們也就容易獲得成功。而那些缺乏意志力的人，則往往難以控制自己的行為，或者在遇到困難時臨陣脫逃。意志力薄弱的人無法耐心地做完一件事，無法適應長期枯燥而艱苦的工作，因而也就難以取得成功。

　　意志力對人的一生來說，具有非常重要的意義，它是人格中的重要組成因素，是獲得成功所必需的重要元素。意志力與人的智商無關，但卻可以發揮遠遠超出智商的強大作用。

　　有時候，成功不是靠知識儲備、能力大小來決定的，而很大程度上是依賴於堅強的意志力。美國著名心理學家布魯姆（Benjamin Samuel Bloom）說：「世界上有 1 ～ 2% 智力超常的兒童，但是，如果他們意志力薄弱，不努力學習，長大以後也不可能有多大作為。」從小鍛鍊孩子的意志力，有助於讓孩子養成不懼困難的精神，能為孩子一生奠定扎實的基礎。培養孩子良好的意志力需要在家長的指導下，經過長期不懈地努力才能實現。

　　在人生的道路上，榮譽和挫折是並存的。作為家長，我們沒有辦法避免孩子跌倒，但應鼓勵孩子跌倒後自己爬起來。成功的果實，只有堅持不

懈地奮鬥，只有不斷地克服困難，不斷地吸取教訓，才能獲得。具體地說，家長可以從以下幾個方面培養孩子的意志力：

培養良好的生活習慣

讓孩子養成有始有終的習慣對於增強孩子的意志力有非常重要的作用。在孩子的小時候，無論玩耍、看兒童書，還是學習、做事，家長都應該要求他有始有終，並逐漸養成習慣。

培養孩子的耐心也很重要，因為有耐心也是意志力的一個重要方面。家長可以從日常生活中藉著「等」來培養孩子的意志力。

對於聰明的孩子，家長需要特別注意對他們進行一些堅持性和吃苦精神的訓練，特別是一些簡單生活習慣的培養。

比如，一件事情盡可能善始善終，獨立完成整個過程，不可就簡避繁；一段時間內只專心做一件事情，以免心猿意馬；不能全憑興趣做事，適當做一些不願做的事情；學會抵制來自外界和內心的誘惑，集中注意力於當前正在做的事情上；學會吃苦，不怕簡單、枯燥和重複。

確定正確的行為目的

隨著孩子年齡的增長和知識經驗的不斷累積，他們的理解能力也在不斷增強，他們的行為在生活、學習和遊戲中會明顯地表現出一定的目的性。例如，孩子年齡小，易受情緒、興趣等因素的影響，他們的行為目的往往不穩定。因此，家長必須根據孩子的這一心理特點，透過遊戲、娛樂、學習某種技巧等方式來幫助孩子確定正確的行為目的。需要注意的是，給孩子設定的目標一定要恰當，應該使孩子明白此目標不經過努力是不能達到的，只要付出努力便能達到。太難或太易達到的目標都不能使孩子的意志力得到鍛鍊。

制定了合理的目標後，家長就應當要求孩子堅決執行，直到實現為止，絕不可遷就，更不能讓其半途而廢。

必須讓孩子能夠獨立活動

在鍛鍊孩子的意志力的過程中，讓孩子能夠獨立活動是家長必須注意的一項原則。如果孩子沒有強烈的獨立意識和獨立能力，鍛鍊意志力根本就無從談起。家長可以讓孩子自己收拾玩具、自己穿衣、自己完成作業，甚至收拾自己的飯碗，等等。孩子在進行這些活動時，需要克服外部困難和內部障礙，但他的意志也正是在這個過程中得到了鍛鍊。

鼓勵孩子做好每一件事情

鼓勵孩子有始有終做好每一件事情，是指導孩子經受意志鍛鍊的重要手段。孩子碰到困難想逃避這是正常現象，家長正確的做法是應該先幫助孩子了解困難的原因，然後鼓勵他想辦法克服困難，而非立即逃避、退縮。當孩子想要放棄學習時，家長應多提供孩子學習與興趣探索的機會，但是當他有困難時，要先了解困難的原因，然後再幫助他克服困難，如此才能培養孩子的毅力。

保護孩子的好奇心

保護孩子的好奇心對於培養孩子的意志力也是非常重要的，因為孩子對於自己感興趣的東西容易堅持。保護孩子的好奇心和探究、創意的精神，有利於幫助他們克服困難，堅持做自己喜歡的事情。孩子生來就具有強烈的好奇心、探索和創意的精神，家長一定要加倍保護孩子的這一先天優勢。如果孩子能永遠保持一顆探索之心，對探究未知的東西充滿興奮、衝動和激情，那麼，他們有什麼困難不能克服呢？

給孩子做表率

　　樂觀的家長培養樂觀的孩子，同樣，堅強的家長也會培養出堅強的孩子。如果爸爸媽媽意志堅強，做事具有不怕困難、百折不撓的意志力，那麼，孩子也會在耳濡目染、潛移默化的過程中逐步完善自己的意志力。反之，如果爸爸媽媽懶懶散散，遇到困難繞道走，工作缺乏勤奮精神，生活懈怠，做事沒有信心，經常半途而廢，那麼，孩子絕不會成為一個意志堅定的人。

▍讓孩子遠離「蛋殼心理」

　　「蛋殼心理」指的是脆弱的心理狀態。心理脆弱的孩子，遇到一點點不如意的事情就可能一觸即破，一蹶不振。如果這種心理狀態不改變的話，孩子一旦遇到困難與挫折，就可能無法承受，以致偏離正常的軌道。這裡就有這麼一個例子：

　　娜娜從小生活在優越的環境中，人漂亮、聰明，在小學時每年都是「班長」、「資優學生」，再加上父親是所在學校的校長，母親是教導主任，所以，她比一般的學生又多了一份優越感。同學們羨慕、老師們關心、家長視若掌上明珠，使娜娜從小就養成了唯我獨尊的個性。

　　進入國中後，林娜漸漸失去了原有的「優勢」，往日的光環也不再環繞在她的頭上。在學校裡，她先後經歷了幾次挫折，先是競選班長落選，緊接著「資優生」也和她無緣……這些變化讓從小備受呵護與讚美的娜娜有些承受不住了！

　　慢慢地，娜娜再也無法集中精力上課了，她變得委靡不振。她的家長在百般無奈之下，只好讓她休學。

第八章　意志力—成功者的基本特質

　　類似娜娜一樣心理承受力差的孩子並不鮮見，因為習慣了家長過分的嬌慣和縱容，習慣了過多的讚美與呵護，孩子錯誤地以為自己就應該高人一等，所有的人都應該關注自己，滿足自己的所有願望，圍繞著自己轉。他們心理脆弱，十分在乎別人的意見，而且只能聽表揚，不能聽責罵，只能聽到贊同，不能聽到反對。一旦自己的某些願望沒有實現，就會產生很大的心理落差，就會因為過分自尊而產生自卑、消極的心理。在這個時候，孩子如果聽到別人給自己的負面評價，他就會變得敏感而多疑，感到難以接受、無法面對……

　　總之，「蛋殼心理」極具破壞力，它會嚴重腐蝕孩子的身心。因此，家長應讓孩子遠離「蛋殼心理」，提高孩子的心理承受力。具體地說，家長應做到以下幾點：

◇ **培養孩子的適應能力**：在日常生活中，家長要從現實出發來引導孩子，讓孩子坦然地面對現實，全方位的經歷各種情感體驗，無論是快樂、自信、希望，還是痛苦、失望、拒絕，都應該讓孩子真實地去體驗，開放地去經歷。像娜娜，如果她的父母從小就注意從現實出發，讓她能像別的孩子那樣多經歷幾次失望、痛苦，孩子在新環境中遇到困難時，和孩子一起分析原因，尋找改進的方法，使其儘快適應新環境，也不至於出現案例中的結局。

◇ **讓孩子走出房門，到大自然的懷抱中去放鬆**：整天憋在屋裡的孩子，心裡也不會充滿陽光。專家表示，當孩子壓力大時，改變環境可以幫孩子轉換心態。比如，在假日裡，到郊區去遊玩，把各種壓力拋在一邊，給心情放個假。這樣既可以開拓孩子的眼界，學到書本外的知識，也可以藉機親近大自然，讓家長和孩子負重的心回歸，都呼吸一下新鮮空氣，把壓力統統釋放。

✧ **家長要經常關心和鼓勵孩子**：家長每天要抽出一些時間，在輕鬆自如的氣氛中，和孩子推心置腹地談談學習和生活，鼓勵孩子不加掩飾地談談自己遇到的困難，遭受的挫折；同時，家長也應該談談自己平時在工作、生活中遇到困難是如何對待的；當孩子遇到困難時，家長千萬不能大聲呵斥或粗暴責問，而應施以更多的關愛，如給孩子安慰，使他緊張的情緒得以舒緩；與孩子坐在一起，放鬆地跟她談心，讓孩子主動訴說自己的困難與委屈，只要家長能認真地聽其傾訴，給予孩子愛的信任和鼓勵，就一定會激發孩子的自尊和自信，使其儘快擺脫不愉快的情緒，愉快地投入到學習、生活中去。

✧ **對孩子進行吃苦教育**：家長可以嘗試在適當的時候，用適當的方式讓孩子吃一些苦，如果條件允許的話，讓孩子受到一些挫折。不要讓孩子事事順心，讓他們學會如何在逆境中保持自信，讓他們學會在挫折面前保持樂觀，對於一切困難泰然處之。

✧ **盡量少奉承孩子**：許多孩子是在充滿奉承的環境中長大的，孩子做了他應該做的事，周圍的人總是讚不絕口；孩子犯錯，家長怕「刺激」孩子，千方百計地幫孩子找藉口。這就致使孩子養成了任性，虛榮的個性。不奉承孩子，就是不單純地去討孩子的歡心，就是善於讓孩子承擔他應該承擔的義務，就是讓孩子清楚什麼是對的、什麼是錯的、什麼應該做、什麼不應該做，從小就正視自己遇到的每一個問題。

✧ **讓孩子坦然接受拒絕**：對於孩子的一些無理要求，家長要學會對孩子說「不」。對孩子的合理要求家長可以滿足，但是那些不合理的要求，家長要堅決拒絕，不能事事都滿足孩子。要讓孩子明白，不是自己所有的願望都能實現的，總會有些願望是不可能實現的。在家長的拒絕中，孩子的自我約束能力和心理承受能力都能有所提高。

◇　**有目的地進行「心理操練」**：心理和生理一樣，必須透過一定的鍛鍊以促進其健康。為培養孩子的承受能力，可有目的、有計劃地開展一些「心理操練」。比如，可在體育活動中有意識地培養孩子的意志力；透過組織各種活動來樹立孩子的自信心；開展「生活自立能力比賽」等，使孩子樹立正確的競爭意識；有時，在孩子取得成績的時候可出點難題，在他們失敗；失意的時候給予及時的鼓勵，教育孩子「得之不喜，失之不憂」，始終以平和自然的心態參與生活和競爭，能夠經得起未來人生路上的風風雨雨。

▌體能訓練讓孩子更有毅力

　　亮亮是個不愛運動的孩子，他最大的愛好就是躲在家裡看電視、玩遊戲，還經常一邊玩一邊吃東西。結果，「小胖子」亮亮的綽號整個學校人人皆知，有些低年級的同學看到亮亮在他們面前經過的時候還會「哧哧」地笑話他，這讓亮亮又自卑又惱怒。

　　為了改變這種狀況，亮亮的爸爸媽媽決定陪亮亮一起鍛鍊身體。他們先從跑步開始。每天早上，爸爸媽媽率先起床，把賴床的亮亮從暖烘烘的被窩裡拽起來，拉到社區裡晨跑。剛開始的時候，亮亮跑不足 50 公尺就累得氣喘吁吁，說什麼也不願意堅持了，在爸爸媽媽的鼓勵下，亮亮每天進步一點點，現在他覺得自己的身體有了明顯的變化，不僅體能增強了，最重要的是，他學會了堅持。

　　生命在於運動，適當的運動不僅可以強健孩子的體魄，而且還能提高他們的抗挫能力，使孩子體內的潛能得到充分的開發。可以說，運動鍛鍊，是提高孩子抗挫折能力的一劑良方。

　　那麼，家長應如何對孩子進行體能訓練，提高孩子的抗挫能力呢？

✧ **家長應讓孩子了解鍛鍊的必要性**：家長要讓孩子明白，不生病不等於運動體能好。運動體能是指人在活動時表現出來的能力，運動體能的發展過程是促進人體形態結構和生理機能協調發展的重要因素，它的含義遠遠超過不生病的意義，只有讓孩子真正了解參與運動的意義和不運動對身體的影響，才能讓孩子下定決心參與運動，進而享受運動帶來的快樂。

✧ **為孩子安排鍛鍊計畫**：在運動科學的基礎上，根據孩子的年齡和體格選擇合適的運動量；根據孩子的能力、生活習慣、周圍環境等選擇適宜的運動項目。在開始運動時，運動量可以小一些，項目可以少一些，然後再由少到多、由易到難逐步增加，同時將幾個運動項目相結合，使孩子的身體得到全面的鍛鍊。

✧ **培養孩子鍛鍊的習慣**：3～12歲是孩子形成良好習慣的關鍵時期，這時孩子在生理上處於生長發育和體格發育的敏感期，可塑性非常大，很容易接受成人的引導與訓練，也是養成自覺鍛鍊身體的好機會。家長應該抓住這段時間，幫助孩子養成愛好運動的生活方式。如果錯過了這個關鍵時期，隨著人的年齡增長，同時受到舊習慣的干擾，新習慣就很難養成。

✧ **鼓勵和支持孩子的鍛鍊**：孩子的自尊心是非常強大的，很多孩子都喜歡表現自己的長處，迴避自己的短處，尤其在公共場合，為了維護自尊，他往往不喜歡做一些暴露自己缺點的活動。這時，家長不要直接刺激和強迫他，而應該改做別的運動或遊戲。家長還可以和老師密切連繫，觀察孩子的心理狀態，以便採取針對性的措施。

沒有任何習慣的養成是一天就能達到的，要想幫助孩子養成運動鍛鍊的好習慣，家長就應該有周密的計畫，或者和孩子共同制訂計畫。每

隔一段時間，要評估一下完成情況，如果孩子完成得好，就要及時鼓勵和表揚，使孩子覺得有成就感，促使他更加熱愛運動。

✧ **和你的孩子一起鍛鍊**：由於許多獨生子女缺少玩伴，家長就不可避免地要充當孩子的玩伴角色。尤其在運動上，家長要帶動全家人一起給孩子營造良好的運動氛圍。家長的言行是孩子最好的老師，熱愛運動的家長必然會教出熱愛運動的孩子，家長的行為比任何說教都管用。

如今很多家長都是上班族，陪孩子的時間很少，就可以利用下班時間帶孩子去戶外做運動，這樣不僅能鍛鍊身體，而且也是增進親子感情的好機會。不要只坐在一旁看孩子玩耍，要和孩子一起散步、游泳、打球、玩沙子，參與到孩子的活動中，像個孩子一樣，奔跑，大笑，讓孩子感受到家長不是在敷衍他，而是在用心地陪他玩耍。在與孩子玩耍的過程中，對於孩子不擅長的地方，家長要給予指導，有意識地去幫他加強鍛鍊。切記要安慰與鼓勵孩子，孩子表現好的時候，為他大聲喝彩，支持與表揚孩子。這樣的時刻，對於家長與孩子而言，都是難以忘記的幸福時刻，孩子在這種愛裡，容易養成冷靜、樂觀、積極的性格，擁有健全的人格。

✧ **像遊戲一樣鍛鍊**：如果把運動當作單純的技能訓練，就會像運動員一樣枯燥、嚴肅，這樣根本培養不了孩子的積極性，還會讓孩子對運動敬而遠之。為了吸引孩子對運動的興趣，家長應該適當地編造一些情景和故事，將運動融入遊戲中去，讓孩子在遊戲中得到鍛鍊。

✧ **培養孩子的安全意識**：在戶外運動，難免存在很多安全隱患，如孩子的靈敏性和協調性較差，又缺乏生活經驗，在奔跑、跳躍、攀爬中很可能跌倒撞傷。但是任何事物都是雙刃劍，越是在這樣的環境裡，就越能激發孩子的安全意識和自我保護能力。家長可以在活動前和孩子

一起分析容易出現的危險情況，哪些東西可以玩，哪些東西不能玩，共同討論應該怎樣玩才不會出現危險。在孩子玩的過程中，密切觀察孩子，如果他有危險的舉動要及時提醒他，再教給他正確的方法。

有時，重複簡單的說教並不能達到很好的效果，可以透過其他小朋友的行為來影響他，讓他看一些自我保護能力較強的孩子是怎麼做的，剛剛那個為什麼小朋友摔跤了。但是讓孩子了解危險的後果應該有所選擇，注意適可而止，不能嚇壞他，以免造成負面影響。孩子需要有一定的時間去思考、分析，去總結生活的經驗，在這個過程中，他難免付出一些成長的代價，這些都是正常的。孩子的安全意識和自我保護能力，會在一次一次的鍛鍊中得到增強。

培養孩子建立自己的「免疫系統」

孩子的「免疫系統」包括兩個方面：一個是生理方面的「免疫系統」；一個是心理方面的「免疫系統」。對於生理方面的「免疫系統」，很多家長追求實驗室的無菌效果，把孩子養在無菌的環境裡；對於心理的「免疫系統」，很多家長則追求夢幻效果，把孩子養在童話裡。

在日常生活中，很多家長都在念「別字經」：別動！別摸！別玩！從孩子出生的那一刻開始，很多家庭就開始了一項項洗洗刷刷、蒸煮消毒的大工程。衣服天天洗，尿布時時換，奶瓶每吃完一頓都要在鍋裡煮一煮。如果孩子出現發燒感冒的情況更是變本加厲，家長會用各種方法給孩子的生活環境和使用物品消毒，力求使孩子生活在無菌的環境中。

可事實上，每個人都生活在充滿細菌的環境中，現已知會引起感冒的病毒有 200 多種。從小到大，人體的防禦系統就是在與無數細菌夜以繼日的戰鬥中發育、成熟並不斷壯大的。每個人都得過小病，每病一次，人體

就能獲得相應的抵禦能力,逐漸成長為健康的身體。

在大自然的生態法則中,每種生物都正常地存在於生物鏈上,如果人為地破壞大自然的規則,沒有節制地使用消毒藥水,會對周圍的生活環境產生影響,導致病毒滋生。比如,正常的菌群如果被消毒藥水殺光了,那麼,對人體不利的菌群就會因為沒有了天敵而開始快速繁殖,或者出現各種變異。一旦出現這種問題,對人類而言就是一場災難。

大家都聽說過「蝴蝶效應」這個故事吧,如果亞馬遜河的一隻蝴蝶扇動了翅膀,一個星期後德克薩斯州就會引起一場龍捲風。它警告人們,一些極微小的事情就有可能造成很嚴重的危機。所以,日常用具、傢俱等用清水擦洗就好,不要盲目追求無菌。

養孩子同樣如此,長期生活在「無菌」環境中的孩子,一出門便會「迎風落淚」、「觸雨發燒」……因為他身體的免疫系統根本就沒有啟動。在「無菌」環境中成長的孩子,一到自然環境中,就跟新生兒一樣脆弱。

國外的研究顯示,很多鄉村裡成長的孩子要比城市裡成長的孩子更少患病,身體更健康;養寵物家庭的孩子比沒養寵物家庭的孩子更少患感冒、過敏等病症。

所以,家長要想讓孩子身體更健康,必須做到以下方面。

✧ 多開窗通風,讓孩子勤洗手,這是最好的消毒措施。
✧ 讓孩子積極參與鍛鍊,建立強健的免疫系統。

而對於孩子的心理免疫系統,很多家長也都小心翼翼地保護著。家長總是避免讓孩子知道這個社會的陰暗面,告訴孩子現今社會是陽光普照、明媚動人的,孩子知道的社會是社會美好的那一面。如此一來,使得孩子生活在童話世界裡,對真實的社會沒有任何的心理免疫。很多女孩子就

像她們最喜愛的 Hello Kitty 一樣天真單純可愛，認為整個社會都是粉紅色的。很多男孩子都喜歡當大英雄，可他們卻不知道只有「亂世」才能出英雄。

隨著孩子一天天的成長，孩子的好奇心越來越強，對什麼事情都會越來越感興趣。面對資訊如此豐富的社會，很多家長不是用引導的方式讓孩子認識世界，而是用「堵」的方法將孩子與世界隔離開來，禁止孩子上網，對孩子接觸的書刊、影視作品、網路嚴格把關，對孩子的交友情況、各種活動嚴格管理。很多家長以為只要讓孩子遠離黃、賭、毒，就可以培養出一個好孩子。

家長在教育孩子的時候，不應該將陰暗的東西東藏西掩，而應該引導孩子客觀看待社會的陰暗面。許多家長會告訴孩子「千萬不要和陌生人說話」。這樣，讓孩子從小就容易對人有一種不信任感，對社會有一種恐懼感，因而不利於孩子的成長。

因此，家長正確的做法是，告訴孩子：人過一百，形形色色。人，有好人，也有壞人。和陌生人說話不可怕，重要的是要學會識別陌生人的真正用途。對壞人，自然要充分運用自己的智慧加以辨別，而對好人則要以誠相待。

讓孩子在「有細菌但更有營養」的社會環境中成長，在合理的範圍內，讓孩子多見世面，這對孩子的心理和生理有很大的幫助。這樣孩子才能累積寶貴的「免疫力」，才能在以後的生活中健康成長。一個從小就在「無菌」環境中成長的孩子，一下子將其放到五彩繽紛的社會，相信家長也會不放心的。

▎讓孩子走出家門接受挑戰

有人說，只有登過高山、見過大海的人，才會有開闊的視野，寬廣的胸懷，才能在災難突然降臨時從容應對。事實也是如此，一個人如果一直生活在狹小的空間裡，習慣了與狹隘自我對話，就會陷入自哀自怨的境地，感受不到生活的絲毫樂趣。這樣的人，稍微遇到困難就會覺得天要塌下來了，不知所措；這樣的人只要遇到一點點挫折就會繳械投降，從此一蹶不振。要想讓脆弱的孩子變得堅強，變得有忍耐力，經得起挫折，家長就應該讓孩子走出狹小的個人天地，走進社會，體驗生命的廣袤無垠，感受自己的抗壓力與承受挫折的能力。

對於孩子來說，大自然是他們學習知識、體驗「美」與「生命力」的得天獨厚的課堂。在這一課堂中，孩子不僅可以開闊視野、增長見識、獲得豐富的精神養分，使自己天真、爛漫、率性的情懷得到釋放，還可以鍛鍊自己的意志力、感受力、耐力，抗挫折能力等，使自己變得更加勇敢、堅強。

那麼，家長應如何開拓孩子的視野，提高孩子的抗挫折能力呢？

提供孩子到大自然中去的機會

孩子對很多事物的感知，親眼所見、親耳所聞會更深刻，記得也更牢固。家長不要認為只有讀書才是學習，每到週末要有計劃地帶孩子到外面去，公園、動物園、植物園、廣場、農田間等都是好地方，利用玩的機會培養孩子的觀察能力、理解能力、思考能力、動手能力，這些比在家中和學校看書會有更好的和不可替代的效果。家長在此過程中要多引導，讓孩子慢慢學會觀察，學會思考，這對孩子的成長非常重要。

保護孩子的好奇心，引導孩子積極思考

達爾文的父親是英國一位有名的醫學博士，母親蘇珊娜（Susannah Darwin）是一位有見識的女性，她承擔了教育子女的職責。從達爾文一歲起，蘇珊娜就注意對孩子進行啟蒙教育，尤其是常帶達爾文去花園散步。在花園裡，小達爾文看母親嫁接果樹和培植花草樹木，同時幫忙搬移花盆。母親一點一滴地教他認識和觀察花草，告訴他怎樣根據花蕊來識別花草，怎樣記住各種樹木的名稱。有時，小達爾文還跟著父親去郊外採集花草植物，在這種環境的薰陶下，達爾文從小就喜歡上了大自然，知識領域也不斷地擴大。

蘇珊娜很懂得保護兒童的好奇心。一次，她給樹苗培土，小達爾文問：「媽媽，妳為什麼要給樹苗培土？」在得到滿意的回答後，他又提出諸如：「泥土為什麼長不出小貓和小狗呢？」等一連串的問題。蘇珊娜為孩子能提出問題而高興，她對達爾文說：「世界上有很多事情，對於我，對於你爸爸，對於所有的人來說，都還是一個謎，媽媽希望你長大後自己去尋找答案，做一個有學問、有出息的人。」

母親循循善誘的教誨，啟迪了達爾文幼小的心靈，激發了他探求未知世界的欲望，最終他成為舉世聞名的科學家，奠基生物演化論，為人類作出了傑出的貢獻。

蘇珊娜育子的故事告訴我們，保護孩子的好奇心，釋放孩子的身心，讓孩子在大自然中體驗、探索與學習，這比單純地說教更有意義。

購置關於旅遊類的書籍

閒暇時，家長可陪同孩子翻翻旅遊類的書籍，既能增長孩子的見識，又能引起孩子的探索欲望；也可與孩子一起看看「人與自然」、「自然探

索」、「動物世界」、「國家地理」等關於自然科學的電視節目，加強孩子的感性認識，讓孩子更多了解國內外的自然知識。

若條件允許，每年安排一次旅遊

旅遊不僅能增長孩子的見識，更能培養孩子的忍耐力和適應能力，這在長途旅行時體現得最為明顯。長途旅行時，孩子必須趕車，白天不停地奔波，在整個旅途中，他（她）要忍受熾熱、口渴、被太陽晒，或者寒風的襲擊……這些在無形中都要求孩子要接受和忍耐。困難迫使孩子學會了生存的技巧，鍛鍊了孩子積極向上的精神。

透過旅行，孩子還可以學會處理意外傷害的方法，在增強孩子體能的同時，還能激發孩子勇於進取、不達目的誓不甘休的奮鬥精神，這些都無形中提高了孩子的情商，促使孩子在成長的道路上奮勇向前。

一位經常帶女兒出去旅行的母親，就曾這樣介紹自己的經驗：

女兒 5 歲那年，我在書店買了一本介紹全國旅遊景點的書，每到一個地方旅行之前，我都會事先在書上看一遍，然後用兒童容易理解的語言講給女兒聽，讓她對要去的地方有個初步的認識和了解。我想，讓孩子帶著問題去玩，不但鍛鍊了身體，同時也可以增長孩子在地理、歷史等各方面的知識，這對孩子的身心健康和語言表達及寫作能力都有好處。

隨著孩子年齡的增長，我除了讓她準備必須的物品外，還專門給她準備了一個能背著的小旅行包。其實我非常清楚孩子所能承受的重量，所以並沒有在裡面裝很多東西，目的只是培養她的合作意識和小大人意識。

當我們在旅途中需要問路時，我會坐在一邊請女兒來幫忙問路，這樣孩子在旅行中不僅增長了許多知識，還學會了與人交往的技巧，學會了如何處理問題。

培養孩子的闖勁

有句話說，對孩子，一是要管，二是要放。什麼是管？不好好學習，品德不好，要管。什麼是放？吃苦耐勞的事情，經風雨見世面的事情，都要放手讓孩子去做。這樣可能會跌倒，但只有這樣才能使他們得到鍛鍊。孩子的膽識只有在現實生活中磨練才能增長，如果孩子要去運動而家長怕他摔著，孩子要去游泳家長又怕他淹著，孩子要去探險家長又怕他嚇著，家長把孩子當籠中鳥一樣關著，孩子哪來的膽識？

因此，當孩子們組織野炊、登山活動時，除了告訴他們應該注意一些危險情況外，父母應盡可能放手讓他們去玩，只有讓孩子去闖，才能培養孩子戰勝困難的勇氣。

鼓勵孩子參加探險活動

英國人鍛鍊孩子勇氣的重要辦法就是鼓勵孩子參加探險活動。

英國西南部的瓦伊河畔，有一所少年探險訓練中心，專為少年兒童提供探險活動的機會，以培養孩子們的勇氣和堅強的意志。

孩子們每天一早離開營地來到河邊，先由教練教授水中安全及救護方面的基本知識，然後讓小學員們練習登艇和划艇。登艇並非易事，每一次練習，都有孩子落入水中。划艇就更加困難了，在激流中划艇要有很強的勇氣和堅強的意志，儘管孩子們都穿著防水服和救生衣，但還是充滿了危險。孩子們在這裡不僅僅學習划艇技術，更重要的是鍛鍊意志，培養勇敢精神，學習互助互愛和團結合作。

英國人被稱為「約翰牛」，是指英國人做事有一股堅韌的牛勁，既倔強又執著，這與該民族宣導的對孩子的勇氣和意志的訓練不無關係，是英國人性格形成的重要人文因素。

第八章　意志力—成功者的基本特質

　　此外，在孩子旅行或者出外探險的過程中，家長應鼓勵孩子把所見、所想、所得及時記錄下來。這種做法不僅可以提高孩子的寫作水準，還能讓孩子體驗到自己的經歷與感受，讓孩子在滿足觀感、陶冶情操的同時深化情感，昇華意志。

讓孩子走出家門接受挑戰

培養孩子的「內在力」，不愁未來沒有一席之地：自主選擇、善用時間、勇於質疑……擁有八種軟實力，孩子才具備了跑第一的能力！

編　　著：方佳蓉，陳雪梅

發 行 人：黃振庭

出 版 者：崧燁文化事業有限公司

發 行 者：崧燁文化事業有限公司

E-mail：sonbookservice@gmail.com

粉 絲 頁：https://www.facebook.com/
　　　　　sonbookss/

網　　址：https://sonbook.net/

地　　址：台北市中正區重慶南路一段六十一號八
　　　　　樓 815 室

Rm. 815, 8F., No.61, Sec. 1, Chongqing S. Rd.,
Zhongzheng Dist., Taipei City 100, Taiwan

電　　話：(02)2370-3310

傳　　真：(02)2388-1990

印　　刷：京峯彩色印刷有限公司（京峰數位）

律師顧問：廣華律師事務所 張珮琦律師

定　　價：450 元

發行日期：2023 年 02 月第一版

◎本書以 POD 印製

國家圖書館出版品預行編目資料

培養孩子的「內在力」，不愁未來
沒有一席之地：自主選擇、善用時
間、勇於質疑……擁有八種軟實
力，孩子才具備了跑第一的能力！
/ 方佳蓉，陳雪梅編著 . -- 第一版 .
-- 臺北市：崧燁文化事業有限公司，
2023.02
面；　公分
POD 版
ISBN 978-626-332-969-0(平裝)
1.CST: 親職教育 2.CST: 子女教育
528.2　　111019704

電子書購買

臉書